NIFD

国家金融与发展实验室

National Institution for Finance & Development

中国金融与发展报告

管理结构性
减速过程中的
金融风险

（修订版）

李扬 等 著

社会科学文献出版社

SOCIAL SCIENCES ACADEMIC PRESS (CHINA)

关于"中国金融与发展报告"

作为国家高端智库，国家金融与发展实验室除了围绕若干重点经济和金融领域，如国家资产负债表、债券市场、FICC、宏观金融和信用总量、宏观经济运行、货币政策、金融监管、支付清算、保险与发展、资本市场、银行业发展、全球经济与金融、数字普惠金融、金融与科技、政治经济学等，展开专业性研究，推出研究报告并相应召开各种类型研讨会外，每年还编辑出版一部集体成果"中国金融与发展报告"，旨在反映过去一年中国经济与金融的最新发展、面临的最新问题，并提出应对之策。这部《管理结构性减速过程中的金融风险》，便是"中国金融与发展报告"的2017年版。

2016年底的中央经济工作会议明确指出："要把防控金融风险放到更加重要的位置。"为落实中央的战略部署，我们组织实验室的主要研究力量，历时4个月，撰写了这份报告。报告基于连续12年中国国家资产负债表的翔实数据，深度剖析了企业、居民、政府、金融系统、对外等部门的主要风险，并从完善供给侧结构性改革的角度，提出了宏观调控和改革建议。

中国社会科学院国家金融与
发展实验室

National Institution for finance& Development（NIFD），CASS

　　设立于 2005 年，原名为"中国社会科学院金融实验室"。这是中国第一个兼跨社会科学和自然科学的国家级金融智库。其后，中国社会科学院依托经济学部，陆续设立了十余家以金融、经济政策研究为取向的智库型研究机构，其中包括 2010 年与上海市政府合作设立的"陆家嘴研究基地"。

　　2015 年 6 月，中国社会科学院批准上述十余家智库型研究机构整合为"国家金融与发展实验室"（以下简称"实验室"）。

　　2015 年 11 月 10 日，"中央全面深化改革领导小组"第十八次会议批准实验室为首批 25 家国家高端智库之一。

　　实验室现下设：中国社会科学院陆家嘴研究基地、国家资产负债表研究中心、中国债券论坛、财富管理研究中心、宏观金融研究中心、金融法律与金融监管研究基地、银行研究中心、支付清算研究中心、资本市场与公司金融研究中心、全球经济与金融研究中心、经济增长与金融发展实验中心、保险发展研究中心以及科技金融研究中心等专业研究机构。

主　　编

　　李扬，中国社会科学院学部委员，国家金融与发展实验室理事长，国际欧亚科学院院士，中国社会科学院经济学部主任，中国金融学会副会长，中国国际金融学会副会长，中国城市金融学会副会长，中国海洋研究会副理事长，第十二届全国人大财经委员会委员，中国社会科学院原副院长。专业领域：金融、宏观经济、财政。

"金融服务实体经济"辨

李 扬

本轮全球金融危机以来，"金融应当服务实体经济"，几乎成为所有文章、文件以及各类会议的箴言。近两年来，随着国内"经济发展新常态特征更加明显"①，另一个与此相近的命题，制止金融"脱实向虚"，又在朝野不胫而走。

一望之下，这两个彼此应和的命题简单明了，但是，深究下去就会发现：要想把个中道理阐述清楚，其实相当困难。原因当然是多方面的，其中最具要害者有三。其一关乎概念：经过几十年的"经济金融化"发展，如今，在现实中，"金融"与"实体经济"的界限已经十分模糊，这使得主、客体难辨，"提供服务"难措手足；其二关乎本质：实体经济长期疲弱，投资收益率持续下滑，经济风险不断积累，致使金融机构在向企业提供贷款时逡巡不前，广大投资者在购买企业的债务或权益产品时不得不掂

---

① 2016 中央经济工作会议，人民网，2016/12/16.

量再三；其三关乎金融自身：在金融发展的自身逻辑中，客观上就潜藏着对实体经济不断"疏远化"的倾向，危机以来尤甚。

本文认为，尽管存在缺陷，"金融服务实体经济"的命题是可以成立的，因为它揭示了货币金融的本质。然而，我们主张环绕金融的基本功能来重新审视这个命题。在我们看来，金融工具林林种种，金融活动纷繁复杂，其根本目的，就是在市场经济运行中媒介资源配置过程。因此，所谓"金融要服务实体经济"，根本的要求，就是有效发挥其媒介资源配置的功能；所谓为实体经济提供更好的金融服务，则要求的是降低流通成本，提高金融的中介效率和分配效率。

本文首先从金融与实体经济的相互渗透、实体经济发展的现状以及金融对实体经济疏远化倾向等三个方面，探讨金融出现"脱实向虚"的原因，然后，环绕媒介资源配置和提高资源配置效率这个基本功能，探讨提高金融服务实体经济效率的改革举措。

一 若干概念辨析

金融与实体经济、虚与实的分野

在一般人看来，货币金融与实体经济非此即彼。然而，经过专业训练的经济学者都清楚地知晓：货币金融与实体经济之间的界限从来就不是泾渭分明的。马克思早就指出："货币是和其他一切商品相对的一般商品"①，这就从起点上揭示了货币金融和实体经济（商品）的同源性。在人类历史上，货币确曾固定地由某些商品（如黄金）来充当，从而保持着与实体经济相区别的样貌，但是，由打货币被信用化之后，金融活动日趋多样，货币金融与实体经济的界限开始趋向模糊。尤其是，近几十年来，经过层出不穷的金融创新和持续不断的金融自由化，实体经济已程度不同地被"金融化"或"类金融化"了。

---

① 《马克思恩格斯全集》（46 卷），第 90 页。

在实体经济金融化的过程中,发挥关键作用的是金融的一个基本属性——流动性。在货币金融世界里,一种资产是否货币,是依据其流动性高低来确定的。所谓流动性,指的是一种资产转换为交易媒介的难易、快慢和受损失程度。一种资产有了流动性,便就有了一定程度的"货币性"。货币当局总是将定期存款、储蓄存款和外币存款等合称为"准货币",基本根据就是:它们较其他资产具有较高的流动性,因而可称作"货币";但较之现金和活期存款,其流动性较低,因而只是接近货币(准)而已。

一种资产流动性的高低,由该资产之市场状况决定。一种资产的市场如果具有较高的密度(tightness,即每笔交易价格对市场中间价格的偏离幅度较小)、较大的深度(depth,即较大规模的交易都不会对市场现行价格产生显著影响),和较大的弹性(resiliency,即由交易引起的价格波动向其均衡价格收敛的速度越快),则称该资产具有较高的市场流动性;资产的流动性越高,其货币性就越强。根据这一界说,现钞、活期存款等等我们常识中的货币,无非只是具有最高流动性的资产而已。

显然,一种资产的金融化,是通过提高该资产市场的流动性而产生的。问题恰恰在于,近几十年来的金融创新,其不懈的动力和客观的结果,就是提高所有资产的流动性。举例来说,房地产一向是流动性最差的资产,但是,经过一级又一级的证券化和信用增级,基于庞大的市场交易规模,与房地产相关联的金融资产如今获得了很高的流动性。正因如此,在危机之初,美联储才将用于投资的房地产归入金融一类,将之与实体经济相对立。

如今,在普通投资者资产配置的选项里,其"实体性"不容置辩的大宗产品,霍然就与其"金融性"毋庸置疑的固定收益产品和汇率产品等量齐观;时下稍具规模的投资机构,都会在旗下专设 FICC 部门,即,将固定收益(Fixed Income)、货币(Currency)和商品(Commodity)统一在一个逻辑框架下加以运筹。仅此一端就告诉我们,如今讨论金融和实体经济的关系,根本的难点之一,在于缺乏清晰的概念界定和不含糊的分析前提。要解决这一难题,恐怕需要另辟蹊径,从实体经济的金融化入手,将实体经济和金融经济同炉熔炼。

虚和实这一对概念更是如此。无论如何界定，虚、实关系的主体都包含金融与实体经济的关系；这两者间的边界越来越模糊且彼此渗透，已如上述。随着经济的发展，更有一些新的因素不断加入，使得虚实难辨，其中最具关键意义的，就是作为实体经济主体的制造业，自上世纪70年代来已经大规模"服务化"了。

在传统的经济学分类中，服务业大部被划归"流通部门"。根据传统理论，服务业的大部分自身并不创造价值，因而可视为经济的虚拟部分。然而，上世纪70年代以来的制造业服务化浪潮逐渐侵蚀了传统的分类界限，如今，制造业和服务业已经难分轩轾。

制造业的投入广泛服务化了。这当然归功于生产的信息化、社会化和专业化趋势的不断增强。生产的信息化发展，使得与信息的产生、传递和处理有关的服务型生产资料的需求增长速度，逐渐超过对传统实物生产资料的需求。而生产的社会化、专业化、以及在此基础上的协作深化，则使企业内外经济联系大大加强，从原料、能源、半成品到成品，从研究开发、生产协调、产品销售，到售后服务、信息反馈等等，越来越多的企业在生产领域织就了密如蛛网的纵向和横向联系，其相互依赖程度日益加深。这些趋势发展的综合结果，就是使经济社会对商业、金融、银行、保险、海运、空运、陆运，以及广告、咨询、情报、检验、设备租赁、维修等服务型生产资料的需求呈指数上升。简言之，如今，服务作为生产要素，已经与劳动、资本、科技进步、企业家精神等传统要素并列，而且日益显示出其重要性。

从产出侧来看。随着信息技术的发展和企业对"顾客满意"重要性认识的加深，制造业企业不再仅仅关注传统实物产品的生产，而是广泛涉及实物产品的整个生命周期，包括市场调查、实物产品开发或改进、生产制造、销售、售后服务、实物产品的报废、解体或回收等。服务环节在制造业价值链中的作用越来越大，许多传统制造业企业甚至专注于战略管理、研究开发、市场营销等活动，而索性放弃或者将制造活动"外包"。在这个意义上，制造业企业正在转变为某种意义上的服务企业，产出服务化成为当今世界制造业的发展趋势之一。

经济的服务化趋势，是造成经济生活中的虚与实、金融与实体经济难分轩轾的另一类重要因素。我们看到，在有关金融服务实体经济的讨论中，确曾就有训练有素的学者称：金融业是服务业，服务业就是实体经济的一部分，所以，"金融要服务实体经济"这个命题本身是伪命题。对于这种反诘，我们很难作答。

金融能够做什么

一般人理解的金融应当服务实体经济这一命题，其实包含着这样一句潜台词：在现实经济生活中，金融即便不是无所不能，至少也是最主要的决定因素。这一判断，过高地估计了金融的作用。

在19世纪之前，金融与实体经济之间的关系相对简单，而且主要体现在宏观层面，尽管当时还没有用宏观经济学的概念来指称这种关系。作为这一实践的理论映射，标准的经济学理论把我们生活在其中的纷繁复杂的现代经济社会大别为实体世界（real world）和货币金融世界（monetary world）两个侧面。所谓实体世界，指的是由物资资源、人口、产品、劳务、劳动生产率、技术等"实体"因素构成的经济世界；而货币金融世界则指的是由饥不能食、寒不能衣的货币资金的运动所构成的经济世界。这样，在宏观层面讨论金融对实体经济的影响，主要涉及的是货币资金的供求机制及其对物价水平的影响。因而，所谓金融要服务实体经济，主要指的是：金融部门要为经济发展提供适当的流动性，并以此保持物价稳定。显然，此时的货币金融对于实体经济而言，本质上是中性的，企图运用货币金融手段来影响实体经济运行，或可产生短期冲击，但长期终究无效。此即古典经济学的"两分法"。这样，虽然金融在人们日常生产和生活中看起来十分重要，但是，在主流经济学的理论体系中，囿于有效市场假说，金融因素始终未被系统性地引入宏观经济学一般均衡模型框架中，从而一直委屈地在经济学家族中居于"庶出"地位。

在理论界，最早企图突破金融与实体经济"两分"框架的是瑞典经济学家维克赛尔（维克赛尔，1898）。他致力于在"金融世界"和"实体（真实）世界"之间找到一座"由此达彼"的桥梁。在他看来，利率就是这座桥梁：通过货币利率和自然利率对应调整、前者向后者靠近的"累积过程"，引致储蓄和投资、供给（生产）和需求发生方向相反的变化，最终驱使均衡达成，进而决定经济活动的总体水平；而利率结构的变化，则可能影响资源配置的效率，进而影响经济活动的总体水平。凯恩斯继承了维克赛尔的分析思路，并将之发扬光大（凯恩斯，1936）。

上世纪 60 年代，金融中介理论的异军突起，开辟了探讨金融与实体经济关系的新路径。这一理论，从实体经济运行不可或缺的要素入手，循着交易成本、不对称信息、中介效率、分配效率、风险管理和价值增值等等方面切入，层层考察了金融与实体经济的关系，阐述了两者间相互关联和相互影响的关系。在金融中介理论的大家族中，其创始者，格利和肖的贡献不可忽视（格利和肖，1960），尤其是，当我们分析金融与实体经济的关系时，切不可忘记两位学者有关"内在货币"和"外在货币"的分析。在格利和肖看来，货币资产有着不同的类型，而不同类型的货币资产的名义扩张或收缩，对实体经济活动的运行会产生不同的影响。现实中，存在着政府债务和私人金融机构债务两类债务。由政府购买商品、劳务或转移支付而产生的货币资产可称作为"外在货币"，因为它们代表政府对私人部门的债务净额。与之对应，由私人部门债务组成的货币资产可称作"内在货币"，因为它们代表基于实体经济活动、产生于私人部门的资产和负债（初级证券），换言之，在内在货币创造的过程中，金融与实体经济之间是相互勾连、彼此渗透的，这个过程引起财富转移，进而对劳动力、当期产出和货币的总需求产生影响。

20 世纪 70～80 年代，信息经济学、新增长理论和新金融发展理论兴起，进一步打破了传统金融研究的僵局。伯南克和格特勒将金融作为内生性体系纳入（实体经济的）动态随机一般均衡模型（伯南克和格特勒，1996），揭示出投资水平与企业的资产负债表状况间的关系，以及金融市场波动逐步"绑架"传统经济周期的现实，进而让我们认识了"金融经济周期"；而以默顿为代表的金融功能学说，更为我们探讨金融与实体经济的关系提供了新的分析角度（默顿，1995）。

根据墨顿的概括，金融体系具有如下六项基本功能：（1）清算和支付功能,即提供便利商品、劳务和资产交易的支付清算手段;(2)融通资金和股权细化功能,即通过提供各种机制,汇聚资金并导向大规模的物理上无法分割的投资项目;(3)为在时空上实现经济资源转移提供渠道,即金融体系提供了促使经济资源跨时间、地域和产业转移的方法和机制;(4)风险管理功能,即提供应付不测和控制风险的手段及途径;(5)信息提供功能,即通过提供价格(利率、收益率和汇率等)信号,帮助协调不同经济部门的非集中化决策;(6)解决激励问题,即帮助解决在金融交易双方拥有不对称信息及委托代理行为中的激励问题。

不妨归纳一下,上述六项功能中,二、三两项涉及储蓄和投资,这为多数人所熟习;其他四项则概括的是金融体系在促进分工、防范和化解风险、改善资源配置效率、利用信息优势、降低交易成本等方面的作用。这些功能或容易被人忽略,或索性就没有多少人知晓。

长期以来,我国学界、政府与社会对于金融功能的理解,基本上集中于其储蓄和投资方面,而忽视了其他重要功能。由于有此偏颇,金融的功能或多或少被扭曲了:金融仅仅被看作为向经济活动输送资金的"血脉",它作为市场经济制度之基础构件以及其他或许是更重要的功能(例如,为资源配置提供信号、深化分工与协作、管理风险、提供激励等),则被忽视了。客观地说,如此理解金融,在我国有其实践基础。从经济发展的阶段来看,在至今尚未结束的传统工业化时期,由于经济发展有着比较确定的需求或投资的方向,金融体系的主要功能确实就集中于为相应的生产与投资活动提供资金;过去30余年高速增长过程中微观主体对于资金的渴求和银行主导的金融体系,也使得人们产生了金融的功能就是筹集和配置资金的认识偏颇。基于这些看法和实践,所谓"金融服务实体经济"的命题,在我国这里很容易被简单化为无条件满足微观企业的资金需求;如果做不到,便会被扣上一顶"不为实体经济服务"的帽子。

不难看出,在整个经济的运行中,金融其实只是配角,近年来它所以引起越来越多的关注,实在只是因为,它在履行自身功能方面已经越来越不尽责,甚至"自娱自乐",以至于从负面上干扰了实体经济的运行。面对此状，正确的做法就是将金融的发展拉回到媒介资源配置、提高资源配置效率的基本功能上。舍此，都会误入歧途。

二　金融运行的实体经济背景

金融业的收益来自实体经济，因此，有效服务实体经济，是金融业安生立命之本。人们在责难金融部门，称其不服务实体经济时，常常忽略了这一点。如果在这一点上我们有清醒且不含偏见的共识，那么，当我们看到金融机构在向企业提供贷款时逡巡不前，当我们看到企业发行的债务产品或权益产品在市场上不为广大投资者接受，就应冷静地看到，资金的融通活动在这里难以实现，是因为实体经济中存在着越来越大的风险；而金融机构和广大投资者规避这种风险，恰恰是一种理性的行为。

基于这一认识，讨论金融服务实体经济问题，不可或缺的前提和重要内容，是对实体经济的状况进行分析判断。我们看到，危机以来的国内外实体经济，风险始终存在，而且有愈演愈烈之势。

全球经济：长期停滞

始自 2008 年的全球金融危机，如今已呈现出长期停滞的特征。其主要表现有五。

其一，经历了 8 年多危机的全球经济，如今仍深陷弱复苏、低增长、高失业、低通胀、高负债、高风险的泥沼中。造成这种状况的原因可归纳为两类：首先，导致危机发生的主要因素，即主要国家的经济发展方式、经济结构、财政结构和金融结构的严重扭曲，依然故我；其次，在救助危机过程中各国相继推出的"超常规"措施，在防止危机产生多米诺骨牌死亡效应的同时，正逐渐显现出巨大的副作用。低迷的投资回报率、居高不下的债务率和杠杆率、过度的货币供应、徘徊于悬崖边的财政赤字、松懈的市场纪律以及社会动荡愈演愈烈，是其中最显著者。

其二，各国经济运行非同步、大宗产品价格变动不居、利率水平悬殊、汇率剧烈波动、国际游资肆虐。各国宏观经济变量差异的长期化和无序化，为国际投机资本创造出从事"息差交易"（currency trade）的温床，从而，国际游资大规模跨境流动并引发国际金融市场动荡，已经成为全球经济的新常态之一。

其三，各国宏观经济政策均程度不同地陷入"去杠杆化"和"修复资产负债表"两难境地。此次危机作为金融危机，主要是由各类经济主体负债率和杠杆率过高引发的。因此，危机的恢复，显然以"去杠杆化"为必要条件。然而，去杠杆化至少涉及两大难题：首先，从根本上去杠杆化，需要不断提高储蓄率并积累大量储蓄。但是，对绝大多数国家来说，储蓄率不易提高，储蓄急切难得。其次，去杠杆化作为经济恢复的前提条件，势将全面引发"修复资产负债表"冲击。这将致使大量企业在一个相当长时期内改变行为方式，从"利润最大化"转向"负债最小化"，从而引致整个社会形成一种不事生产和投资、专事还债的"合成谬误"，进而引致"资产负债表式衰退"。全社会的信用紧缩局面，就此形成。

其四，贸易保护主义抬头，地缘政治紧张，局部战争频仍。在经济普遍放缓、失业率攀升、风险不断积累的背景下，以保护本国产业和就业为名推行贸易保护，自然成为各国政府的第一选择。这已经导致全球贸易的增长率连续4年低于全球GDP增长率，并进一步触发了"去全球化"进程。

其五，全球治理出现真空。第二次世界大战以来，国际社会在几乎所有领域中都建立了专门的治理机构，并相应制定和形成了专业化的治理规则、最佳实践和惯例体系。这些机构及其运行规则，在各个领域中形成了完备的治理机制。这些机构、规则和机制一向运转有效，但显然未能经受住本轮危机的冲击。2007年以来，现行的全球治理机制，既不能有效应对传统挑战，更无法对日趋复杂的非传统挑战适时应变，几乎所有的国际治理机构和治理机制都已失灵。可以认为，二战以来建立的以美国为主导的全球治理体系已经"礼崩乐坏"。

上述状况将长期存在。这是因为，处于全球经济"长周期"的下行阶段，主要经济体均陷入了"长期停滞"。造成长期停滞的原因，从供给端分析，主要是技术进步缓慢、人口结构恶化、劳动生产率下降，以及真实利率水平降至负值区间；从需求端看，主要表现是多数国家持续存在"产出缺口"，即实际增长率在较长时期内低于其长期潜在趋势；从宏观政策角度看，主要体现为均衡利率为负值状态下的货币政策失效（流动性陷阱）；从收入分配看，日趋恶化的收入分配格局，进一步撕裂了社会，抑制了经济社会的活力与增长潜力。

中国经济进入新常态

如果说全球经济已陷入长期停滞，那么，中国经济则进入了新常态，其主要特征便是结构性减速。不过，这种因"三期叠加"导致的经济增长速度由高速向中高速的下落，同时伴随着中国经济的总体质量、效益、生态及可持续性向中高端水平迈进。换言之，中国经济新常态包含着经济朝向形态更高级、分工更细致、结构更合理的高级阶段演化的积极内容。

其一，中国经济的结构性减速。如果剔除 2009 年财政强刺激政策引致的 2010 年经济增长率的"异动"，中国经济增速的缓慢下滑自 2008 年始，而且，下行的压力至今未曾稍减。

导致我国经济出现结构性减速的原因主要来自要素供给效率变化。人口、资本和技术进步，构成支撑一国经济增长的三大要素供给。从人口供给看，过去 30 余年中，每年数以千万计的劳动力从失业、半失业状态转移到制造业，构成支撑我国高速增长的主要因素。但是，从 2012 年开始的人口参与率下降、继以总人口下降的趋势，使得支撑中国经济长期发展的"人口红利"逐渐消逝，随着"刘易斯转折点"的到来，中国进入了"人口负债"时期。2015 年，我国劳动力投入的增长率 30 余年来首次降为 −0.9%，为我们展示了不容乐观的前景。从资本形成看，过去 30 余年，在高储蓄率支撑下，中国的资本形成率一直保持着相当高的水平。然而，人口红利消失、传统工业化渐趋式微、消费率缓慢走高、资本边际收益率下降、资本产出率下降等，已使得无通货膨胀的资本投入呈逐渐下降之势，固定资产投资增长率从过去 30 余年平均 26% 直落到 2016 年的 8.1%，便是明证。技术进步的动态仍然令我们失望：资本回报率低、技术进步缓慢，是我们面临的长期挑战。统计显示，2008～2015 年，我国劳动生产率

下降至 8.16%，全要素生产率对 GDP 的贡献率也从过去的两位数降至
8.56%，与此同时，资本的产出弹性也趋于下降（张平等，2016）。要言
之，劳动力和资本投入增长率下降，技术进步缓慢，三因素叠加，在经济
增长的要素层面，合成了未来我国经济增长率下降的趋势。

其二，资源配置效率变化。过去 30 余年我国的经济增长，主要依靠的
是大量资源从农业部门转移到工业部门，从效率低的一次产业转移到效率
高的二次产业。长期、大规模地进行这种资源重新配置，带来了劳动生产
率的大幅提高。如今，中国的制造业份额（占 GDP 比重）已近饱和，产
能过剩已严重存在，人口等资源开始向以服务业为主的三次产业转移。然
而，作为世界普遍规律，服务业的劳动生产率显著低于制造业；在中国，
由于服务业多处于低端，这种生产率差距尤为显著。据中国社科院经济研
究所分析（张平等，2016），2006~2015 年，我国第三产业劳动生产率仅
为第二产业的 70%。基于这样的差距，当越来越多的人口和其他经济资源
从制造业转移到劳动生产率相对较低的服务业时，中国经济整体的劳动生
产率必将下降，并累及经济增长速度下滑。

其三，创新能力不足。30 余年来的中国科技创新，以向世界学习为主
要内容：我们可以轻易地通过将农业中未充分就业的劳动力转移到出口导
向、使用进口技术的制造业中，来持续地提高生产率。但是，当我们基本
完成了以赶超为内容的"学习课程"时，或者，国外已没有系统的东西可
供学习；或者，面对中国崛起，发达国家已开始对我进行全面技术封锁。
这意味着，"干中学"模式已不可持续，我们必须从依赖技术进口全面转
向自主创新。但是，自主创新谈何容易。举例来说，我国专利申请 2014 年
已居世界第一，学术论文发表亦列世界前茅，但专利转化率却居世界中
游。诚如习主席最近尖锐指出的那样：创新不是发表论文、申请到专利就
大功告成了，创新必须落实到创造新的增长点上，把创新变成实实在在的
产业活动。习主席的这段话，清晰地指明了我国创新能力不足的关键所在
（习近平，2015）。

其四，资源环境约束增强。浪费资源，曾经是我国粗放式经济发展的
典型现象。本世纪以来，能源价格和其他大宗产品价格相继飙升，随后又

剧烈波动，终于使我国资源消耗型增长方式遇到强硬的约束。同样，环境曾经被我们认为是可以粗暴"忽视"的外在要素，然而，雾霾挥之不去，食品中重金属严重超标，饮用水普遍被污染等等，已使得发达国家发展一两百年后方才出现的环境问题，在仍处于发展阶段中的中国这里显现出来。当我们着手解决环境污染问题时，中国的经济增长函数就会内生地增添了资源环境约束的负要素。

经济新常态下，我国经济发展的基本特征之一，就是大部分实体经济尚未找到新的发展方向，就是投资收益不断下滑并导致投资率下行。这种状况，使得金融体系的融资功能失去了目标和依托。在这种局面下，金融与实体经济保持一定的距离，并非不可思议的事情。

三　金融对实体经济的疏远化

早在上世纪 90 年代，类似我国金融"脱实向虚"的论断和讨论，在美国便已出现。不过，那里提出的命题是金融对实体经济"疏远化"，由被称作美国"经济沙皇"的美联储前主席格林斯潘在向国会为货币政策作证时首次提出（格林斯潘，1996）。

这说明，金融不能有效服务实体经济、脱实向虚的问题，是一种世界现象。

金融的"疏远化"

在国会银行委员会上的那段著名证词中，格林斯潘表达了这样的意思：由于金融创新不断深化，货币当局使用传统手段（控制利率、控制货币供应）来对实体经济进行调控，其传导机制越来越不畅通，以至于货币政策效果日趋弱化。换言之，从机制上说，控制货币供应这样一个政策行为，要经过金融市场的传导才能到达实体经济并对之产生影响，但是，由于金融创新层出不穷，传导效果不断弱化，使得金融与实体经济的关系越来越远，疏远化了。基本事实就是，力度足够大的一项货币政策操作在到达实体经济层面之时，即便没有消弭于无形，也成强弩之末。确认了"疏远化"的事实，美国的货币政策范式便开始调整。格林斯潘抛弃了前任联储主席沃尔克的货币政策理念和手段，转而进入了一种没有主义，"去中介化"，本质上是某种新凯恩斯主义的调控模式。

其实，货币金融对实体经济疏远化，早已在货币的原初形式中便已存在（马克思，1895）；随着经济的发展，这种疏远化逐渐由内含而外化，找到了其多样化的存在形式。也就是说，探讨金融脱实向虚问题，并寻找解决的方略，我们必须追根溯源，从货币金融的发展历史说起。

从历史看，经济发展到一定阶段，货币便出现了。货币的出现，极大地促进了实体经济的发展，其主要功能，便是解决了储蓄和投资的跨时期配置问题。如果经济中没有货币，所有的经济主体就不可能有跨时期的储蓄和投资，当然也就没有储蓄向投资转移这一社会机制出现。因为，没有货币，每一个经济主体的当期储蓄都必须而且也只能转化为当期的投资，并且，这种转化只能局限在同一个经济主体自身。货币的出现，改变了这种状况。生产者今年生产的东西没有消费完，他可以将之卖出，从而用货币的形式保有其储蓄。到了第二年，若有必要，该生产者就可以将这笔上期储蓄的货币支用出去，其当年的支出就可以超出当年的收入。有了资源的跨期配置机制，全社会的配置效率就大大提高了。

但是，这样一个堪称革命的事情，其实已经蕴含着货币与经济相疏远的倾向。首先，货币一经产生，就有了价值和使用价值的分离，两者不相一致是常态（马克思，1890）。其次，由于货币供应很可能而且经常与货币需求不对应，通货膨胀或通货紧缩就有可能发生。事实上，一部货币史，就是探讨货币供应怎样与货币需求相吻合的历史；所谓对货币供求的研究，其核心内容就是努力寻找一种机制，使得货币的需求得以充分展示，使得货币的供应得以伸缩自如，进而，使得货币供求经常地吻合。为什么这个问题至关重要呢？而且，为什么达到这种境界如此困难呢？那是因为，货币供应是虚拟的：它代表商品和劳务，但又不直接代表商品和劳务，尤其是，它只是宏观地用一堆货币去与一堆商品相对应，而不是一一对应地去代表商品和劳务的个体。简言之，货币的产生，无非只是商品自身内部客观存在的"实"（可以满足人们的物质需求）与"虚"（可以用来与别的商品相交换）之对立的最初的外化形式。

讨论了货币问题，我们可以进一步讨论金融。首先要指出的是，不做深入考究，货币和金融两个概念是可以不加区别来使用的。因此，寻常我们使用的货币政策、金融政策、货币金融政策概念，均可以表示相同的意思。但是，当我们研究具体的、金融体系内部各种形式的关系之时，货币和金融就必须区分开来。在这里，货币是供应到市场上用来便利交易的媒介，它也是价值计算的尺度；而金融则是已经提供到市场上的货币的有条件转移。正是因为有了金融，举凡信用问题、期限问题和利率问题等等，方始出现。

那么，金融的作用是什么呢？还是提高资源配置的效率。不同的是，它使得储蓄资源可以跨主体（在赤字单位和盈余单位之间调节余缺）、跨空间（储蓄从此一地区向彼一地区转移）地有条件转移。我们知道，货币出现以后，所有的商品和劳务，所有的具体财富都被抽象化为某一货币单位。金融产生之后，这个货币单位便可在一定条件下、一定时间内、以一定的代价，并被赋予一定的附加条件，由某一经济主体转移到另外一个经济主体手中。在这个转移过程中，资源配置得以完成，其使用效率也得到提高。我们常说，市场经济条件下是"物跟钱走"，就是说，资源的配置现在体现为货币资金的分配，而货币资金的分配是通过货币的流通和金融交易完成的。在这里，虚拟经济因素引导了实体经济因素的配置过程。

金融活动借助货币流通产生之后，经济活动进一步虚拟化了。这不仅表现为经济资源的实际流转逐渐被掩盖在货币借贷的洪流之下，而且表现为，货币交易自身开始成为目的，一批以经营货币为业的专门机构和人群应运而生。与此同时，当我们用存款/贷款的方式、用发行债券的方式、用发行股票的方式更为有效地展开资源配置的时候，诸如信用风险、市场风险、利率风险、操作风险等新的风险也就产生了。纯粹的实体经济不可能有这样的风险；单纯的货币流通也不可能产生这样的风险。更有甚者，金融产品一经产生，其自身也就成为交易的对象；在其自身供求关系的左右下，金融产品的价格可以飙升飙落，从而引起货币供求的盈缩，引起物价的涨跌，带来社会剧烈动荡。

　　在论及金融时，有一个被讨论得很多的问题不能不提及，这就是直接融资和间接融资的关系问题。如果直接融资规模逐渐增大并趋向于超过间接融资规模，这就意味着经济虚拟化进程的加快，产生泡沫的可能也逐步增大。仔细想一想，当经济社会只有银行间接融资时，全社会的储蓄都将变成银行存款，而银行则用之发放贷款，从而实现储蓄到投资的转移。显然，在这种银行融资为主的融资体系下，由于银行只是中介，储蓄向投资转化的过程在银行的资产负债表中只是"过手"，经济的泡沫不易产生。更准确地说，如果这时出现泡沫，那也是从总体上来看的货币和信用的供应超出（或不足）对货币和信用的需求，其最坏的结果是造成通货膨胀（或通货紧缩）。直接融资则不同。诸如股票、债券、基金等等，由于其自身有特殊的定价方式，由于其自身就是交易对象，由于这种交易强烈受到自身供求关系的影响，它们的价格就可能严重背离其赖以产生的实体资产的价值，从而形成泡沫。《新帕尔格雷夫货币与金融大辞典》（2002）曾对经济泡沫做了形象的描述。所谓泡沫，指的是在一个连续的资产运作过程中，一种或一系列资产价格突然上升，而且，开始的价格上升会使人们产生还要涨价的预期，于是又吸引了新的买者，而新买主对这些资产本身的使用和产生盈利的能力是不感兴趣的。总而言之，在这个过程中，市场参与者感兴趣的是买卖资产的收益，而不是资产本身的用途及其盈利能力。更为严重的是，由于价格可能被"炒"得高扬，而在长期中价格又存在着向其真实价值回归的趋势，于是，伴随着一段时期涨价的，常常是继之而来的预期的逆转和价格暴跌，最后以金融危机告终。我以为，金融之所以被称为虚拟，就是因为它的这种"自我实现"和"自我强化"的运动特征，使得它的价格经常与其赖以产生的商品和劳务的价格相去万里，"脱实向虚"乃至"以虚生虚"成为常态。

　　金融发展的下一阶段就是金融衍生产品的出现。这里所说的衍生产品，指的是其价值是名义规定的，衍生于所依据的资产或指数的业务或合约。在这里，"所依据的资产"指的是货币、股票、债券等原生金融工具。应当说，金融衍生工具的出现有着巨大的积极作用；通过远期、调期、互换、期货、期权等手段，通过一系列令人眼花缭乱的"结构性"金融操作，我们的经济社会得以大规模地规避和转移风险，得以大大提高了流动性，进而得以大大提高了资源配置效率。

衍生金融工具的产生和发展，当然同时产生了使经济进一步虚拟化的效果。如果说在金融原生产品上，金融与实体经济的关系还是若即若离，在金融衍生产品上，这种联系是彻底地被割断了。因为金融衍生产品本就不是根据实体经济来定义的，它的全部价值，只是存在于其赖以产生的金融原生产品的价格波动之中。发展到这一阶段，金融产品已变成了一个影子、一种称呼、一种符号、一个数字。更有甚者，对金融产品（原生产品）价格变化的追求甚至操纵，在这里可能成为无可厚非的"常规"，因为，金融衍生品本就是应金融原生品的价格波动而生的。

金融对实体经济的"疏远化"，在此次危机之前的若干年中表现得极为明显。这可以从如下四个方面来分析：

其一，从基础金融产品到证券化类产品，再到 CDO、CDS 等结构类金融衍生产品，金融产品的创造及金融市场的运行逐渐远离实体经济基础；衍生品的过度使用，不断提高了金融业的杠杆率，使得这种疏远日趋严重；

其二，大宗商品市场全面"类金融化"，致使商品价格暴涨暴跌，干扰实体经济正常运行。这里，所谓类金融化指的是，金融机构和巨额资金大举进入传统的商品市场，并运用金融的推动力，造成商品价格像纯粹的金融产品那样暴涨暴跌。随着金融业的大发展并向实体经济大规模渗透，所有的经济活动都染上金融的色彩，传统的经济周期也演变成为金融经济周期（伯南克，1987）；

其三，市场中介机构行为扭曲。这在投资银行上表现得最具典型性。投资银行原本是中介，但随着金融创新的发展，投行的行为越来越接近对冲基金。起初，投资银行的专业是发现好的企业，然后替它重整，给它定价、推荐、上市，赚取手续费。后来，投资银行依靠雄厚的资金实力，开始有了自营业务。继而，投资银行又相继成为上市公司，有了自己独立的资产负债表，成为一个负债型企业，有了自己的各种利益。基于这种地位，它们自然什么产品都要炒，直至炒作到大宗商品上。这种行为方式已经与对冲基金毫无二致。

其四，金融业普遍采行过分的激励机制，助长了短期、投机性行为。从美林、高盛这样的超一流投行在危机中的表现来看，正是这样一种激励机制，导致了它们在出现大幅亏损的时候，还一定要去兑现奖金合同的怪异现象。激励机制存在严重问题，于此可见一斑。

四 创造便利资源有效配置的货币金融环境

我们主张环绕金融功能来落实金融服务实体经济的战略。为了更具针对性，本节首先讨论：经过三十余年连续不断的改革，作为在市场经济条件下承载资源配置机制的金融体系，依然存在怎样一些缺陷，阻碍了它去有效发挥媒介资源有效配置的功能？厘清了这些问题之后，进一步金融改革的方向、重点和内容，自然就呼之既出，金融服务实体经济的战略目标，当然也就容易落实。

经过 30 余年改革，我国金融体系还缺什么？

那么，经过 35 年不间断的改革，目前还存在怎样一些障碍和缺陷，使得我国的金融体系难以很好地发挥有效引导资源配置的功能呢？概言之，主要有六：（1）中国金融体系虽已初具现代格局，但是，引导市场得以有效配置资源的基准价格——利率、收益率曲线和汇率等——尚未完全市场化；（2）中国总体而言已不是资金短缺国家，但是，长期资金短缺、权益类资金供给不足，即"期限错配"和"权益错配"问题，却严重存在；（3）已有很多公民和企业获得了较好的金融服务，但是，向社会所有群体特别是弱势群体提供服务的金融体系，依然有待建立，满足他们需要的金融工具和金融服务，仍待开发；（4）中国金融业确已有了较大发展，但管理金融风险的市场化体制机制仍然十分缺乏，我们依然主要依靠政府的潜在担保甚至直接出资来管理风险；（5）资本和金融项目尚被管制，人民币仍不可兑换，这无疑阻碍了我们构建开放型经济体制的步伐；（6）金融监管框架已经初立，但是，各领域之监管的有效性、针对性、稳健性均有待改善；监管掣肘的问题更是亟待解决的问题。

我以为，以上六个方面，就是我国的金融体系实现"到二〇二〇年，……各方面制度更加成熟更加定型"战略目标的"重要领域和关键环节"。在今后 3～5 年内，我们必须在这些领域和环节的改革上取得决定性进展，方能有效管理我国经济中日益严重的金融风险。

健全市场运行基准

30 余年中国金融改革和发展的成就十分巨大，中国的金融体系已经实现了"从无到有"的天翻地覆的变化。如今，在全球前十名的超级大银行中，中国已占 3 位；全球金融理事会圈定的 30 家"全球系统重要性银行"中，赫然也有 4 家中国的银行在列；金融稳定理事会公布的首批 9 家全球系统重要性保险机构中，也有 1 家中国机构跻身。若就资产来排名，中国的央行已在世界上名列前茅。如此等等足以说明，从外在指标看，中国的金融系统已堪与发达经济体相比。但是，在这令人眼花缭乱的"金融上层建筑"之下，各类金融交易赖以进行的"基准"，即利率、汇率、以及无风险的国债收益率曲线等，现在还在相当程度上被管制着。这意味着，迄今为止我们所有的金融交易，一直都在由某种可能被扭曲的定价基准引导着；依据这些信号展开的资源配置过程，其效率大可存疑。每念及此，不免心惊。

金融市场的核心基准是利率。利率市场化将构成下一阶段改革的核心内容，自不待言。然而，利率市场化绝不仅仅意味着"放开"，它至少包括三大要义：（1）建立健全由市场供求决定利率的机制，使得利率的水平、其风险结构和期限结构由资金供求双方在市场上通过反复交易的竞争来决定；（2）打破市场分割，建设完善的市场利率体系，建设核心金融市场并形成市场核心利率，建立有效的利率传导机制；（3）中央银行全面改造其调控理念、工具和机制，掌握一套市场化的调控利率的手段。这样看，我国利率市场化的任务还很繁重；"放开存款利率上限"，其实只是我们必须完成的并不具有决定性意义的任务之一。

另一个重要的市场基准就是国债收益率曲线。如所周知，收益率曲线是固定收益市场的主要收益率，它反映无风险收益率基准在各个期限上的分布；基于这条曲线，其他各种固定收益产品才能根据各自的风险溢价来有效定价。在我国，国债收益率曲线已在上世纪开始编制，但囿于各种条件，其缺陷依然明显，自然，使之日臻完善，是下一步改革的重要任务。在这方面，完善国债发行制度，优化国债期限结构；完善债券做市支持机制，提高市场流动性；改善投资者结构，增加交易需求；完善国债收益率曲线的编制技术；适时引进境外投资者等，都是必不可少的功课。

第三个市场基准就是人民币汇率。为了提高利用国内国外两种资源的配置效率，促进国际收支长期均衡，我们必须完善人民币汇率的市场化形成机制。为达此目标，必须大力发展外汇市场，增加外汇市场的参与者，有序扩大人民币汇率的浮动空间，完善汇率形成机制，尤为重要的是，央行必须大规模减少其对市场的常态式干预。

除了以上三项机制性改革，我们还须加强金融的基础设施建设，这包括一整套登记、托管、交易、清算、结算制度，以及规范并保护这些制度运行的法律法规。

致力于提供长期资本

经过30多年的金融改革，我国金融体系动员储蓄的能力已经相当强大。统计显示，从1994年开始，中国总体上已经摆脱了储蓄短缺的困境，成为一个储蓄相对过剩的国家。我国的外汇储备从那年开始逐年净额增长，就是储蓄过剩的明证。但是，在资金供给方面，以银行为绝对主导的金融结构所动员起来的资金，在期限上偏短；而在资金需求方面，由于工业化深入发展和城市化不断推进，我们对长期资金的需求甚殷。这种"期限错配"，是中国各类系统性金融风险的根源之一。不仅如此。以银行为主的金融体系，只能以增加债务的方式向实体经济提供资金；与之对应，我国非金融企业获取股权性资金的渠道相当狭窄和有限。这种"权益错配"，在推高微观主体负债率的同时，也为我国经济和金融体系留下了负债率提高和杠杆率飙升的风险。我国银行资产中的中长期贷款目前已高达60%左右的危险水平，地方政府融资平台问题愈演愈烈，都与金融体系上述结构性缺陷密切相关。毫无疑问，在下一步改革中，增加长期资金的供给，特别是增加股权性资金供给，是又一个极为紧迫的议题。

改变我国金融体系期限错配和权益错配的方略，大致可归纳为如下几端：（1）进一步发展多层次资本市场。这一目标提出甚久，但长期以来，由于我们沿着主板、中小板、创业板的旧发展思路一路走来，迄今成效甚微。今后，必须加快完善以机构为主、公开转让的中小企业股权市场；健全做市商、定向发行、并购重组等制度安排；引导私募股权投资基金、风险投资基金健康发展；支持创新型、成长型企业通过公募和私募的方式进行股权融资；建立健全不同层次市场间的差别制度安排和统一的登记结算平台，等；（2）应当给区域性资本市场"正名"，让市场基于区域之差别，建立不同层级，服务于区域发展的资本市场；（3）进一步推行股票发行注册制改革，根除我国股票主板市场的痼疾；（4）规范发展债券市场，其中最重要者，一是允许发行市政债券，二是大力推行资产证券化；（5）发展和完善类如国家开发银行的各类长期信用机构。建立透明规范的服务城市化建设的投融资机制；研究建立城市基础设施、住宅政策性金融机构；在沿边地区，建立开发性金融机构等等，都是从机构层面全面增加长期资本和股权资本供给的改革举措。

发展普惠金融

目前，我国的很多机构和个人都已获得了充分、在一定程度上已经是过度的金融服务，但是，广大的普通居民只是获得了有限的金融服务，而广大的弱势群体却很难获得有效的，甚至根本就得不到金融服务。

发展普惠金融，支持服务地方的小型金融机构发展、大力发展小额信贷、鼓励金融创新、不断扩大金融服务的覆盖面和渗透率、优化小微企业金融服务生态环境、加强消费者保护等等，当然都是题中应有之义，然而，我们特别关注两个领域的改革和发展。

一是要彻底摒弃我们行之60余年的禁止非金融机构之间发生信用关系

的禁令。我以为，唯有放开民间信用，普惠金融才有真正合适的发展土壤。二是大力发展互联网金融。实践告诉我们，普惠金融所以难以发展，客观上存在着成本高和结构化信息不易获取等难以逾越的技术和信息障碍。现代互联网金融的发展，恰恰提供了有效解决这些问题的渠道和手段。通过改变交易的基础设施，互联网使得交易成本大大降低，人们可以更加方便、快捷、低成本地进行交易；同时，互联网金融还突出了个体特有的需求，有效实现了所谓"私人定制化"；另外，大数据、云计算、社交网络、搜索引擎等现代手段的运用，也有效地为金融业提供了获取普罗大众有效信息的手段。

市场化的风险处置机制

经过 30 余年的不懈努力，我国的金融市场已经有了长足的发展，与之相伴，各类风险也随之而来。然而，虽然我们的金融体系正向着更为市场化的方向发展，但我们的风险处置机制却依然停留在政府大包大揽的框架下。这意味着，在金融体系进一步改革的进程中，我们需要创造一个市场化的风险管控机制，需要用市场化的手段来防范和化解金融风险。

建立市场化的风险管理和处置机制，涉及到方方面面。其中最重要者有三：（1）完善商业性保险制度。近年来，保险业在中国发展很快，但是，很多保险机构不安心于从事保险的本业，忽略了提供经济补偿的基本功能，而是热衷于从事金融活动，热衷于去进行投资，有时还热衷于从事所谓"社会公益"活动。我们不无忧虑地看到，此次危机中若干国际一流保险机构涉险，无不起因于其对本业的忽视和对金融的迷恋。强调保险应强化其经济补偿功能，目的是促使保险业的发展回归正途。（2）建立存款保险制度。加快建设功能完善、权责统一、运作有效的存款保险制度，促进形成市场化的金融风险防范和处置机制，是关乎我国金融业特别是银行业健康发展的重大举措。这种存款保险机制，要与现有金融稳定机制有效衔接，应能及时防范和化解金融风险，维护金融稳定。（3）明确金融机构经营失败时的退出规则，包括风险补偿和分担机制；进一步厘清政府和市场的边界，加强市场约束，防范道德风险，从根本上防止金融体系风险积累；明确地方政府对地方性金融机构和地方性金融市场的监管职责，以及在地方金融风险处置中的责任。在处理金融风险的过程中，切实加强对存款人的保护，有效防止银行挤兑。

加强金融监管协调

经过持续不断的机构改革和功能调整，我国已在本世纪初确立了"货币政策与金融监管分设，银、证、保分业监管"的金融监管和调控格局。然而，不仅银、证、保、信等领域的监管自身都需要更新理念、提高水平，不断提高监管的有效性、针对性和稳健性，而且，监管当局相互掣肘，致使出现监管真空、监管重复等问题的局面也亟待改变。若无有效的协调，整个监管体系就很难发挥出正能量。

加强金融监管的措施，主要涉及两个方面。首先，在实现我国监管格局从机构监管向功能监管转变的同时，需要提高银、证、保、信各业的监管标准和监管质量，包括：设立、完善逆周期资本要求和系统重要性银行附加资本要求，适时引进国际银行业流动性和杠杆率监管新规，提高银行业稳健型标准；根据我国金融市场结构和特点，细化金融机构分类标准，统一监管政策，减少监管套利，弥补监管真空；优化金融资源配置，明确对交叉性金融业务和金融控股公司的监管职责和规则，增强监管的针对性、有效性等。其次要加强监管协调，应充分发挥金融监管协调部际联系会议制度功能，不断提升监管协调工作规范化和制度化水平，形成监管合力。

特别需要指出：近年来，我国金融业发展的一个极为重要的现象，就是银、证、保、信等业已经在产品层面上大规模混业了。在混业已经在金融产品的微观层面大规模展开的情势下，仍然在宏观层面坚持分业监管，将使得我们无法把握信用总量的规模、结构和动态变化，弱化监管效率。更有甚者，它会使得大量金融活动处于无人监管境地，使得监管套利获得肥沃土壤。显然，借鉴美、英、欧监管框架从分业重归一统的最新实践，我们需要从体制上改革目前心劳日拙的分业监管格局。

主要参考文献

马克思:《马克思恩格斯全集》(46 卷), 人民出版社, 1975 版。

维克赛尔:《利息与价格》(1898), 商务印书馆, 2013 年。

凯恩斯:《货币、利息和就业通论》(1936), 商务印书馆, 1999 年,

格利和肖:《金融理论中的货币》(1960), 上海三联书店, 1994 年。

Bernanke, B. S, M. Gertler and S. Gilchrist, The Financial Accelerator and the Flight to Quality, The Review of Economics and Statistics, Vol. 78, No. 1, 1996.

Merton, Robert C. , and Zvi Bodie, Financial Infrastructure and Public Policy: A Functional Perspective. Harvard Business School Working Paper, No. 95 – 064, 1955.

张平等、刘霞辉等:《中国经济增长报告 (2015~2016)》, 社科文献出版社, 2016 年。

Greenspan A. , Remarks on Evolving Payment System Issues, Journal of Money, Credit, and Banking, Vol. 28, No. 4 (November 1996, Part 2) .

马克思:《资本论》(1895) 第 1 卷, 人民出版社 1975 年版。

《新帕尔格雷夫货币与金融大辞典》, 中国大百科全书出版社, 2002 年。

目　录
CONTENTS

1

第一章　结构性减速、中国经济转型与效率模式重塑

袁富华　张　平*

---

* 袁富华，国家金融与发展实验室特聘高级研究员，中国社会科学院经济研究所研究员；张平，国家金融与发展实验室副主任，中国社会科学院经济研究所副所长。

- 一国经济完成工业化之后，其经济增速通常都会从高位下落，进入中低速增长时期。这是多数国家发展历史证实的普遍规律。

- 这种减速被称为结构性减速。因为，经济发展到一定阶段，产业结构不可避免地会发生从以工业化（制造业）为主到以服务化为主的演进；由于服务业劳动生产率普遍低于制造业，总体劳动生产率的增速便开始下降。

- 结构性减速能否带来平稳转型，关键在于能否有效提高经济效益，在于能否获得效率动态的补偿效应，即能否形成"高劳动生产率、高资本深化能力和高消费能力"的稳定效率三角。

- 中国经济已进入体制转型和结构性减速阶段。保持经济可持续发展的关键，是推动供给侧结构性改革，全面提高劳动生产率和全要素生产率。目前的关键之一，在于推动科、教、文、卫、体等现代服务业的改革。

结构性减速现象最初发生在发达经济体中，其基本表现是，经过一段较长时期的高速增长，伴随着经济结构由以制造业为主转向以服务业为主，这些国家普遍出现增长减速现象。其后，发展中国家也加入了经济增速先增后减的行列。换言之，结构性减速，是经济发展过程中一个带有规律性的现象。结构性减速之所以发生，是因为经济发展到一定阶段，产业结构不可避免地会发生从以工业化（制造业）为主到以服务化为主的演进，在这个过程中，由于服务业的劳动生产率普遍低于制造业，从而出现了总体劳动生产率增长率下降的情况，而下降的程度及其后果，与生产方式和经济组织的动态变化有关。

国际经验表明，工业化阶段是以指数级增长的经济赶超过程的结束和出现经济转型，通常发生在中等收入阶段。但通过减速和转型能否逐步实现可持续增长，存在极大的不确定性，需要跨越特定增长门槛。发展中国家转型时期增长模式的中心问题，表现为无法建立起类似于发达经济体进入城市化阶段所形成的"高劳动生产率、高资本深化能力和高消费能力"的稳定效率三角。因此，在大规模工业化结束后，发展中国家往往面临跨越门槛的困难，迫使城市化偏离创新和效率不断提升的路径，进入"成本病"和租金抽取的无效率路径。由于城市化过程推动了房地产的货币化，很容易不断累积资产泡沫和提高社会杠杆率水平，在开放条件下，易受到外部冲击并导致国内产业升级的断裂。

结构性减速能否带来平稳转型，关键在于能否获得效率动态的补偿效应。根据发达国家的增长经验和理想产业雁阵序贯的设想，作为产业演进的高级阶段，经济服务化主导的经济阶段，应该比工业化阶段具有更加高效和稳定的发展环境，否则服务业和城市化的发展就没有理论上的必要了。消费的动态效率补偿及相应的知识过程的建设，是体现服务业高端特征的重要现象。

经济结构性减速是发展阶段的必然产物，更根本的问题是经济转型和效率模式重塑。2012 年以来，中国经济增长逐年减速。2013 年服务业比重超过了制造业，中国经济结构的服务化趋势已经越来越凸显，但是，劳动生产率增长速度逐步减缓，有着明显的结构性减速的特征。2017 年，中国经济增长速度预计稳定在 6.5% 以上，因此经济转型和效率模式重塑是 2017 年及未来经济增长的最重要的任务。加大供给侧结构性改革力度，提高劳动生产率和全要素生产率，是保持中国经济可持续增长的重要战略举措。

第一节 结构性减速与中国潜在增长率的模拟

我们对结构性减速这一重要现象的观察，建立在欧美发达国家、日本、拉美以及包括中国在内的亚洲新兴工业化国家这四类经济体的长期增长经验和增长理论之上。按照 Ozawa（2005）的说法，这四类经济体经历了分别由英国、美国和日本主导的国际雁阵产业传递。国际经济一体化大潮中的那些"上岸者"，最终沿着工业化—城市化的内在效率逻辑成长为发达经济体；而更多的"挣扎者"，在经历了工业化奇迹之后逐渐沉寂了。

一 长期增长减速的产业结构变动效应

袁富华（2012）的多国比较分析显示，20 世纪 70 年代以后，发达国家普遍发生的经济增长减速，与劳动生产率增长速度的下降密切相关，劳动生产率减速是由产业结构服务化这种系统性因素造成的。因此，结构性减速可由产业结构变动和产业劳动生产率变动来解释。

增长减速的"结构效应"，可以运用反事实方法进行直观说明。假定以 1950 年为基期，固定基期的三次产业增加值比重，并用它们与 20 世纪 70 年代以后相应产业的劳动生产率增长率相乘，得到全社会劳动生产率增长率的"实验数据"序列，记为 $(g_{1950})_t$；同时，1970~2008 年由真实产业增加值比重和相应产业劳动生产率增长率合成的全社会劳动生产率增长率序列记为 $(g)_t$。基于此，全社会劳动生产率增长率变动的"结构效应"可定义为：

$$sf = \frac{(g)_t - (g_{1950})_t}{(g_{1950})_t} \times 100\%$$

通常状况下，随着经济结构服务化趋势的增强，若第二产业劳动生产率增长率大于第三产业劳动生产率增长率，则 $sf \leq 0$，且 sf 的绝对值越大，劳动力由第一、第二产业向第三产业转移对全社会劳动生产率减速的效应也越大。表1汇报了九国劳动生产率变动的"结构效应"，正如预期，除个别时期外，各国各个时期均表现出较大的负值，即与20世纪50年代的经济结构相比，70年代以后各国经济结构向服务化的演进，对各国全社会劳动生产率增长的负向冲击或抑制作用是巨大的。

表1　九国劳动生产率减速的结构效应（以1950年各国三次产业增加值比重为基准）

单位：%

年份 国别	1970~1975	1975~1980	1980~1985	1985~1990	1990~1995	1995~2000	2000~2005	2005~2008
法　国	0	−23	−29	−32	−63	−63	−47	−55
意大利	—	−39	−73	−39	−54	−77	−187	−172
荷　兰	−35	−41	−29	NA	−61	0	34	−54
西班牙	−35	−24	−14	−93	−71	−135	−3	−72
瑞　典	−19	−84	−49	−34	−23	−33	−38	−281
英　国	−44	−26	−29	0	−36	0	−22	172
加拿大	0	0	−6	−53	25	−12	−24	−25
美　国	−39	NA	−37	−20	−18	−11	−42	−2
日　本	−23	27	−21	−1	92	−43	−9	−43

注：—表示数据缺失，NA 表示被忽略的异常值。

数据来源：Mithell（1998）、联合国统计数据库。转引自袁富华（2012）。

二　长期增长减速的要素结构变动效应

课题组（2012，2013，2014）对长期增长减速中要素结构变动带来的冲击进行了比较系统的探讨。无论是经济发达国家还是欠发达国家，大规模工业化时期的持续"结构性加速"，得益于其有利的要素结构，包括有利的人口结构和低成本劳动力资源的使用；持续可获得的储蓄积累及相应的资本积累；"干中学"和劳动生产率的改进。然而，随着人口结构转型、产业结构转型和经济增长阶段演替，不利于大规模工业化的条件逐渐变得显著，增长减速的要素结构变动效应也变得突出。三重"结构性冲击"如图1。

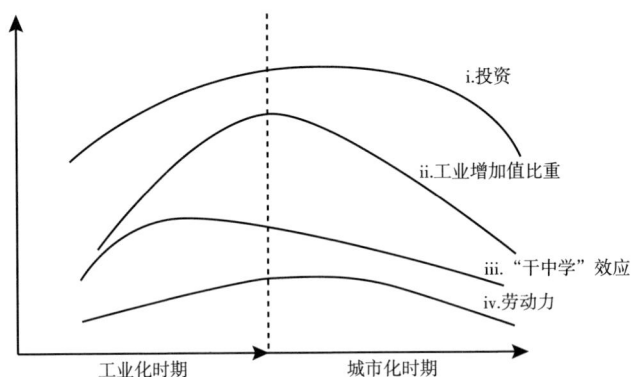

图1 不同经济增长阶段要素或因素的变化趋势

数据来源：转引自课题组（2014）。

第一，资本增长的倒"U"形趋势。随着工业化向城市化的阶段性发展演进，投资增长速度呈现从加速到减速的倒"U"形统计趋势。原因是工业部门比重沿着增长阶段演替出现了由高到低的变化；城市化过程的投资往往表现出相比工业化阶段较低的增长速度。国际经验的佐证如20世纪70年代后的日本，随着经济结构服务化的形成，投资增速持续降低且越来越呈现发达国家增长特征；又如拉美国家的过早城市化抑制了投资和增长速度。

第二，劳动力增长的倒"U"形趋势。就新兴经济体的增长经验而言，有利的人口结构实际上是快速工业化的一个必要条件。巧合的是，大多数新兴工业化国家在其工业化过程中都或多或少地获得过人口红利。如拉美国家 1950~1980 年的增长黄金时期，正处于其人口转型的第一阶段，15~64 岁劳动年龄人口增长速度在 20 世纪 70 年代达到 2.9% 的峰值，1980 年以后出现持续下降，近年这一增速约为 1.5%。日本在 1956~1973 年的增长黄金时期，也捕捉到了快速增加的人口红利，1973 年以后的经济减速——尤其是 20 世纪 90 年代以后的低增长，伴随了劳动年龄人口增长速度的下降。中国劳动年龄人口增长速度在 2009 年出现了拐点，若把 GDP 增长分解为劳动生产率增长和劳动年龄人口增长两个部分，那么（由劳动年龄人口增长表示的）人口红利对 GDP 增长的贡献从 20 世纪 80 年代的 29% 下降到 20 世纪 90 年代的 17%，2000~2008 年这一比例基本维持在 17%，而 2009 年以来进一步下降到 10% 以下。

第三，工业化大规模扩张及相应效率的改进，来源于"干中学"效应。一方面，由于经济追赶阶段技术水平与国际技术前沿存在较大差距，技术可获得性较大；另一方面，工业化规模扩张过程中的模仿和学习效应，也有利于持续的效率改进。但是，随着大规模工业化阶段——尤其是重化工业化阶段的结束，国外技术的可获得性越来越小，学习曲线也逐步向"S"形顶部迫近，导致投资减速及效率减速。

三 中国潜在增长的启发性模拟

考虑上述三个倒"U"形趋势和弹性参数逆转，在设定技术进步和节能减排冲击效应的条件下，中国潜在经济增长情景分析如表 2 所示。"十三五"期间进入不可逆转的"结构性减速"通道，是我们的基本判断。

表 2 中国潜在经济增长情景分析

年 份 \ 参 数	α	$1-\alpha$	潜在增长率（%）	资本增长率（%）	劳动增长率（%）	技术进步贡献份额	节能减排冲击效应
2011~2015	0.7	0.3	7.8~8.7	10~11	0.8	0.2	-1
2016~2020	0.6	0.4	5.7~6.6	9~10	-1	0.3	-1
2021~2030	0.5	0.5	5.4~6.3	8~9	-0.5	0.4	-0.5

数据来源：转引自课题组（2012）。

第二节 经济转型中的门槛和动态效率补偿

经济转型最为关键的两步就是跨越门槛和建立效率的动态补偿机制，这是转型发展的根本性的两步。

一 门槛的理论逻辑

理想情境下，根据表 2 中 GDP 增长速度预期值以及人口增长速度预期值，即使在经济减速的背景下，2020 年中国人均 GDP 也可望达到 10000 美元左右的水平，2030 年达到 15000 美元左右的水平，进入发达国家行列，跨越中等收入陷阱。但是，这只是统计数字上的启发性推断。更为现实的问题在于，发展中国家的经济能否收敛到"现实"的发达水平。"现实"的发达水平以高生活质量为标准，其典型特征包括稳定的效率改进能力、充分的应对外部冲击的经济制度组织弹性、企业家精神的充足供应。因此，当大规模工业化阶段结束时，后发的追赶国家仍然面临着关键性临界条件突破的门槛。

图 2 显示了相对于美国的一些代表性国家的劳动生产率（q）的追赶路径，直观描述了高效率模式与低效率模式的差异，以及各自在追赶过程中的表现。总体判断是：第一，在所考察的半个多世纪的样本期中，样本国家（地区）——东亚、拉美、欧洲诸国——整体上表现出"S"形追赶路径；第二，已经完成追赶的国家如欧洲诸国，东亚的日本、韩国表现出显著的"S"形追赶路径；第三，战后拉美国家历时半个多世纪的调整及震荡，表现尤其引人注目；第四，中国及泰国、菲律宾等东南亚国家，仍然处于追赶的加速过程中，其劳动生产率水平不仅距离发达国家甚远，甚至与拉美国家也相差很大。

1. 稳定效率三角：门槛跨越的标志

发达国家增长的持续性和高质量生活水平的维持，建立在"高劳动生产率、高资本深化能力和高消费能力"这个稳定的效率三角上——这

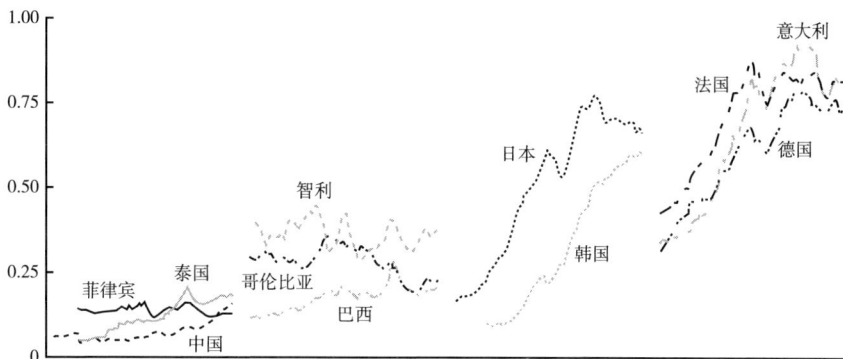

图 2　1950～2011 年相对劳动生产率 $\overline{q}$ 的追赶路径

注：相对劳动生产率 $\overline{q}$，美国 =1。

数据来源：PWT8.1 数据库，转引自课题组（2016）。

是一个良性循环过程，高收入水平有利于提高消费水平、促进消费结构升级，推动知识技术密集型分工的出现和资本深化，进而提升经济效益和生活质量，如此循环。参照这个标准，大规模工业化之后门槛跨越的标志，也应该是稳定效率三角的建设和运作。以日本和韩国比较成功的追赶经验为例，可以观察到如下事实。

第一，资本深化首先完成追赶，当劳均资本（$\overline{k}$）达到美国水平的时候，追赶国家劳均消费（$\overline{c}$）大致相当于美国的40%～50%，此时追赶过程基本完成，高效率、高消费模式基本建立。如日本 1970～1980 年的 $\overline{k}$ 值平均为 0.87，韩国 1991～1997 年的 $\overline{k}$ 值平均为 0.89，两国从各自经济加速开始，到基本达到美国的投资水平，大致都用了 30 年的时间。其间，资本深化速度很快，从而避免了向高效率模式过渡时间较长所隐含的潜在震荡风险。

第二，资本深化大踏步前进的同时，人均消费也以较大的幅度增加，这是生产结构与消费结构的协同效应，从而实现资本深化、消费比重上升、劳动生产率提高的良性循环。

2. 效率漏出：增长非连续和门槛效应

增长非连续的本质是投资和消费脱节，效率三角的基础因此遭到破坏；无论是单一投资效率模式还是单一消费效率模式，都会导致不可遏制的效率漏出，迫使经济进入充满不确定性的长期调整过程，无法实现向高效率模式的持续升级。因此，低效率模式本身具有不稳定性。

以拉美为例，这些国家的劳动生产率要么在长期表现出下降，要么改进速度比较缓慢。从一些国家特定时间段的统计检验数据看，总投资之于劳动生产率的作用不显著，经济增长依赖于不稳定的消费支撑。这种判断也符合拉美经济事实：在这些国家中，由于缺乏较好的制造业基础和人力资本，不能建立投资能力和消费能力赖以持续深化、提升的高效率模式。对于还没有达到拉美劳动生产率水平和消费水平的中国及东亚其他发展中国家来说，拉美经济调整的辗转和举步维艰，无疑是前车之鉴。

中国在超高速增长主导的 1992～2011 年这一时期，投资的飙升使其对效率增长的贡献接近 70%，投资拉动导致的生产、消费脱节不仅影响短期经济的可持续性，典型如现阶段受到广泛关注的产能过剩和"僵尸"企业问题，而且影响长期增长潜力的培育和低效率模式的改进。一方面，高投资挤出了消费结构升级及相应的规模报酬捕捉机会；另一方面，偏向于资本的分配压抑了消费倾向，这些问题直接反映在供给结构和消费结构的失衡上。中国倾向于资本驱动的工业化过程，发展到现阶段所导致的问题是：单纯注重投资的效率模式，反而因为注重短期投资而失去长期资本深化的能力，这种单一效率模式存在明显的效率漏出。主要表现在：①为了维持短期增长速度，采用基建、房地产等传统低效率方式，迫使经济进入增长—低效率—再投资—低效率维持增长的不良循环；②低水平居民消费需求限制了市场规模经济的边界，从而也限制了资本深化的边界；③受惠于旧模式的一部分群体，尤其是大城市的中产者，有对消费品质量和消费结构多样化、高级化的真实需求，但是国内产业结构无法满足，最终将这些消费力量驱赶到国外，形成对别国产业效率提升的溢出。

二　效率的动态补偿效应

课题组（2014、2015、2016）对于工业化向城市化转型时期，以及经济结构服务化时期的效率动态补偿问题，进行了大量论证。立论的目的，在于强调服务业结构升级和消费结构升级的相互协同，这决定了知识过程的建立，进而指明了转型时期结构调整和制度变革的重要任务。作为一个将服务业发展与整个国民经济过程联系起来的环节，消费的效率补偿机制居于运作的核心——即通过消费结构升级，促进人力资本要素和知识要素积累，实现增长的内部化。

1. 消费的效率补偿

从促进发达国家劳动生产率增长的因素来看，投资规模增加和居民消费增加对报酬递增的捕捉能力在长期中显著，由于劳动生产率的消费弹性较投资更大，因此在发达经济的高效率模式中，消费表现出更大的活力。深层次的逻辑是：建立在高消费能力和高资本深化能力的高效率模式中，消费比投资具有更大的效率促进能力，亦即与消费有关的人力资本比物质资本拓展效率三角的功效更大。特别是发达国家普遍进入结构性减速和城市化成熟期之后，消费对效率的补偿作用和贡献更加显著。

消费和服务业主导经济增长，也相应成为生产率增长的重要来源。在这个阶段，以人力资本增长为重心的劳动力再生产成为核心，家庭消费结构中教育支出的扩大——包括政府公共支出中教育费用的增长，成为促进这一再生产循环的主要动力。我们的研究表明，发达经济结构服务化的一个重要特征就是与公共品提供有关的消费支出比重提高；并且，从日韩这两个短期内完成城市化转型的国家经验来看，以消费结构调整促进人力资本结构调整——提前15~20年实现劳动力中高等教育比重大幅度提升，完成结构服务化赖以推进的高端人力资本储备，对于实现转型的迅速跨越至关重要。相比而言，拉美国家调整时期过长，正是由于缺少了消费结构升级和人力资本积累这一环节，最终将经济拖入震荡和不稳定的泥潭。至今，除个别国家外，这一问题仍未引起重视。关于消费结构升级的对比，见图3。

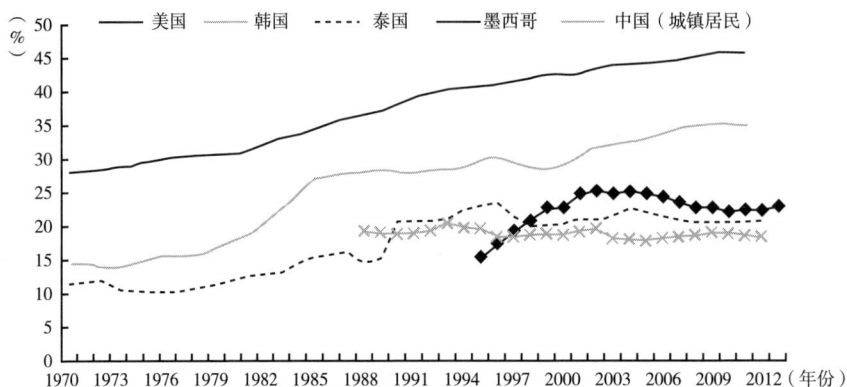

图3　中国科教文卫消费支出占总支出的比重：与各国的对比

数据来源：国家统计局网站；UNdata。科教文卫消费支出倾向的详细解释，参见中国经济增长前沿课题组（2015）。

2. 服务业的要素配置效率

消费的效率补偿机制的运作，也是服务业功能升级的重要表现。作为20世纪后半期发达国家经济发展所取得的两大成就——生活质量提高和知识技术密集型服务业发展——之一，服务业立足于工业化和消费结构升级的基础之上，代表了产业发展的高端化，这种情况与传统劳动密集型服务业存在本质上的不同。也正是基于这种现实认识，我们的研究把产业雁阵理论从工业化延伸到城市化时期，把发达国家长期结构演进过程抽象为线性的产业雁阵序贯。立足于这种理论逻辑，也可以更加系统地回溯转型和门槛问题。

工业化过程以物质产品的生产配置为重心，城市化以知识要素的生产配置为重心。大多数文献基本上类比工业部门的分析方法，把服务业的增长看成为了促进分工和专业化而付出的"必要的"成本，本质上是工业化过程的辅助环节。但从产业结构线性演进的角度看，发达经济城市化阶段的服务业是以知识的生产配置为重心建立起来的，越来越多的服务行业表现出人力资本创造和知识创造这种"新的要素禀赋"的生产配置特征，服务业发展的要素化趋势越来越显著。以知识为代表的要素生产，之所以被分离出来作为独立演化的高层次产业结构，并形成对制造业份额的替代，是由于它改变甚至逆转了消费结构，多样化的专门服务不断涌现和增长，与广义人力资本有关的消费份额显著增长。因此，如果说工业化雁阵是以工艺和产品改变分工格局的话，那么服务业的发展则是以知识要素改变分工格局。

如果说大规模工业化时期，工业以其主导地位塑造服务业的话，那么在城市化和经济结构服务化时期，服务业同样以自己的主导地位重塑着制造业的新特征。在服务业已经成为具有创新动力的产业雁阵高级阶段，经济效益的源泉也由以规模经济的低成本主导演变为以要素协调和配置高效率地获得高收益（隐含着服务能力租金的创造）为主导，两者都是报酬递增的主要动力，租金创造效应在一些时候可能导致垄断和技术竞争优势的固化——典型如跨国公司的国际竞争。

第三节 中国经济转型

中国经济已经出现了持续减速的趋势，减速伴随着经济结构的服务化过程，这是比较典型的结构性减速与经济转型过程。"十三五"期间是中国经济转型的关键时期，此次转型被视为第二次转型。第一次转型是从农业到工业、从农村到城市，第二次转型则是经济从以工业化为主导的发展转型为以城市为载体的现代服务业发展。2015 年，中国城市化率超过55%，（按国际标准推算）人均 GDP 超过了 7000～10000 国际元，即可认为进入到第二次转型阶段。

在第二次转型过程中，城市化发展和城市人口聚集，将导致人力资本积累的快速提高，有助于推动创新活动。国际经验表明，现代城市化源于工业聚集生产，发展经济学用"增长极"等理论，解释了工业集中发展的城市特性。在城市化率超过 50% 以后，人均 GDP 超过一定阈值，服务业和消费比重上升迅速，城市发展的功能从物质集中生产转向为人提供服务。这一功能的出现，主要源自与人力资本提升有关的现代服务业的发展，如科教文卫体、信息、通信和金融等行业。通过这些现代服务业的发展，完成了创新外溢和知识配置服务，以知识生产与技术创新中心替代工业化时期的物质集中生产中心（课题组 2015）。

国际经验表明，经济结构服务化隐含了很多不确定性因素。特别是增长、结构与效率在同步方面出现了重大的不一致性，国家间的增长路径会呈现严重的分化现象。从结构与效率的经验事实归纳来看，以下问题值得重视。

第一，结构与效率路径不同步。基于前面的计算，在经济结构服务化后，服务业比重上升很快，但如果其效率低于工业部门，那么服务业比重越高则一定会出现整体经济劳动生产率下降的特征，这一过程不同于工业化。服务化推动的增长不是一个"规模收益与效率递增"的同步过程，在服务业的发展过程中，伴随经济规模上升的往往是效率的不断降低。因此，各国经济结构服务化后，服务业比重越高，增长越慢。不过，增长的效率和质量在不同国家间出现了分化：发达国家靠服务提升了经济增长的效率，实现了经济发展的稳定性；而后发国家由于效率改进下降，经济结构更为扭曲，更易受外部冲击。

第二，经济结构服务化的"成本病"。服务化普遍导致所谓的"鲍莫尔病"（或称为"成本病"），即由于服务业效率低，但服务需求旺盛，导致服务价格相对于制造业的价格上升——这是低效率服务业发展导致的价格上涨。从广义上看，服务业"成本病"更表现为"城市化成本病"，即城市化的高成本推进过程没有提升聚集效应和创新效率，从而导致整体社会成本普遍提高。城市化高成本问题不仅威胁制造业，也同样威胁服务业的升级。

第三，产业升级不确定。城市化是经济发展的必然产物，从国际比较看，城市化率突破 50% 后，服务业比重快速上升，制造业比重下降。无论是制造业还是服务业，都面临着产业升级的内在要求。那些单靠劳动力低成本（而非技术创新）参与竞争的产业，最终要被城市化高成本所淘汰。城市化过程，同时也包含了聚集和创新外溢作用所导致的效率提升机遇，效率跑赢成本是城市化良性运作的基础。城市化成本增长过快，效率改进下降，这是中国现阶段已经出现的经验事实（课题组，2009）。高成本的住房、公共服务等导致中国城市化过程中出现快速"去工业化"趋势，进一步导致通过生产性服务业发展提升效率的基础消失，产业结构转型升级失去了战略支点，升级路径变得不确定。

第四，"干中学"转向自主创新的技术进步路径不确定。"干中学"的技术进步往往是同质性的技术进步，首先，它受到本地与国际技术水平差距的限制，越接近前沿国家的技术水平，其效率越低；其次，它受到需求规模的限制，由于技术同质性特征，很容易导致"规模收益递减"。进入中等收入阶段后，与先进技术差距缩小和需求多样性提高，使"干中学"技术进步效率迅速下降，但这并不直接导致自主创新比重的提高。自主创新的核心是自主知识产权能得到"垄断租金"的激励，获得资本市场的激励。自主创新是异质性的，其创新风险不断提高，需要更多的人力资本投入和分布式创新活动，需要市场化的"高定价"激励才能完成。由于自主创新不确定，公司和政府都愿意通过引进的方式走"干中学"的技术演进，消除不确定性，这本身无可厚非。但是仅仅限于"干中学"技术进步路径的增长，其持续性受到了限制，而且"干中学"路径导致"过度投资"于引进技术和锁定技术演进路线，压制本土创新性。自主创新和"干中学"不是一个技术路径好坏的问题，其机制建设是根本，衡量的最重要因素仍是全要素生产率（TFP）。如果 TFP 贡献持续下降，则认为技术进步演进出现了挑战。从国际经验比较看，从低收入阶段跃进到中等收入阶段的大多数国家起初 TFP 上升很快，贡献率也明显提高，但进入中等收入阶段后 TFP 下降明显，说明这一阶段的技术路径已经没有连续性了，需要路径的转换。

第五，消费升级的不确定性。经济结构服务化过程中，需以人的要素提升为核心。在消费中应该提高广义人力资本的消费比重，进而提升劳动力质量，完成人力资本与结构升级的互动，形成所谓消费的动态效率补偿。如果存在过多的服务业管制，消费服务的增加没能提高人们的广义人力资本，则面临转型困难。

经济结构服务化意味着更复杂的经济系统协同、分布创新、高质量人力资本良性激励与循环等的出现。经济增长中"非竞争性"的新要素需要不断生产出来，包括制度规则、创意、国民知识参与分享水平、教育、信息网络等，这些新增长要素质量的不断提升从根本上决定了这一阶段服务化能否带动经济实现转型升级。

迈向中高端经济阶段的高效率模式，以服务业结构高级化为基础。这种高级化的重要表现之一，就是服务业越来越趋于知识技术密集型，它具有两大特征：一是通过现代服务业提升整体经济的配置效率；二是人力要素的提升，用"人力资本投入生产人力资本"的方式服务于人，同时将人力资本水平不断提升。换句话说，我们把服务业作为知识过程和人力资本积累的载体来看待，而非像传统经济学理论中把服务业作为工业部门的分工辅助环节或成本项来看待。这种认识暗含的逻辑是，一方面现代服务业促进了工业的高效率，另一方面现代服务业本身即为城市化阶段的创新和增长引擎，因而服务业效率要与工业效率改进同步，否则高效率模式将难以维持。

自2015年以来，中国经济增长保持了中高速的发展速度，但劳动生产率逐步走低，全要素生产率下降，经济杠杆持续提高，经济转型任务艰巨。未来的核心就是通过改革突破转型过程中的门槛，重塑效率模式。

第四节　供给侧改革与重塑效率模式

中国大规模工业化之后的转型时期其实可称为"大转型"，原因有三。第一，中国工业化过程中的政府干预内生性和经济增长的内生性，可能在转型时期固化现有的处于外围的国际分工格局，以廉价劳动力获得低成本竞争优势的国际一体化参与方式，从根本上与以技术优势参与国际竞争的线性序贯升级路径相违背。只有认识到这一问题并努力去克服，才有城市化的发展前景。第二，由于城市化与工业化是两种根本不同的效率模式，因此转型时期面临的门槛效应就意味着经济转型受到了"全有全无法则"的制约，关键临界条件不具备，只能沿着以往的发展路径运作，短期调控政策不会具有使效率改进的长期效果。第三，城市化的知识过程与规则的建立，也是为了克服工业化时期经济社会系统的僵化和不适应。在城市化时期和向发达阶段的演进中，应对全球一体化冲击，需要更大的制度组织弹性，转型就是重塑经济组织结构的弹性。

供给侧结构性改革首先是让市场机制发挥出基础性配置地位的作用，塑造组织弹性，并要突破门槛。其中，人力资本积累和创新发展是根本。通过人力资本深化、组织弹性塑造、市场激励才能驱动供给侧结构性改革的完成，重塑效率模式，推动转型成功。在这一过程中对事业单位和城市化模式的改革是发挥和积累人力资本、发展现代服务业的根本性改革。

第一，进行事业单位改革，推进事业单位的社保制度改革，逐步取消事业编制，特别是对涉及现代服务业的科、教、文、卫、体等的事业单位改革是"十三五"改革的重点。事业单位改革既事关中国现代服务业，特别是提高人力要素质量的服务业，又关乎中国公共服务品改革。中国传统公共服务品是由国家统包起来供给的，这里既涉及公平问题，即普遍化服务问题，又涉及民生事务的监管体制建立问题、公共服务品定价问题。所有这些都是改革的新挑战。公共部门改革涉及四大步骤：一是事业单位社保改革；二是公平原则，以提供普遍化服务作为基础投入，同时仍需加大投入；三是放松管制，包括准入、价格和相应的服务监管；四是建立新的定价机制和监管体制，作为公共服务部门，其定价机制和监管体制是改革的一个重要方面。总体来讲，必须通过改革为现代服务业打开创新的空间，满足大众差异化的需求，让企业能积极运用市场方式增加有效供给，提升中国公共服务部门的竞争力。

第二，城市化模式的改革。新一轮的房地产热潮直接涉及未来地方政府的土地资金和对城市化发展模式的讨论。如果政府始终是保持着庞大支出的超级政府，管生产，管服务，而不能向以提供公共服务为目标的小政府转变，那么城市化模式是无法改变的，土地政策也难以转型。关键在于，中国的城市化率到 2019 年前后将达到 60%，2025 年将达到 65%。城市化的建设周期结束后，城市将进入折旧和维持运营的周期之中，不从当前开始积极改变城市化发展模式则会在未来面临巨大的负担。因此城市化改革首先要从地方政府体制改革入手，包括推动政府转型，分割打破区划和资源集中等级制等才能有效推动城市化模式的转型，从以物质聚集生产的城市转向以人力资本聚集进行服务和创新的城市。

参考文献

Ozawa，T.（2005），*Institutions，Industrial Upgrading，and Economic Performance in Japan：The "Flying - Geese" Paradigm of Catch - up Growth*，Edward Elgar Publishing.

袁富华：《长期增长过程的"结构性加速"与"结构性减速"：一种解释》，《经济研究》2012 年第 3 期。

中国经济增长与宏观稳定课题组：《城市化、产业效率与经济增长》，《经济研究》2009 年第 10 期。

中国经济增长前沿课题组：《中国经济长期增长路径、效率与潜在增长水平》，《经济研究》2012 年第 11 期。

中国经济增长前沿课题组：《中国经济转型的结构性特征、风险与效率提升路径》，《经济研究》2013 年第 10 期。

中国经济增长前沿课题组：《中国经济增长的低效率冲击与减速治理》，《经济研究》2014 年第 12 期。

中国经济增长前沿课题组：《突破经济增长减速的新要素供给理论、体制与政策选择》，《经济研究》2015 年第 11 期。

中国经济增长前沿课题组：《增长跨越：经济结构服务化、知识过程和效率模式重塑》，《经济研究》2016 年第 10 期。

第二章　中国的债务与杠杆率：基于国家资产负债表的分析

张晓晶　刘学良[*]

---

[*] 张晓晶，国家金融与发展实验室副主任、国家资产负债表研究中心主任；刘学良，国家资产负债表研究中心研究员。课题组成员常欣、汤铎铎对本章形成亦有贡献。

- 就全球而言，自本轮国际金融危机以来，金融部门去杠杆明显，实体部门加杠杆明显。

- 中国实体经济加杠杆的态势在 2016 年得到了初步扼止。其中，政府部门与非金融企业部门微弱去杠杆；居民部门加杠杆迅速，仅 2016 年杠杆率就上升了近 5 个百分点，其风险值得关注。

- 2015 年，实体部门利息支出已达到当年增量 GDP 的两倍，尽管这一趋势在 2016 年有所缓解，但利息负担还是比增量 GDP 高出不少。换言之，每年新增国民收入尚不够支付利息。过高的利息已经成为经济前行的重负，是经济持续健康发展的绊脚石。

- 未来看，中国去杠杆在短期内难有决定性的进展，而美国又处在加息周期导致中国加息压力增大，国此国内利率上升较难避免；以上两个因素共同作用，导致利息负担有进一步加重的风险。如果经济增长率还有所下滑的话，利息负担占增量 GDP 比重仍会上升。

- 从利息支付角度来看，未来利息负担可能有所加重，从而不利于债务的可持续性。从政府债务率看，中期仍然处在一个不断上升的态势，也意味着债务风险在上升。结合国家资产负债表来分析，一方面，政府资产也在不断上升；另一方面，如果政府创新配置资源方式，即通过大幅度减少政府对资源的直接配置，更多引入市场机制和市场化手段，提高资源配置的效率和效益，则政府应对风险的能力在上升，从而债务的可持续性可得到保障。

第一节　全球去杠杆率的最新进展

去杠杆是本轮危机以来国际社会的共识，但进展非常缓慢，甚至总杠杆率不降反升。这成为全球去杠杆的基本事实。以债务占 GDP 比重指标来衡量，全球的杠杆率仍在上升，且上升速度并未减缓。

IIF（即 Institute of International Finance）的最新报告显示[①]，截至 2016 年第三季度，全球债务占 GDP 比重达到 325%。分部门来看，居民部门这一比重为 60%，非金融企业部门为 93.5%，政府部门为 89.2%，金融部门为 84.1%。也就是说，实体经济部门（不包括金融部门）的杠杆率为 240.9%。

从金融部门与非金融部门（即实体部门）的划分来看，自本轮国际金融危机以来，金融部门去杠杆明显，实体部门加杠杆明显。图 1 显示了金融部门的杠杆率从 2009 年第三季度的 92.7% 下降到 2016 年第三季度的 84.1%，下降了 8.6 个百分点。与此同时，实体部门杠杆率快速攀升。特别是政府部门杠杆率上升迅速，从 2007 年第二季度的 57.5%，上升到 2016 年第三季度的 89.2%，上升了 31.7 个百分点。

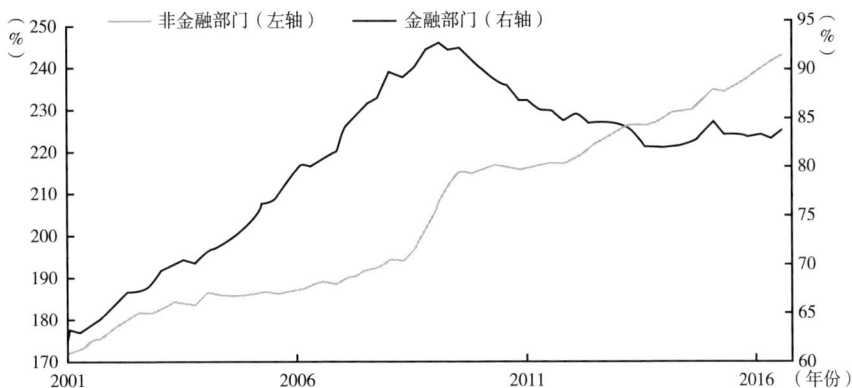

图 1　全球杠杆率变化（2001~2016 年）

资料来源：BIS，IIF。

---

① IIF, Global debt monitor, Jan. 2017.

如果区分成熟市场与新兴市场，会发现两者的去杠杆进程也有明显差异。总体上，成熟市场除了政府部门，其他各部门都在去杠杆。其中，金融部门与居民部门去杠杆较明显；而非金融企业部门在危机爆发之初略有去杠杆，之后保持一个相对平稳或轻微加杠杆态势（见图2）。以美国为例（见图4），也基本呈现这样一个去杠杆的特点。而新兴市场自危机以来基本上保持了一个加杠杆的态势。其中非金融部门迅速加杠杆，其他部门轻微加杠杆（见图3）。

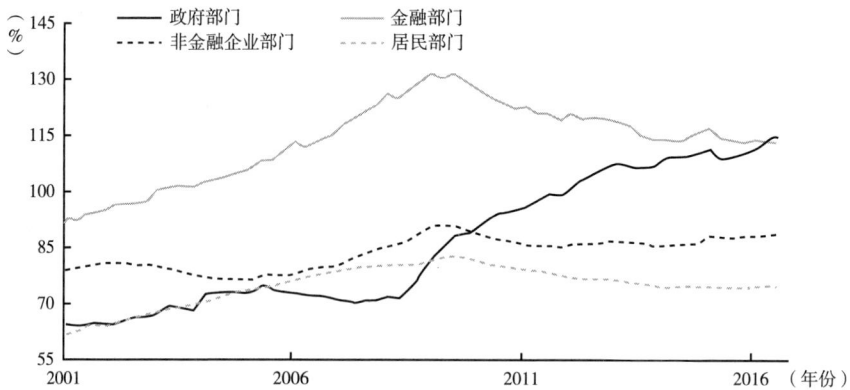

图2　成熟市场分部门杠杆率

资料来源：BIS，IIF。

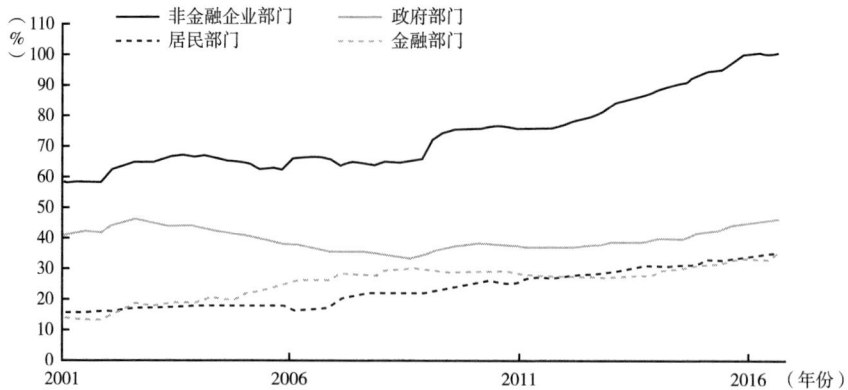

图3　新兴市场分部门杠杆率

资料来源：BIS，IIF。

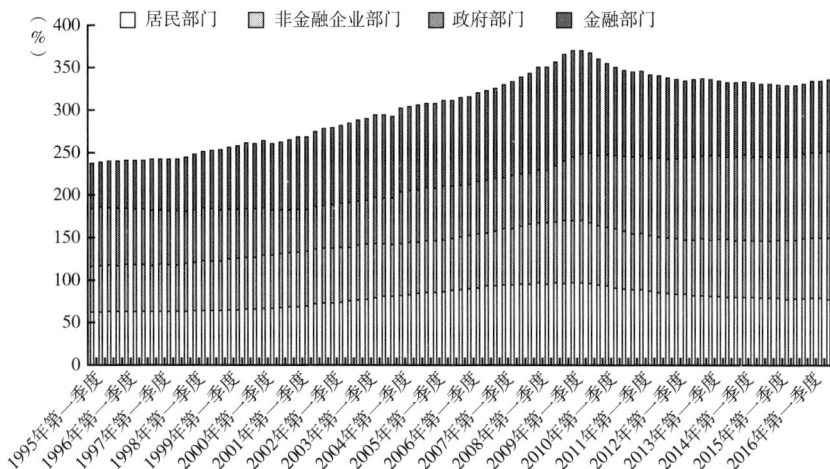

图 4　美国的去杠杆进程（1995～2016 年）

资料来源：BIS，IIF。

尽管变动趋势上，成熟市场侧重于去杠杆，新兴市场侧重于加杠杆，但在杠杆率水平上二者还是有很大差距。截至 2016 年第三季度，成熟市场与新兴市场的总杠杆率分别为 392.4% 和 217.1%，而二者实体部门（不含金融部门）的杠杆率分别为 279% 和 182%，差距分别为 175.3 个百分点和 97 个百分点。从这个角度看，我们可以暂时抛开周期性因素的影响，认为成熟市场与新兴市场的杠杆率呈现结构性的差距。而这一差距又和所有制特征、金融发展水平、金融结构、法律与监管架构等很多因素有关；从更广义上来说，则和一国的制度质量与治理水平相关。

第二节　中国实体部门去杠杆的最新进展

从世界范围看，危机以来新兴市场总体上是加杠杆的，中国当然也不例外。值得一提的是，中国经济加杠杆的态势在 2016 年得到了初步遏制。这或许可以看作政府坚决去杠杆政策所取得的一些成绩。不过，这样一种缓慢（亦说稳妥）去杠杆态势是暂时的还是持续的，仍取决于各方面体制机制和政策能否配合。

23

我们的最新估算表明，2016年中国实体部门杠杆率为227%，比上年的228%略降一个百分点（见图5）。无论把这看作杠杆率的趋降还是趋稳，应该说都是积极的迹象。

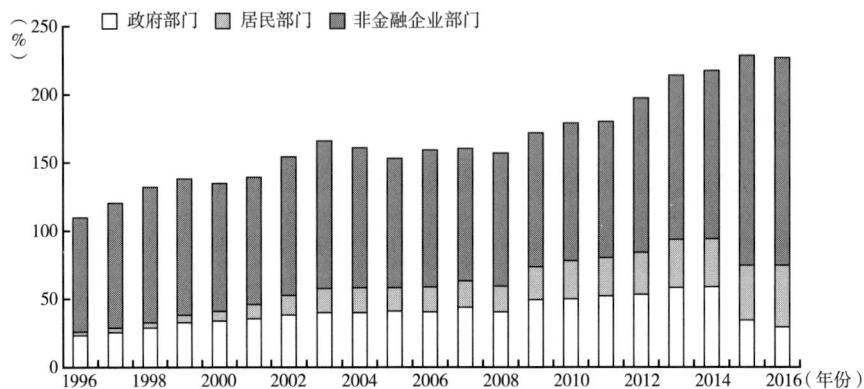

图5　中国实体部门杠杆率的变化（1996～2016年）

资料来源：WIND数据库，CEIC，课题组估算。

一　居民部门加杠杆迅速，仅2016年杠杆率就上升了近5个百分点

近两年，中国居民部门加杠杆迅速（见图6）。其中，仅2016年，居民部门杠杆率就上升了近5个百分点；就规模而言，居民部门债务比上年增加了6万多亿元。

从国际比较来看，发达经济体居民部门杠杆率都远高于中国，这也是为什么自危机以来，发达经济体居民部门去杠杆明显，而在中国，居民部门加杠杆还有较大空间。不过，居民部门如此迅速加杠杆，也面临较大风险。特别是，尽管中国居民部门债务与GDP相比还处在相对较低的水平，但考虑到中国居民部门净财富仅占全社会净财富的40%～50%，远低于发达经济体70%～90%的水平，因此，从居民部门债务占居民净财富的比重来看，中国居民部门的杠杆率水平就非常高了。这是我们在讨论居民部门加杠杆空间时值得格外重视的方面。

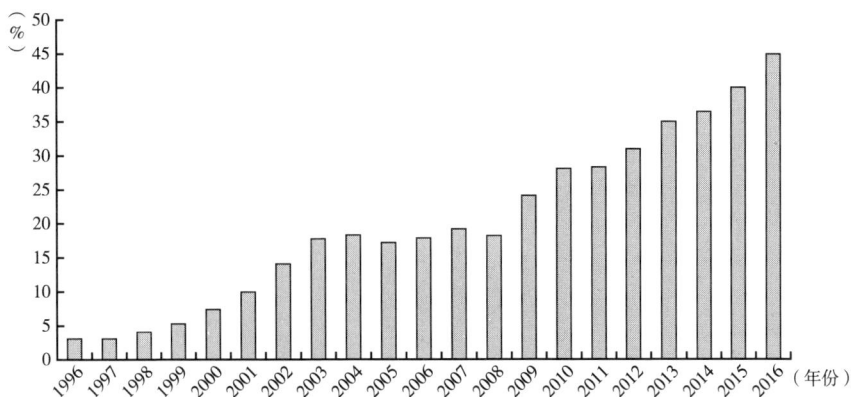

图 6　居民部门杠杆率的变化（1996～2016 年）

资料来源：WIND 数据库，CEIC，课题组估算。

二　非金融企业部门杠杆率上升暂时中止，但企业去杠杆仍是重中之重

非金融企业部门去杠杆一直是重中之重，其根本原因在于中国非金融企业部门的杠杆率在可资比较的国际样本中，一直是处于最高的水平。根据最新估算，2016 年中国非金融企业部门的杠杆率比上年下降一个百分点（这里的企业杠杆率包含了融资平台）。也就是说，处于不断攀升趋势的企业杠杆率得到了暂时的遏制（见图 7）。

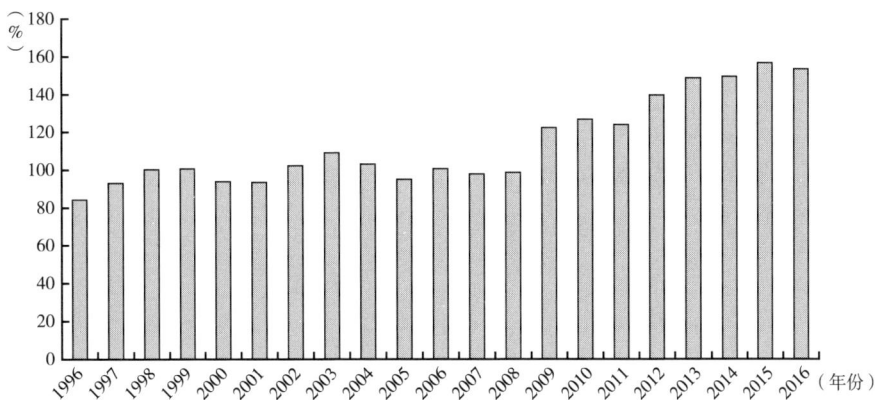

图 7　非金融企业部门杠杆率的变化（1996～2016 年）

资料来源：WIND 数据库，CEIC，课题组估算。

随着新《预算法》的出台，自 2015 年起中央不再承认通过融资平台的借债，这可能也使得一些平台债务从地方政府剥离，变成了企业部门的债务。这是我们在进行部门杠杆率估算和风险评估时需要注意的。

企业去杠杆要与清理"僵尸"企业和国企改革结合起来。去杠杆如果只是指望宏观上杠杆率的变化，缺乏微观机制以及制度环境的转换，其实是难以实现的。或者，企业杠杆率只是暂时的下降，一段时间以后，又重新上升，旧病复发。因此，对"僵尸"企业的清理就变得非常重要。"僵尸"企业占用大量资金、土地等宝贵资源，却不产生经济效益。无论是从去产能还是从去杠杆的角度，清理"僵尸"企业都是当务之急。并且，"僵尸"企业倒闭也是结构调整和创造性破坏的一个自然结果。政府应采取"兜底"的方式，出台配套的失业保障措施，让破产重组能顺利推进。清理"僵尸"企业，一方面，使企业部门的负债水平下降（银行、股市不需要给"僵尸"企业继续"供血"）；另一方面，从"僵尸"企业释放出的闲置资源，还能够得到更好的利用，从而使 GDP 上升，这样一来，分子减少（债务下降），分母上升（GDP 增加），结果就是企业杠杆率的下降，从而真正达到去杠杆的目的。降低企业的杠杆还有赖于国企改革。一方面，国企的杠杆率往往高于民企；另一方面，很多"僵尸"企业本身就是国企。因此，要把企业去杠杆与国企改革结合起来，特别是要改变国企预算软约束的痼疾；以债转股的方式解决企业债务问题，同时也要注意可能引发的道德风险和相关监管标准，不能把债转股变成国有企业"最后的盛宴"。

企业去杠杆要注意"减得准、不误伤"。杠杆本身无所谓好坏。就经济学、金融学而言，能够合理利用杠杆来获得发展，本身是一个经济体金融与信用发展成熟的标志，实际上是一件好事。杠杆率的好坏，反映了金融资源配置是否合理，体现了金融服务实体经济的水平高低。好的杠杆率上升意味着更多的金融资源配置给了效率高的企业，实际上是与整个经济体的竞争力提高、生产率改善直接相关的。相反，坏的杠杆率上升意味着更多的金融资源配置给了效率低或无效率的企业，是与泡沫扩大、金融风险上升相伴随的。这也是为什么中央专门提出，做减法不能"一刀切"，要"减得准、不误伤"①。如果去杠杆更多是由效率相对较高的民营企业来完成，而效率相对较低的国有企业的杠杆率总是去不掉甚至不降反升，这就不符合调控的原则了。

三　政府部门微弱去杠杆，恐非趋势性变化

我们的估算表明，2016 年，政府部门债务为 41.4 万亿元，占 GDP 的比重为 55.6%，政府部门杠杆率比上年下降 1.2 个百分点（见图 8）。考虑到数据的一致性与可比性，这里政府部门的债务包含了融资平台债务。显然，融资平台债务不能既纳入企业部门，又纳入政府部门。因此，在图 5 中，我们将 2015 年以来的融资平台债务均纳入了企业部门。如果不包括融资平台债务，政府部门的杠杆率就会有较大幅度的减少。

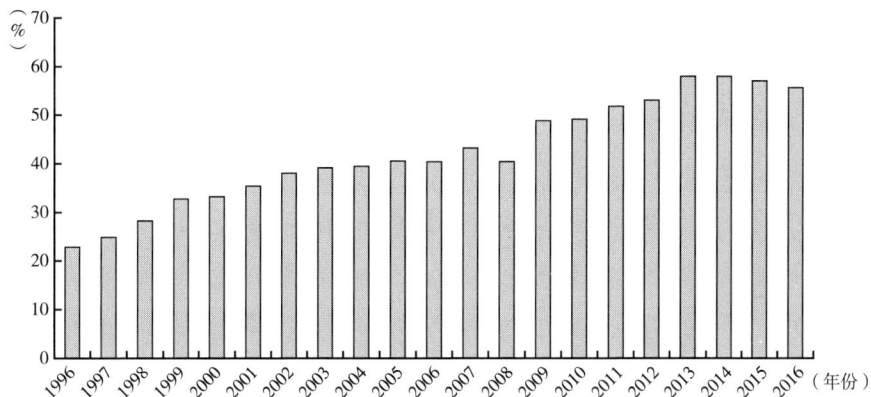

图 8　政府部门杠杆率的变化（1996～2016 年）

资料来源：WIND 数据库，CEIC，课题组估算。

不过，值得注意的是，虽然新《预算法》的出台，使融资平台债务与政府债务完成了法律上的"切割"或分离，单从数字上，政府债务比以前"好看"了，但后融资平台时期地方政府新的或有债务风险需要格

---

① 习近平在 2017 年 1 月 22 日中央政治局第三十八次集体学习时的讲话。

外警惕。

这主要体现在，地方政府通过设立各类政府性投资引导基金，规避新《预算法》的有关规定，并与 PPP 相结合，或成地方债务的新风险点①，表现为以下几个方面。一是基金数量和规模野蛮生长。有关统计显示，截至 2016 年 6 月，基金数量达到 911 只、规模为 2.56 万亿元。其中 70% 以上由地级及以下政府设立，基金种类覆盖天使投资、创业投资、产业投资、PPP 基金、城镇化基金等。二是部分基金名股实债，形成地方政府隐性负债。2015 年 11 月财政部发布的《政府投资基金暂行管理办法》明确规定，地方政府不得向其他出资人承诺投资本金不受损失，不得承诺最低收益。但实际操作中，仍有不少政府性投资基金通过隐性回购条款，变相向其他出资人承诺保本固定收益，实际上成为地方政府的一种隐性负债。三是地方政府投资基金与 PPP 项目结合，极大地推高了一些地方建设项目的投资杠杆率。例如，假如某地方政府成立总规模 20 亿元的基金，财政出资 4 亿元，占基金份额的 20%，其余 80% 份额（16 亿元）由金融机构认购，政府承诺在今后几年逐步回购金融机构持有的基金份额。将 20 亿元用于该地区 PPP 项目的政府出资（资本金），再配比引进 70% 的社会资本。这意味着，市财政出资 4 亿元，可以撬动 66.7 亿元的基础设施投资，杠杆率高达 16 倍。四是地方政府和国企主导的 PPP 项目，可能会形成政府"兜底"的潜在债务负担。根据已知的 300 多个落地示范项目，其中国企、民企、国企+民企三者之比为 47%∶43%∶10%，国企为 PPP 社会资本的主力军。国有企业强烈的政府背景，很容易造成项目投资将由地方政府"兜底"的幻觉，成为潜在的债务负担。

从国际比较看，政府部门加杠杆是危机以来的基本趋势。就中国而言，尽管地方政府债务问题是较大隐患，但中央政府仍有加杠杆空间。如果分部门看，在企业部门去杠杆的同时，政府部门需要加杠杆以维持

---

① 《地方政府引导基金与 PPP 结合或成新的债务风险点》，付兵涛的博客 http://fubingtao.blog.caixin.com，2017 年 2 月 17 日。

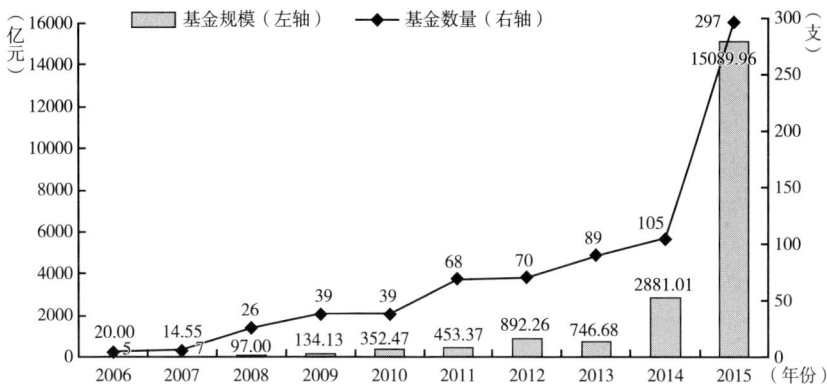

图 9　政府引导基金的进展（2006～2015 年）

资料来源：私募通 2016.01。

相对稳定的总需求。从这个角度看，当前政府部门微弱去杠杆只是暂时的现象，并非趋势性变化。未来，政府部门仍可能保持一个渐进加杠杆的过程。

第三节　实体经济部门的利息支付估算

不管是对于宏观经济整体还是对于某个部门乃至某个个体，负债过高不仅加大了违约风险，导致潜在的债务危机，而且，即使不发生债务违约，过高的利息负担也会对经济整体或者其中的个体产生明显的影响①。例如，对于居民部门而言，负债过高带来的利息支出会降低他们的可支配收入，并影响居民对其他商品的消费能力、消费意愿和生活水准；对于企业而言，负债过高带来的利息支出会增加他们的财务成本和财务风险，并妨碍他们进行新的融资和投资。

更进一步，如果利息支出过高，导致通过借款来支付利息（比如政府靠发新债、企业靠借新款来支付利息，事实上这种情况也正在发生），

---

①　沉重的利息负担同时可能是导致或加重债务危机的重要原因。

这就会影响到债务的可持续性。

因此，对于实体经济部门的利息支付进行估算，并测算利息支付占国民收入的比重，能够为判断债务的可持续性提供重要的参考。

一 居民部门

利用中国人民银行编制的金融机构本外币信贷收支表（按部门分类），可以得到居民部门短期和中长期以及按贷款性质（消费贷款/经营贷款）划分的贷款余额。

按贷款类型分，居民部门贷款中占比最高的首先是中长期消费贷款，其占居民部门贷款总额的比重平均接近60%。其次是短期消费贷款和短期经营贷款，2016年两者占比分别为14.8%和13.8%，其中短期消费贷款占比在过去十几年来逐步提高，而短期经营贷款占比逐步降低。占比最低的是中长期经营贷款，2016年占所有贷款总额的比重达到11.1%。不同贷款形式和贷款期限有不同的利率，其中中长期消费贷款主要构成是房贷，因为有住房这一足值的抵押物，房贷一般享受基准利率折扣，同时参考中国人民银行公布的个人住房贷款加权平均利率数据。我们在随后的计算中假定房贷利率为同期五年以上中长期贷款利率的9折。经营性贷款的利率一般会比同期限基准利率上浮10%甚至更高，同时非住房类的消费贷款（如车贷）利率也会明显上浮。但由于我们缺乏更加详细的数据，因此这里简单假定其他贷款比同期限贷款基准利率上浮10%。

利用整理得到的各类贷款余额和中国人民银行基准利率数据[①]，我们估算了居民部门各类型贷款每年的利息支出。到2016年，估算得到的居民部门债务利息支出总额为1.54万亿元，占2016年当年GDP的2.1%，而2016年债务余额占GDP的比重为44.8%，居民部门债务平均利率为4.63%。图10展示了2004~2016年居民部门杠杆率（债务余额/GDP）和利息支出占GDP比重的比例。

---

① 我们用利率在当年执行的月份数加权平均得到当年平均贷款基准利率。

图 10　居民部门杠杆率和利息支出占 GDP 比例

资料来源：WIND 数据库，CEIC，课题组估算。

二　非金融企业部门

非金融企业部门的债务除了从存款类金融机构的贷款，还包括公开发行的债券，以及一部分从游离于银行监管体系外的金融中介获得的贷款（如信托贷款、委托贷款等，也即常说的影子银行）。其中，银行渠道获得的贷款余额来源于中国人民银行编制的金融机构本外币信贷收支表，影子银行渠道的贷款余额来源于中国人民银行编制的社会融资规模存量统计表，我们用委托贷款、信托贷款和未贴现银行承兑汇票作为影子银行规模的度量。我们注意到，在有关影子银行的研究中，把民间借贷、小贷公司等也算作影子银行的一部分，这是一种更为宽泛的口径，因此，利用央行的社会融资规模存量统计表计算得到的数字可看作"影子银行"规模的下限。

于我们的研究而言，民间借贷、小贷公司等多数属于部门内的债权债务关系，而我们的分析重点在于部门之间的债务水平，特别是非金融部门相对金融部门的债务水平，因此这里采用窄口径版本的影子银行规模度量。注意到央行公布的社会融资规模存量统计表只从 2015 年后开始公布，因此，2015 年之前的数据，我们用社会融资规模的流量统计表

（即新增信托贷款、新增委托贷款、新增未贴现银行承兑汇票）来推算存量水平（2010～2014年信托贷款数据则来自于中国信托业协会），从结果上看与央行的社会融资规模存量统计表十分接近。

至于非金融企业部门债务的利率水平，其中，从存款类金融机构获得的贷款也服从央行基准利率的调控，因此我们假定其债务余额的利率也是央行相应期限基准利率的固定倍数。假定银行渠道贷款的利率比相应期限贷款基准利率上浮10%，影子银行渠道上浮50%，以此来计算贷款的利息支出。

债券的问题稍微烦琐一些，我们用WIND数据库得到非金融企业部门发行的债券余额数据，其中2016年底信用类企业债（包括企业短期融资券和中期票据）存量规模15.77万亿元。同时，利用WIND数据库数据得到历年企业债的平均到期期限和评级，发现除去没有评级的债券外，我国企业债市场历年的平均评级基本处在接近AA+的水平上。因此，我们利用中债AA+级企业债按月平均的到期收益率曲线数据来计算相应期限债券的利息支出①。

计算结果显示，2016年非金融企业部门支付的债务利息总额为6.07万亿元，利息支出占当年GDP的总额达到8.15%，而2016年企业部门债务余额占GDP的比例为153%，企业部门债务的平均利率为5.4%。其中，2016年企业部门杠杆率比2015年的154%略微下降1个百分点，表面上看起来下降幅度很小，但这一轻微下滑却是在货币政策宽松的背景下实现的。并且，企业部门杠杆率的轻微下滑与近两年来居民等其他部门杠杆率的上升并不一致，因此，这显示我国非金融企业部门的去杠杆工作取得一定成效②。图11展示了2004～2016年历年的企业部门杠杆率和利息支出占GDP比重的变化。值得注意的是，2015～2016年两年利息

---

① 注意到因为债券的种类众多，且存在发行时的折价和溢价的问题，因此用票面利率计算并不准确，用到期收益率只是一个近似估算，这可能使得利息支出更容易受市场利率波动的影响。

② 这与2011年等年份由于货币政策收紧导致的企业部门杠杆率下降有本质的不同。

支出/GDP 比重下降明显，而同时企业部门杠杆率基本保持平稳，这一方面是由于这两年宽松的货币政策直接降低了融资成本；另一方面通过加强金融监管、打击层层加码的影子银行渠道也在一定程度上也间接降低了融资成本。

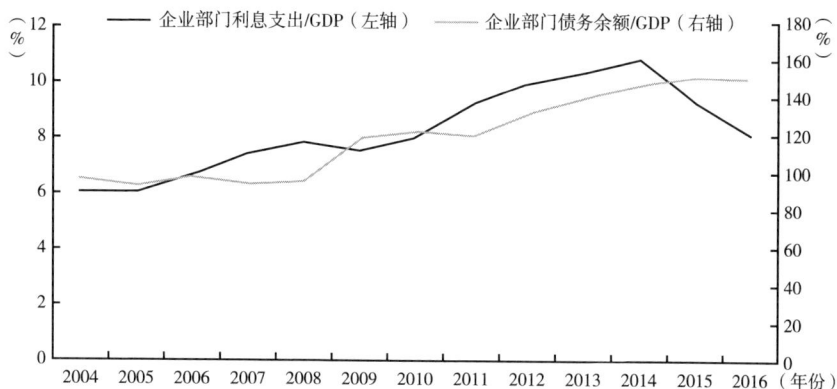

图 11　非金融企业部门杠杆率和利息支出/GDP 的变化

资料来源：WIND 数据库，CEIC，课题组估算。

三　政府部门

政府部门可分为中央政府和地方政府。其中，中央政府债务余额来源于财政部的中央财政债务余额数据，截至 2016 年中，中央财政债务余额为 11.2 万亿元。由于中央政府债务的主要形式为国债，因此，我们利用 WIND 数据库统计了 2008 年以来历年的国债余额的到期期限，然后利用中债国债的收益率曲线数据并按月平均得到各期限的国债到期收益率，从而计算得到当年的利息支出。估算结果显示，2016 年中央财政支付的债务利息为 3111.95 亿元，利息支出占当年 GDP 的比重达到 0.42%，而 2016 年中央财政债务余额占 GDP 的比例为 15%，中央财政债务的平均利率为 2.8%。图 12 展示了 2008～2016 年中央政府杠杆率和利息支出占 GDP 比重的变化。

地方政府的债务包括两部分，一部分是地方政府的非融资平台债务，

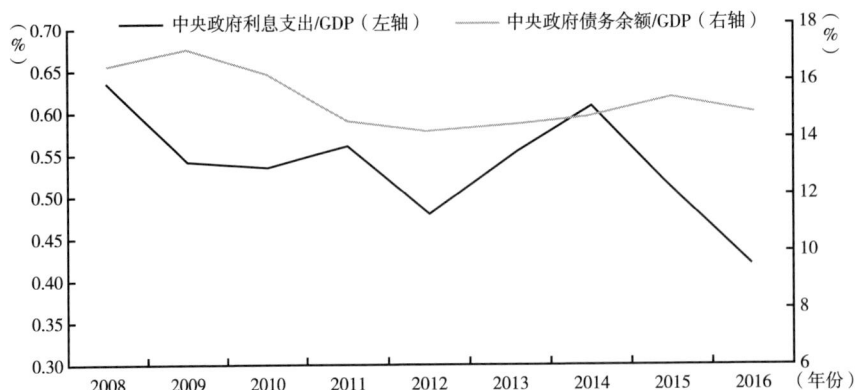

图 12　中央政府杠杆率和利息支出/GDP 的变化

资料来源：WIND 数据库，CEIC，课题组估算。

另一部分则是地方融资平台的贷款和公开发行的城投债（因此需注意，在这里地方融资平台和非金融企业部分有重复计算）。其中，非融资平台债务的部分，我们采取课题组在 2016 年中的研究报告《去杠杆：数据、风险与对策》的结果①。至于融资平台债务，首先，我们利用 WIND 数据库中定义的城投债数据，计算得到城投债余额从 2008 年底的 1861.3 亿元增至 2016 年底的 6.5 万亿元，增长近 34 倍。不过，因为按照新修订的《预算法》和国发〔2014〕43 号文的规定，自 2015 年 1 月 1 日起，地方各级政府不得再通过融资平台公司举借政府债务，因此自 2015 年来城投债余额的增速大幅放缓。我们利用 WIND 数据库计算城投债的历年平均到期期限，同时，除去没有评级的债券（多为债项主体评级），城投债的评级平均来看同样接近 AA +，因此，我们采用 AA + 城投债的收益率曲线中相应期限的到期收益率来计算债务的利息支出。

地方融资平台从金融机构贷款的数据只在如 2008 年、2010 年、2012 年和 2013 年等部分年份有官方的公布，对于缺失的中间年份我们用插值法补齐，而 2013 年后一直没有官方数据公布。由于地方融资平台贷款的

---

① 国家金融与发展实验室，国家资产负债表研究中心：《去杠杆：数据、风险与对策》，2016 年 8 月 31 日。

快速增长，为了防范风险，监管当局开始对平台贷款进行总量控制。银监会 2013 年发布的《关于加强 2013 年地方融资平台风险监管的指导意见》要求各银行控制地方平台贷款总量，不得新增融资平台贷款规模并严格了新发放平台贷款的条件。因此，2013 年以来，管制的加强使得地方融资平台贷款基本停止快速增长的趋势，但在稳增长的背景下，为了支持一些重要的基建投资，防止其因资金不足而停工，一些地方融资平台公司的存量在建项目仍然得到了一定额度的贷款支持。一些资料显示，平台贷款在近年来大约维持在 10 万亿元的规模①。同样，这里融资平台贷款的计算方法是与课题组在 2016 年中的报告一致的，并假定 2016 年的贷款余额增速与 2015 年一致。在利息的计算中，我们假定融资平台贷款的期限和利率与上面的非金融企业贷款一致。此外，除了银监会的地方融资平台贷款余额的数据，我们还采用信托业协会所公布的信托资金投向中基础产业的余额作为融资平台信托贷款的粗略测量，这一数字在 2016 年为 2.66 万亿元。

由于融资平台的借款渠道在 2014 年以来被严格控制，在"开正门，堵偏门"的政策方针下，地方政府债券的发行额度和实际发行规模大大增加。地方政府债券 2009 年底余额为 2000 亿元，2013 年底为 8616 亿元，而到 2016 年底，地方政府债券余额已达到 10.6 万亿元的规模，三年时间扩张超过 11 倍②。由于地方政府债券所包含的政府信用，地方政府债券的利率很低，仅比同期限国债稍高。2016 年的 5 年期地方政府债券的平均到期收益率为 2.9%，略高于同期国债平均 2.65% 的收益率，但明显低于同期的 AA + 级企业债（3.77%）和城投债（3.58%）的到期收益率。我们用 WIND 数据库来计算历年地方政府债券余额的平均到期期限，并以年平均的地方政府债券收益率曲线中相应期限的到期收益率来计算地方政府非融资平台债务的利息支出。

---

① 2013 年 6 月时全国地方融资平台贷款余额为 9.6 万亿元。
② 其中包括 2015 年后大量发行的地方政府存量债务置换债券。

综上所述，计算得到的地方政府杠杆率和债务利息支出/GDP 如图 13
所示。从图中可以发现，2015～2016 年近两年地方政府的杠杆率基本保
持平稳并有轻微下滑，但由于宽松货币政策和债务结构变化影响，利息
支出占 GDP 比例则大幅下降。

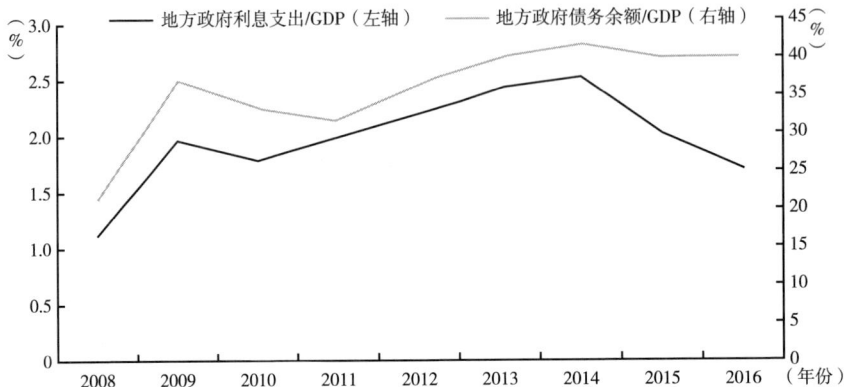

图 13　地方政府杠杆率和利息支出/GDP 的变化

资料来源：WIND 数据库，CEIC，课题组估算。

显然，地方政府债券的利率明显低于融资平台贷款和城投债的利率。
其中，2008～2016 年地方政府所有债务的平均利率水平为 6.2%，而同期
地方政府债券的平均利率水平为 3.39%，两者有近 3% 的利率差异。若再
考虑到部分信托贷款等具有的更高利息成本，部分研究得到的利率差异
更接近 5%[①]。其中，地方政府债券余额从 2014 年底的 11623.5 亿元扩张
至 2016 年的 10.6 万亿元，增量接近 10 万亿元，因此，2015～2016 年发
行的地方政府债券或可为地方政府节省利息支出达 6500 亿元[②]。

[①] 若按 5% 的利差计算，则每一万亿的地方政府债券置换被认为可为地方政府节省利息支出
500 亿元。

[②] 这与 2016 年底财政部公布的有关地方政府债务的情况基本一致（"依法厘清政府债务范围
坚决堵住违法举债渠道——财政部有关负责人就地方政府债务问题答记者问"，2016 年
11 月 4 日），其中财政部初步匡算认为 2015～2016 年发行的地方政府债券将累计为地方
节约利息支出 6000 亿元。

四 实体部门利息总支出

我们将居民部门、非金融企业部门、中央政府和地方政府所支付的利息加总，就得到整个经济实体部门的债务水平和利息支出。其中，2016 年底，实体部门债务余额为（剔除地方融资平台重复计算的部分）168.8 万亿元，实体部门杠杆率为 226.9%，实体部门的利息支出为 8.24 万亿元，占 GDP 的比例为 11.08%。[①]

图 14 是 2008～2016 年实体部门杠杆率和利息支出占 GDP 比重的变化。一个重要发现是，2014 年之后，实体部门利息支出占 GDP 比重有所下降。这可能有以下三个原因：一是央行利率的下降；二是债务置换导致的平均利息成本下降；三是政府加强对影子银行的监管和治理，使这部分虚高的融资成本得以下降。

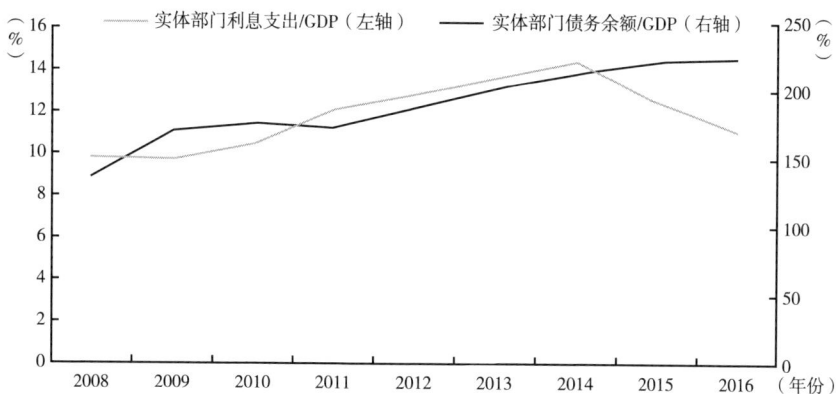

图 14 实体部门杠杆率和利息支出/GDP 的变化

资料来源：WIND 数据库，CEIC，课题组估算。

[①] 这与 JP Morgan，以及法兴银行（Societe Generale）Wei Yao 的计算基本一致。其中法兴银行 Wei Yao 的计算中包括了利息和本金的偿付两部分，其计算认为中国在 2012 年时利息偿付支出占 GDP 比例达到 11.1%，本金偿付支出占 GDP 比例 18.8%，利息和本金偿付占 GDP 比例共计达 29.9%。

第四节 债务可持续性分析

考察债务的可持续性，我们选择了以下三个维度：一是考察实体部门利息负担，特别是其与增量 GDP 的比重，剖析较高的债务能否持续"滚动"下去；二是考察政府部门作为债务危机的"最后贷款人"，其本身的债务持续性如何；三是从主权资产负债表的角度，讨论主权资产可否覆盖不断增长的政府债务。

一 实体部门利息负担视角

图 15 展示了 2008 年以来实体经济部门利息支出总额和每年增量 GDP 的对比。可以发现，在 2011 年之前，实体部门利息支出总额均小于每年的增量 GDP。从 2012 年开始，随着经济增速的进一步下滑和杠杆率的攀升，新增 GDP 已低于每年所需支付的利息总额，且这一差异正在进一步扩大。2015 年，实体部门利息支出已达到当年增量 GDP 的两倍，尽管这一趋势在 2016 年有所缓解，但利息负担还是比增量 GDP 高出不少。换句话说，每年的国民收入增量用于支付利息仍然不够。过高的利息已经成为经济前行的重负，是经济持续健康发展的绊脚石。

关于利息负担对债务可持续性的影响，可以从两个层面进行分析。

一是中国储蓄率仍然很高，这就保证了充足的资金供给。根据 IMF 的数据（见图 16），中国的国民储蓄率一度超过 50%，危机以来尽管有所回落，但 2016 年（预测值）仍达到 46%，这比世界平均水平要高出 20 多个百分点。据 IMF 预测，到 2020 年中国储蓄率仍将高达 42%。如果将利率看作资金供求的价格，从这个角度看，未来利率不会大幅攀升，从而利息负担也不会上升很快（假定债务总额保持相对稳定）。

二是努力解决好金融服务实体经济的问题，才可能降低社会的融资成本。尽管国民储蓄仍很充足，但从储蓄到投资，经历了许多链条，如果层层链条层层加码，最终融资成本就会大幅上升，从而利息负担加重。

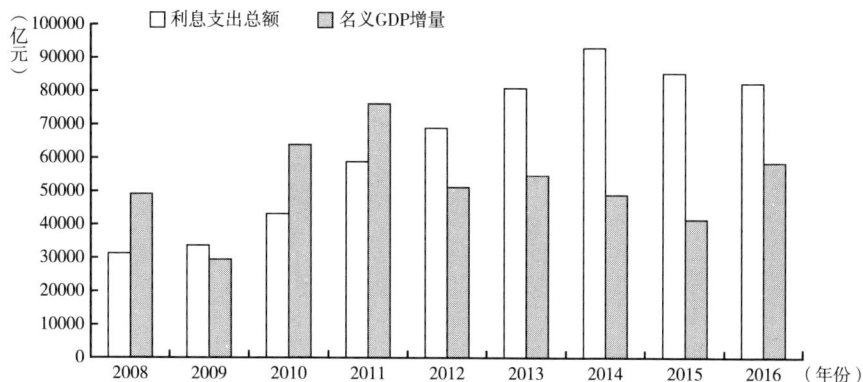

图 15　利息支出总额与 GDP 增量的对比

资料来源：WIND 数据库，CEIC，课题组估算。

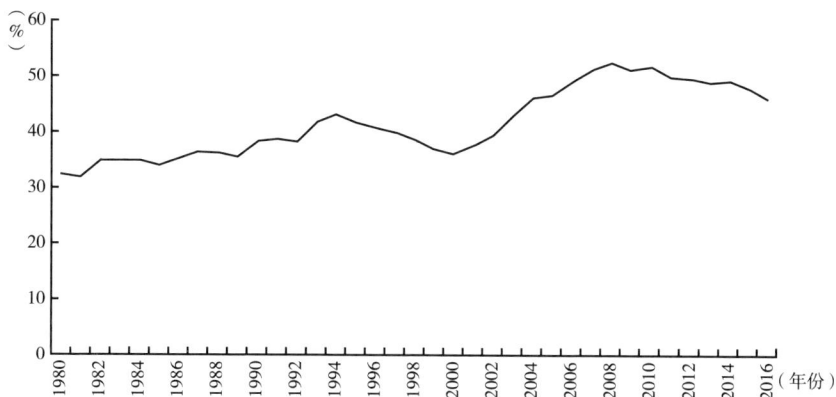

图 16　中国的国民储蓄率

注：2016 年数据为预测值。

资料来源：IMF。

因此，要解决利息负担和债务可持续性问题，一个根本的方向是解决好金融更好地服务实体经济的问题，这也是供给侧结构性改革的一项重要内容。长期来看不能仅靠宽松的货币政策来实现，因为货币政策或宽松或紧缩都是短期的调控措施，而不是长效机制。要降低实体经济的融资成本，关键要依靠债务的内部结构性变化，这主要是指把债务从成本更高的影子银行变为正规的银行部门贷款，以及从金融机构的贷款变为从债券市场上融资（从间接融资变为直接融资），以达降低融资成本之目的；大力发展股权融资亦是降低社会融资成本的题中之意。

未来看，中国去杠杆在短期内难有决定性的进展，美国又处在加息周期导致中国加息压力增大，因此国内利率上升较难避免，以上两个因素共同作用，导致利息负担有进一步加重的风险。如果经济增长率还有所下滑的话，利息负担占增量 GDP 比重仍会上升。

二　政府债务可持续性视角

任何金融危机本质上都是债务危机，而政府在危机中负有最后贷款人的责任。尽管我们分别考察分部门的杠杆率并剖析其隐含的风险，但显然，政府部门杠杆率的动态演进最值得关注，因为这直接涉及到政府是否有能力来应对债务增长过快而引发的危机。有鉴于此，我们对政府部门杠杆率进行了动态情景模拟。

这里考虑的变量包括赤字率，实际增长率与实际利率之差，以及银行坏账率等[1]。我们认为，银行出现坏账，政府需要救助，从而会扩大政府的债务规模。这也是为什么在我们的政策模拟中加入银行坏账的原因。

假设初始政府部门杠杆率为 40%，政策赤字率 $f = 2.5\%$，实际增长率与实际利率之差 $n + \pi - i$ 的取值分乐观（3%）、悲观（−3%）和中性（0）三种情景，银行坏账率也分低（0.1%）、中（0.5%）和高（1%）三种情景，我们对未来 20 年政府债务率的演变路径进行了模拟。在三个乐观情景中，政府部门杠杆率会收敛到一个均衡值，其中，高坏账时为 116.7%，中坏账时为 100%，低坏账时为 86.7%。收敛的条件是实际经济增长率大于实际利率。即 $n + \pi - i > 0$。不过，需要指出的是，在未来的 20 年，政府部门杠杆率还是会逐步攀升，并非出现收敛。收敛时间的长短，既取决于初始的政府杠杆率，也取决于实际增长率与实际利率之

---

① 国家金融与发展实验室/国家资产负债表研究中心：《去杠杆：数据、风险与对策》，2016年8月31日。

差。而在悲观和中性情景中，政府部门杠杆率会持续走高，出现爆发性增长。

关于中国政府杠杆率演进动态的情景模拟有以下两个政策含义：其一，增长的重要性。只有实际经济增长率大于实际利率，政府部门杠杆率才会出现收敛，否则会出现爆炸性增长。因此，从长期看，债务问题的化解靠的是经济的持续增长。其二，银行坏账率的上升也会导致政府杠杆率的攀升。因此，加强监管，规范地方政府行为，减少道德风险，清理"僵尸"企业等方式，遏制坏账率上升，是控制政府部门杠杆率攀升的重要途径。

三　主权资产负债表视角

从图 17 我们可以看出，2000～2016 年，中国主权负债从 19.3 万亿元上升至 126.2 万亿元，上升 5.5 倍；中国的主权资产也同步增长，从 35.9 万亿元上升至 229.1 万亿元，上升了 5.4 倍。这样，中国政府所拥有的资产净值在该段时期显著上升，从 16.5 万亿元上升到 102.9 万亿元，上升了 5.2 倍。需要说明的是，以上主权资产都是按宽口径估算的。如果考虑到行政事业单位国有资产变现能力有限以及国土资源性资产使用权无法全部转让的情况，我们再进行一系列抵扣，得到窄口径主权资产净值就会小得多。2016 年，窄口径主权资产净值仅为 20.7 万亿元，其中国有企业权益占了很大比重。

无论宽口径还是窄口径，中国的主权资产净额为正。表明中国政府拥有足够的主权资产来覆盖其主权负债。因此，相当长时期内，中国发生主权债务危机的可能性极低。但是，包括养老金缺口、银行显性和隐性不良资产在内的或有负债风险，以及后融资平台时代地方政府新的或有负债风险值得关注。

综合以上三个维度，从利息支付角度来看，未来利息负担可能有所加重，从而不利于债务的可持续性。从政府债务率看，中期仍然处在一个不断上升的态势，也意味着债务风险在上升。但结合国家资产负债表，

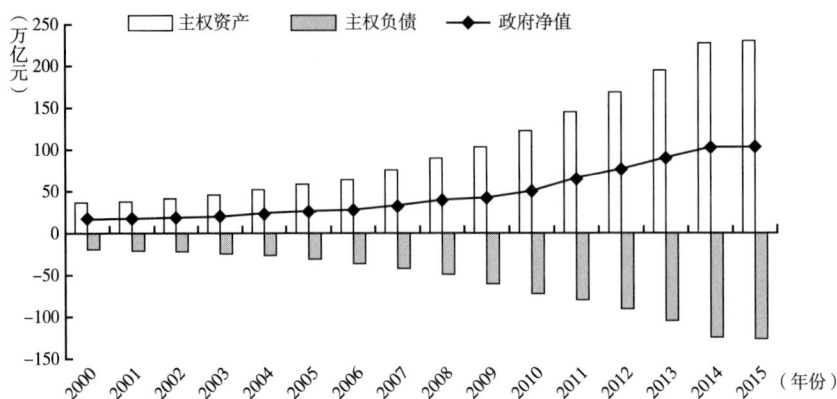

图 17　中国主权资产/负债及政府净值

资料来源：WIND 数据库，CEIC，课题组估算。

一方面，政府资产也在不断上升；另一方面，如果政府创新资源配置方式，即通过大幅度减少政府对资源的直接配置，更多引入市场机制和市场化手段，提高资源配置的效率和效益，则政府应对风险的能力在上升，从而债务的可持续性得以保障。

从政策应对角度来看，一是要坚决去企业杠杆，使之处在一个相对稳健的水平（OECD 标准是低于 90%，中国作为发展中国家以及融资结构的差异，企业杠杆率或可以略高于这一水平）；二是优化融资结构，加强影子银行监管，千方百计降低社会融资成本，使金融更好地为实体经济服务；三是区分好杠杆与坏杠杆，使高效率企业杠杆率保持平稳和上升，低（无）效率企业有序退出市场，释放生产性资源，提高全社会的生产效率；四是大力推进供给侧结构性改革，释放改革红利，促进经济持续稳定发展。这一条是化解危机、保证债务可持续性的根本。

第三章　我国金融体系的复杂化

范丽君　殷剑峰*

* 范丽君，国家金融与发展实验室研究员；殷剑峰，国家金融与发展实验室副主任，对外经济贸易大学教授。国家金融与发展实验室杨屾、王迪一对本章形成亦有贡献。

- 我国金融体系虽然仍保持着以银行中介为主导的特征，然而，非银行金融部门在全社会信用创造活动中已占据显著位置，这使得中国金融体系日趋复杂化。
- 在我国金融体系复杂化的过程中，具有中国特色的影子银行体系的发展扮演了重要角色。
- 随着金融体系的复杂化，信用总量已经脱离了货币总量，货币已经无法完全反映金融体系的信用创造活动。
- 在金融体系复杂化的背景下，货币政策亟待转型，分业监管的架构应该让位于宏观审慎管理框架。

我国的金融体系已经演变为银行主导的复杂金融体系。在经济新常态时期，我国金融体系的结构正在发生巨大变化，突出表现为：第一，传统的信贷融资增速不断下降，非信贷融资占比显著上升；第二，非银行金融机构在全社会信用创造和金融资源配置活动中的地位迅速上升，银行业，尤其是银行业的传统业务相对萎缩，这导致广义货币量已经不能全面反映金融体系的规模和结构变化；第三，利率与汇率的市场化速度加快，但利率形成机制、货币政策的利率传导渠道以及利率和汇率的联动机制依然存在根本缺陷；第四，股票、债券和货币市场的规模迅速扩大，开放程度不断提高，但运行机制和结构还存在缺陷。复杂金融体系导致货币流动性结构变化不居，货币量无法完全反映信用创造活动，非银行金融部门参与信用创造活动增大了系统性金融风险。

由于金融体系正在发生的上述变化，我国的宏观金融调控方式和调控指标亟须跟进改善。传统的以货币量为中间目标、以信贷传导渠道为主的货币政策操作需要适应新的形势，货币政策的目标也需要考虑宏观审慎的要求。金融结构的变化意味着导致系统性风险的因素日益多样化和复杂化，货币金融政策需要关注的金融指标也与以往截然不同。

本章首先分析了我国金融体系结构变化的因素、特征和影响，并针对导致我国金融体系变化的重要因素——影子银行体系的表现形式、运作方法和蕴藏的金融风险做了重点研究，在此基础上，构建了新的金融指标——信用总量，用以反映金融体系实际创造的信用，并揭示货币背后的信用基础和信用创造机制。

第一节　银行主导的复杂金融体系

自全球金融危机以来，"影子银行体系"作为一个新的概念成为国内外金融界关注的焦点。我国的金融体系是银行主导的，信用创造活动在过去一直以贷款为主；但近些年，已经演变为以"银行的影子"为主导，以"影子银行"和"直接融资"为辅的复杂金融体系。伴随着金融体系结构的演变，我国经济总体的杠杆率大幅度上升，货币总量已经不能全面反映信用总量的水平。

一 我国金融体系结构的巨变

中国 GDP 增速从 2012 年起开始回落，2012～2016 年的增速分别为 7.9%、7.8%、7.3%、6.9% 和 6.7%。告别过去 30 多年年均 10% 左右的高速增长，我国经济呈现"新常态"。在经济新常态时期，我国金融体系的结构正在发生巨大变化，突出表现为以下四个方面。

1. 非信贷融资占比显著上升

据央行统计，2002 年，人民币贷款在社会融资规模中的占比高达 91.9%。2016 年 12 月末，社会融资规模存量为 155.99 万亿元。从结构看，人民币贷款占同期社会融资规模存量的 67.4%；外币贷款余额占比 1.7%；委托贷款余额占比 8.5%；信托贷款余额占比 4.0%；未贴现的银行承兑汇票余额占比 2.5%；企业债券余额占比 11.5%；非金融企业境内股票余额占比 3.7%。由此可见，社会融资规模增长很快，但融资结构发生显著变化。信贷融资虽然仍是实体经济主要的融资渠道，但占比不断下降，信托、委托贷款、企业债券等非信贷融资占比显著上升。非信贷融资的快速发展，深刻地影响了货币政策调控效果，很多非信贷融资渠道产生的流动性资产并没有被统计到广义货币中。在观察货币政策传导时，不能仅局限于货币供应量，还要关注社会融资总量、信用总量、价格等金融指标。

2. 非银行金融机构地位迅速上升

随着金融市场的发展和金融创新的频繁推出，非银行金融机构在全社会信用创造和金融资产配置活动中的地位上升很快。2007 年，非银行金融机构创造信用 5987.72 亿元，仅占非金融部门信用总量的 1.70%；2016 年末，非银行金融机构创造信用 23.6 万亿元，在非金融部门信用总量中的占比快速上升至 12.98% 。银行业，尤其是银行业的传统信贷业务相对萎缩。2007 年，银行业境内外信贷占非金融部门信用总量的比重高达 78.19% ；2016 年末，这一占比下降至 61.07%[①] 。广义货币未能完全统计非银行金融机构和银行表外业务创造信用的情况，因此，M2 已经不能全面地反映金融体系的规模和结构变化。

3. 利率和汇率机制存在缺陷

我国利率和汇率的市场化速度不断加快。2015 年底放开存款利率上限，我国利率市场化取得了决定性进展，2015 年 8 月 11 日 "汇改"，强调了市场在汇率中间价形成中的作用。但利率形成机制、货币政策的利率传导渠道以及利率和汇率的联动机制依然存在根本缺陷。中国市场基准利率体系仍不完善，Shibor 作为官方力推的基准利率，其市场认可程度还不高，其独立定价及影响其他利率的能力还非常有限，以 Shibor 为基准利率的金融产品仍然不多。更为重要的是，我国基础存贷款利率尚属于央行货币政策调控的工具，存贷款利率名义上实现了市场化，但实质还是管制利率，进而形成两套利率体系：包括各种货币市场利率、债券市场收益率在内的市场利率体系和官方存贷款利率体系，两套利率体系间缺乏联动，导致政策利率向存贷款利率传导的效果不佳。我国利率市场化尚未完成，经济主体对利率信号敏感程度不高，金融市场发展仍不成熟等因素也导致货币政策的利率传导渠道不畅通。受资本项目下人民币未能自由兑换、汇率形成机制尚不完善等因素影响，利率和汇率尚不能形成良好的联动效应。

4. 金融市场存在缺陷

我国股票市场经过二十多年的发展，初步形成包括主板、中小版、创业板、新三板等在内的多层次资本市场结构体系，规模和容量上也已经取得长足进步。2016 年 12 月，境内上市公司（A、B 股）总数 3052 家，总股本（A、B、H 股）55820.50 亿股，股票总市值 50.82 万亿元。

---

① 　数据来源：国家金融与发展实验室财富管理研究中心。

我国股票市场是在政府主导下创立的，最初的职能是为国有企业改革融通资金，市场的资源配置功能尚未真正发挥作用。政府采取非市场化的行政命令来影响或调控股票市场，政策安排与股票市场内在运行规律之间存在差异，降低了市场运行效率。

债券市场发展较为快速，市场规模从 2004 年末的 6 万亿元，至 2016 年 12 月底增加到 64.3 万亿元①。但我国债券市场依然存在一些缺陷：一是非金融机构发债比重小，64.3 万亿元规模中非金融机构发债 17.9 万亿元，仅占 27.8%，且以大企业的担保债券居多；二是债券市场存在市场分割的问题，银行间债券市场与非金融机构和个人投资者的市场是相互分离的，这种分割的市场结构降低了债券市场的流动性，不利于基准利率的形成；三是市场准入问题，目前债券市场只是少数企业的"特权"，广大的中小企业发行债券仍阻碍重重。

货币市场不断发展壮大，除了短期信贷市场以外，还有同业拆借市场、回购市场、商业票据市场等。据央行统计，2016 年 12 月全国银行间同业拆借成交 7.5 万亿元，质押式回购成交 46.2 万亿元。但是，我国货币市场还处于分割、封闭状态，尚未形成全国统一的市场；货币市场工具还比较单一，市场交易主体以商业银行为主，交易规模偏低。因此，货币市场价格无法精确地体现货币供求关系，也无法形成准确的基准利率，更无法充分发挥其作为货币政策利率传导机制的作用。

二　货币和信用理论

1."间接融资"的金融体系（银行主导的金融体系）

在现实的金融体系中，"间接融资"和"直接融资"都已经不是科学的概念，但这两个概念还可以作为分析的逻辑起点。"间接融资"指非金融部门的储蓄通过金融部门（主要是银行）"间接地"转化为非金融

---

① 数据来源：WIND。

部门的投资。在这种体系中，银行部门的资产和负债在整个金融部门的资产和负债中占据主导地位，货币和信用是统一的。

表1 银行主导的金融体系

	资金运用	资金来源
实物交易		
实体经济	投资	储蓄
金融交易		
非金融部门	现金、活期存款、定期存款	贷款
银行部门	准备金、贷款	央行借款、活期和定期存款
中央银行	央行资金运用（如再贴现）	现金、准备金

表1是一个简化的资金流量表。为方便起见，暂不考虑国外部门和非银行金融部门，并假设存款为统计到广义货币中的存款。在封闭经济条件下，实体经济的投资等于储蓄。在银行主导的金融体系中，储蓄的金融形式必然只能是现金和存款；而投资的资金来源（忽略掉非金融部门内部的相互融资）也只能来自贷款和少量政府部门发行的债券（一般是国债）。

对于这种简单的银行主导体系，金融对经济的影响有两种渠道。

一种渠道是可贷资金的思路，即从贷款——信用的一种形式——的角度，分析金融部门的贷款供给与非金融部门的贷款需求之间的关系，而后者又与实体经济的投资活动紧密相关，即：

信用供给 = 金融部门的贷款 = 非金融部门的贷款需求 = 投资

另一种渠道是凯恩斯的流动性偏好理论及其后续的理论发展，主要分析金融部门的货币创造与非金融部门的货币需求乃至与物价、经济增长的关系，即：

金融部门的货币创造 = 非金融部门的货币需求

流动性偏好理论以及后来的货币主义重点分析的是货币需求。在流动性偏好理论中，货币需求主要来自交易动机和投机动机，主要考虑的是狭义货币 M1；在货币主义理论中，影响货币需求的因素更加多样，其所指的货币实际是广义货币 M2（或者更大口径的广义货币）。

虽然上述两种思路争议颇大，但是，在简化的银行主导体系中，货币和信用（贷款）是统一的，因为在扣除准备金和央行资金运用之后，金融部门（银行部门和中央银行）合并的资金流量就是：

$$资金来源 = 现金 + 存款 = 资金运用 = 贷款$$

因此，广义货币 M2（现金和存款）与贷款相同，信用创造等同于货币创造，M2/GDP 等同于贷款/GDP。

2. 加入"直接融资"的金融体系（市场主导的金融体系）

"直接融资"指的是非金融部门绕开金融部门而进行的内部融资，除了高利贷这种民间金融之外，主要是非金融企业发行的各种信用工具（如公司债券）。在表 2 中，"直接融资"既表现为非金融部门的资金来源（如发行债券的企业），也表现为非金融部门的资金运用（如购买债券的居民）。事实上，"直接融资"中依然存在各种非银行金融机构，例如承销债券的投资银行、负责为二级市场提供流动性的做市商等，但是，这些非银行金融机构并不参与信用创造活动。

表 2　加入"直接融资"的金融体系

	资金运用	资金来源
实物交易		
实体经济	投资	储蓄
金融交易		
非金融部门	现金、活期存款、定期存款	贷款
	其他信用工具（债券等）	其他信用工具（债券等）
银行部门	准备金、贷款	央行借款、活期和定期存款
中央银行	央行资金运用（如再贴现）	现金、准备金

在直接融资产生之后，储蓄的表现形式和投资的资金来源就会复杂化，从而产生两种效应：第一，货币的结构会更加易变，例如，居民使用定期存款购买企业发行的公司债券，后者就会变成企业用于交易和投

资的活期存款，从而在广义货币 M2 不变的情况下，狭义货币 M1 会增加，货币的结构变得更具有流动性；第二，货币无法反映全部的信用创造，全部的信用创造等于贷款加上非金融部门发行的其他信用工具，而存款并未因为这种发行发生变化：

$$信用供给 = 贷款 + 其他信用工具 ≥ 现金 + 存款$$

上述两个变化中，第一个变化实际上还是在传统货币理论的视野范畴中。例如，在凯恩斯的流动性偏好理论中，基于投机动机的货币需求就是在货币（狭义货币）和债券之间的权衡。而第二个变化就开始从根本上动摇传统货币理论了，因为从统计上看，货币已经不能反映全部的信用创造活动了，而后者对投资和实体经济而言显然举足轻重。在这种情况下，简单地解读 M2/GDP 自然就会产生偏差。

3. 复杂金融体系

现实中的金融体系并非前述那么简单，而是包含了大量参与到信用创造活动中的非银行金融机构，这些机构构成的非银行金融部门与银行部门之间存在复杂的关联。在这种金融体系中，有两个不同于前面的特征：第一，非银行金融部门也参与到信用创造活动中，甚至成为与银行部门同等重要的信用创造者，在这种体系中，与传统的以投资咨询、承销、做市为主要业务的角色不同，非银行金融机构开始成为重要的信用创造部门；第二，金融部门内部的联系加强，内部融资活动频繁。在现实的复杂金融体系中，不仅非银行金融部门和银行部门之间有着复杂的金融交易，而且，在两个部门内部也各自存在密切的联系（见表3）。

表 3　现实中的复杂金融体系

	资金运用	资金来源
实物交易		
实体经济	投资	储蓄
金融交易		
非金融部门	现金、活期存款、定期存款	贷款
	其他信用工具（债券等）	其他信用工具（债券等）

续表

	资金运用	资金来源
银行部门	准备金、贷款	央行借款、活期和定期存款
非银行金融部门	其他信用工具（如债券、证券化产品等）	其他负债（如理财产品等契约型负债和信托计划等信托型负债）
中央银行	央行资金运用（如再贴现）	现金、准备金

复杂金融体系区别于前述"间接融资"和"直接融资"的两个特点导致了三个结果：第一，货币流动性结构更加变化不居；第二，货币量更加反映不了全部的信用创造活动；第三，在非银行金融部门参与到信用创造活动中之后，信用链条开始拉长，金融部门内部的联系高度紧密，从而有一点风吹草动即会引发系统性的巨大反应。

总之，对于复杂金融体系，简单地解读货币量已经远远不足以分析金融体系的状况及其可能发生的变化。尤其是在分析系统性金融风险的时候，诸如 M2/GDP 这样的指标根本无法反映经济中的真实杠杆状况。此外，在复杂金融体系中，"间接融资"和"直接融资"已经无法区分了。

第二节　影子银行与银行的影子

自国际金融危机爆发以来，影子银行体系以其独特性跃然成为国内外学者、监管部门关注的焦点。一方面，影子银行体系作为一种金融创新，是在社会融资不断多元化环境下应筹资者和投资者需求产生的，是在传统银行业务和正规金融结构之外发挥金融功能的市场、工具或方法。影子银行体系在为企业融资提供便利，为实体经济筹得大量资金的同时，也丰富了投资者的投资渠道，提供了重要的投资工具。另一方面，由于影子银行体系内的各项活动基本都发生在表外、机构外和场外，并且具有融资规模庞大、杠杆率高、形式多样但不透明的特点，难以对其进行全面的监管。影子银行也往往成为绕开宏观调控，规避金融监管的工具，在蕴藏金融风险的同时对金融监管和宏观政策的制定形成了阻碍。

一　影子银行在中国的表现形式

"影子银行"这一概念最早由美国太平洋投资管理公司执行董事麦卡利提出，各界对影子银行的概念也多有论述，但对影子银行体系的定义至今仍未达成一致。2008 年，时任美国财政部长盖特纳认为影子银行是传统银行体系之外的"非银行"运营的融资安排。2011 年 4 月，金融稳定理事会（FSB）提出，影子银行体系是指"银行监管体系之外的可能引发系统性风险和监管套利等问题的信用中介体系"。为了反映影子银行系统的复杂性，我们倾向于使用英格兰银行金融稳定部副总裁 Paul Tucker 的概括，即影子银行体系指的是向企业、居民和其他金融机构提供流动性、期限配合和提高杠杆率等服务，从而在不同程度上替代商业银行核心功能的工具、结构和市场。

同时需要注意的是，与国外影子银行不同，中国的影子银行很多实质是"银行的影子"。具体而言，西方发达市场的影子银行，一般指通过杠杆操作持有大量证券及复杂金融工具的金融中间机构，包括投资银行、对冲基金、债券保险公司等非银行金融机构。这些机构也具有发放信贷，为经济创造信用的功能，在一定程度上替代了传统商业银行的职能。中国的影子银行从事的业务，多是通过银行同业业务或银行与非银行类金融机构合作的方法来为非金融企业提供资金，这与西方发达市场中以批发融资和资产抵押证券为代表的影子银行业务模式有很大差别。由此可见，中国的影子银行体系并没有改变以银行为主导的金融体系，只是在银行主导的基础上出现了复杂的衍变。虽然两者有所不同，但是"银行的影子"同样存在与影子银行一样的期限错配、流动性和高杠杆的风险。

由于现在还没有针对影子银行体系设置的资本充足率、信贷额度等限制，影子银行创造信用的速度远快于传统银行信贷。通过对比图 1 中传统信用创造和影子银行体系下的信用创造，我们也可以清楚地得出这一结论。

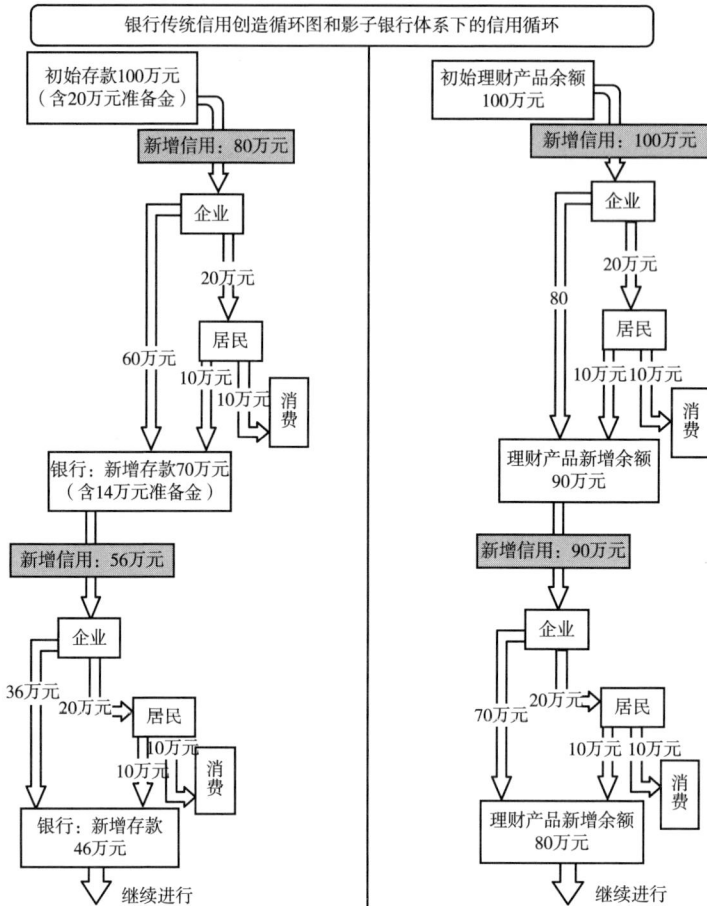

图1　影子银行的信用扩张机制

二　影子银行出表运作的具体模式分析

1.通过银行与非银行金融机构合作创造信用的方式

商业银行通过应收款项投资、逆回购和发行理财产品的方式筹集资金，然后在非银行金融机构的帮助下打包 SPV（特殊目的载体）以绕过监管，向潜在借款人提供融资。

图2展示的是商业银行通过和非银行金融机构合作出表运作的方式。以最基本的理财产品和信托计划合作的方式为例：银行通过发行理财产品获得

自有资金，再以单一委托人身份与信托公司签署信托协议，通过信托公司"过桥"，在不占用信贷额度的前提下将理财资金向融资企业发行贷款。与上述方式类似，商业银行也可以通过券商/基金的资管计划、保险业资管计划、私募基金等方法出表（见图2）。

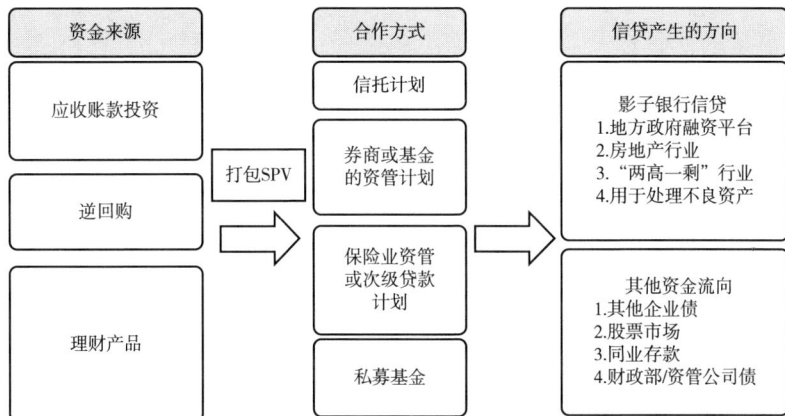

图 2　商业银行和非银行金融机构合作产生信贷简易流程

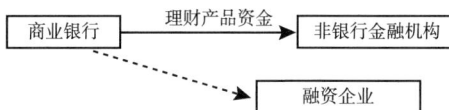

图 3　非银行金融机构对接银行理财资金的通道业务模式

随着监管部门对同业代持业务（银监会 237 号文）、理财产品（银监会 8 号文）、银行同业市场信托受益权的买入返售业务（银监会 127 号文）的限制，通过票据回购、银行直接对接非银行金融机构等简单的出表运作模式操作的空间越来越小，和影子银行体系相关的交易方式变得越来越复杂，中间打包层数越来越多。其中，较为新颖并可以回避监管的影子银行业务有如下三种。

（1）通过结构化产品降低风险评级

这种结构化产品有两层，优先层和劣后层。其中优先层的评级比较高（AA－或更高），计提的风险权重比较低，投资优先级的投资者通常享受5% ~ 5.5%的固定收益。劣后层风险比较高，相应年化收益率也比较高。银行通常是使用自有资金来购买优先层，然后计入表内的应收款项投资，这样购买产品的银行只需要计20%的较低风险权重，绕过了银监会127号文中贷款类的应收款项投资敞口计100%的风险权重的规定。然后银行使用表外的理财产品资金来购买劣后层，最后将结构化产品在公开市场进行交易。

（2）债券市场的杠杆投资

债券市场的杠杆投资是指银行委托第三方资管打包的结构化产品被投资到债券市场后，劣后层投资者通过再回购交易将债券抵押，进一步为结构化产品加杠杆的投资过程，这类杠杆投资进一步提升了信贷和流动性风险。

（3）为了绕过贷款额度，将贴现票据"证券化"

票据证券化可以帮助银行把贴现票据出表。具体方式是银行将另一家银行发行的票据贴现，然后交给其他金融机构进行打包，之后再由银行购回其他金融机构根据该贴现票据发行的资产管理计划。通过这一过程，银行表内的贴现票据一项就转移到了应收款项投资，从而释放出更多的贷款额度。

2. 银行与银行通过同业业务产生信贷的方式

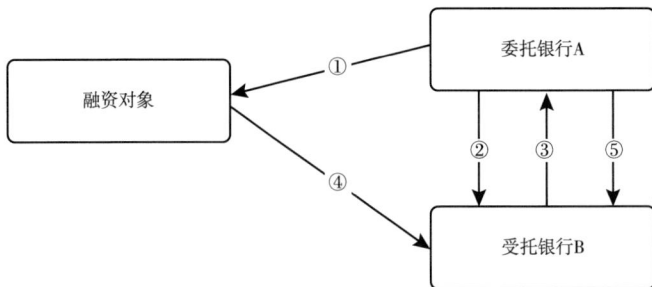

图4　同业代付业务出表简化流程

同业代付是银行通过同业业务出表最基础的方式，有时也被称为"抽屉协议"业务。同业代付业务是指受托银行代替委托银行提供融资，并在规定的付款日将款项划转至委托行账户上，代替委托银行兑现信用承诺。其中，委托银行满足了客户融资需求，但没有直接发放贷款，属于表外业务，规避了信贷规模管制和拨备监管；而且该业务属于同业拆借业务，因而也不计入受托银行贷款项下。

同业代付业务出表的流程为：①融资客户向委托银行提出融资申请→②委托银行与受托银行签署受托代付协议→③受托银行履行代付责任→④受托银行将贷款发放给融资客户→⑤委托银行向受托银行偿还本金和利息。

同业代付业务有很多变形，比如以下几种。

（1）三方协议模式

指受托银行B获得的委托资金通过另一商业银行或券商、基金等非银行金融机构的过桥业务向融资企业放款。

（2）假丙方模式

指原委托银行A由于资金实力不够或政策限制无法直接签订三方协议而借助另一银行C来签署三方协议的形式，原委托银行A往往被要求向假丙方（银行C）出具承诺函或担保函，最终的"兜底"银行仍为委托银行A。

（3）配资模式

指当原受托银行B不愿意直接出资的时候，委托银行A采取向B银行配一笔等期限等额的同业存款，而B银行通过桥方C银行以对应金额和期限向融资客户发放一笔信托贷款的方式。在这一过程中，委托银行A可以承诺远期受让B银行的信托受益权，也可以不受让。如果A银行受让B银行的信托受益权，A银行的同业存款就是标准的同业存款，因为针对融资客户信托贷款的风险已经转移给A银行；如果不受让信托受益权，就需要对该笔存款业务进行存单质押，锁定B银行贷款给融资客户的风险，或者出函单独说明该笔同业存款是对应某一笔信托贷款的，当信托贷款不能偿付时，同业存款不用兑付。即"兜底"银行依旧是A银行，B银行仅仅收取一定的过桥费而已。此外，采用这种非标准化的三方模式也可能是融资企业不愿意承受标准三方模式中较高融资成本的原因。

（4）存单质押三方模式

这种模式存在的原因是融资企业被贷款银行 A 要求将取得的大额贷款存为存单而无法动用。为了使用资金，融资企业可以将存单抵押在信托机构进行贷款，并且由另一银行 B 实际出资受让这笔存单的信托受益权，同时 C 银行远期受让由 B 银行持有的在自己银行的存单。这种模式下，企业可以获得资金，银行可以获得存款，但是由于资金成本比较高，采用这种方式的融资方往往是房地产企业、矿产公司和地方政府融资平台。

3. 通过与资产管理公司设立不良资产基金出表模式

银监会 82 号文明确对信贷资产受益权转让业务的资本计提、拨备计提和交易结构的规范性、透明性等进行了规定，银行通过对接信托公司、银行同业和保险资金出表不良资产的纯通道业务方式被叫停。同时，2016 年 12 月央行明确说明将银行理财产品纳入 MPA 管理标准之中，将不良资产和银行理财产品对接出表的操作空间也收缩了。基于以上原因，与资产管理公司（AMC）设立不良资产基金以处理不良资产的模式变得越来越火热（见图 5）。

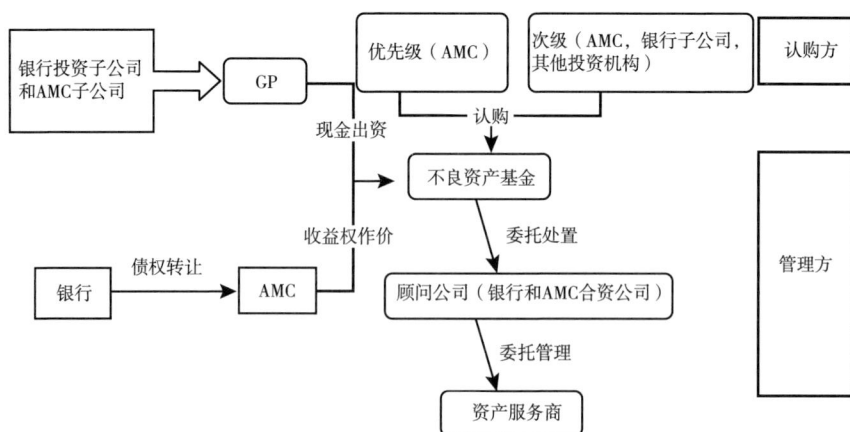

图 5　通过与 AMC 公司设立不良资产基金出表模式流程

在这一模式中，银行投资子公司和资产管理公司子公司组成一般合伙人（GP）担任基金的发起人，同时 AMC 公司作为投资人组建不良资产基金。其中 GP 通过现金出资，AMC 公司使用收益权作价的方式出资。不良资产基金由银行和 AMC 公司合资组建的顾问公司进行管理，并进一步将该基金交由资产服务商进行处置。在这种模式中，银行理财资金没有直接参与认购不良资产收益权或证券化份额，符合监管的要求。不良资产基金的优先级由 AMC 公司认购，次级由 AMC 公司、银行子公司和其他投资机构认购。

三　中国影子银行体系的金融风险

2016 年中央经济工作会议明确指出"金融风险有所积聚"。随着经济增速放缓，原来被高速增长所掩盖的结构性矛盾，比如产能过剩、房地产、地方政府债务等领域的风险逐渐暴露。同时，金融创新的深入也使得管控金融体系内部风险的难度加大。影子银行作为中国金融创新的产物，是实体经济在信贷约束不断收紧的环境下进行融资的一个重要渠道，为实体经济的转型提供了一定的缓冲余地。但是，由于影子银行游离于常规意义上的监管体系之外，一方面，影子银行不享有存款保险公司和中央银行贴现窗口的支持，一旦出现兑付风险，投资者无法获得合理清偿；另一方面，在不受监管的情况下，资金通过影子银行投向了地方政府融资平台，商业房地产等重点监控行业和领域，与"去杠杆"要求大相径庭。

1. 期限错配引起的流动性风险

以银行理财产品为例，银行业理财登记托管中心公布的数据表明，2015 年封闭式理财产品募集的资金中有 60.64% 的资金期限在 3 个月以内。截至 2016 年上半年，有 97.88% 的封闭式理财产品募集的资金期限在 1 年以内。随着银行间存款竞争愈发激烈，商业银行更倾向于发行短期理财产品以应对监管部门的季度考核。这一期限错配意味着商业银行必须通过滚动发行短期理财产品以应对周期性的流动性压力，一旦新发行的理财产品无法弥补流动性，那么银行将不得不紧急出售其他中长期债权以弥补流动性，从而使自己蒙受损失。此外，流行的将不同风险的资产通过资产池打包的方法，尽量给影子银行提供更大的操作空间，但同时进一步扩大了期限错配的风险。而接近一半数量的银行理财产品的购买人为一般个人客户，一旦资产池中的高风险资产出现亏损，商业银行很可能面临集中赎回引起的更严重的流动性风险。

2. 信用违约风险

随着"三去一降一补"供给侧结构性改革逐渐深入，属于改革重点监控行业和领域的房地产企业、产能过剩企业等越来越难以通过传统的信贷渠道进行融资。为了募集足够的资金，部分存在融资困难的企业选择了通过提供高收益的理财产品、信托计划、资管产品等进行融资。但是，在全球经济增速放缓，真实需求萎缩的大环境下，企业难以通过出口来消耗过剩产能。房地产行业在严重的库存压力下也很难快速改善自身的经营状况。一旦企业经营情况恶化，其产生的现金流可能无法匹配理财产品的兑付。这种情况下，银行等金融机构或者发行新的产品以新还旧，或者通过银行间市场拆借、动用表内资产来补充短期的流动性。第一种方法会加剧期限错配导致的流动性风险，并且有可能进一步演化为庞氏骗局，而第二种方法则可能会导致金融机构出现亏损。

3. 杠杆率风险

表 4　投向重点监控行业和领域的表外理财资金存量表

单位：亿元

年份 \ 行业和领域	理财资金投向重点监控行业和领域持仓余额	理财资金投向重点监控行业和领域持仓余额：地方政府融资平台	理财资金投向重点监控行业和领域持仓余额：商业房地产（保障房除外）	理财资金投向重点监控行业和领域持仓余额："两高一剩"行业
2013	2407	1249	923	235
2014	2125	1224	767	135
2015	1937	944	848	71

数据来源：银行业理财登记托管中心《中国银行业理财市场报告（2016年上半年）》。

从杠杆的角度看，银行通过发行理财产品筹措资金后，部分资金用于自留投资，其他资金用于委外管理。对于自留的部分，银行实际上是通过加杠杆的方式以获得高收益；对于委外的部分，由于受到监管较少，非银行金融机构经常通过"债滚债"的方式进行投资，同样使得杠杆率上升。这部分杠杆不会在银行的资产负债表上体现出来，由此产生监管的漏洞。此外，截至 2015 年底，理财资金投向非标准化债权类资产中重点监控行业和领域的资金余额为 1937 亿元。具体来看，涉及地方政府融资平台和"两高一剩"行业的非标债权类资产规模出现了一定的下降，但涉及商业房地产领域的资金在 2014 年房价上涨后有回升。可以看到，通过表外理财产品绕过监管给企业融资的方式也不利于实体经济"去杠杆"要求的落实。

第三节　信用总量

金融结构的变化意味着导致系统性风险的因素日益多样化和复杂化，货币金融政策需要关注的金融指标也与以往截然不同。如第一部分所述，以流动性测度的货币（M1、M2 等）只反映了货币的一个属性，而没有揭示不兑现货币的另一个属性——信用的载体。作为信用载体，货币的产生必然对应着一系列的信用工具（如贷款、债券等）。在简单金融体系下，以信用工具测度的信用与以流动性工具测度的货币在量上是基本一致的。但是，对于复杂金融体系，流动性工具既不能反映金融体系实际创造的信用总量，也不能揭示货币背后的信用基础和信用创造机制。基于此，我们构建了非金融部门信用总量这一指标，用以考察我国的信用创造活动以及非金融部门信用扩张情况。

一　非金融部门信用总量指标的构建

随着金融市场的发展和金融创新活动的推进，我国金融体系逐步演变为由银行主导的复杂金融体系，信贷已经不能反映全部的信用创造活动，非金融部门越来越多地通过债券市场和影子银行渠道进行融资。鉴于此，我们构建的非金融部门信用总量将国内外信贷余额、非金融债券余额和影子银行的信用创造一并纳入统计。

图 6 为 2001～2016 年我国非金融部门信用总量及其结构的变化情况。截至 2016 年底，我国非金融部门信用总量达 181.9 万亿元，较 2015 年末增长了 16.5%；同期，货币供应量 M2 和社会融资规模存量分别为 151.8 万亿元和 156.0 万亿元，较 2015 年末分别增长了 9.0% 和 12.9%。图 7 显示，2012 年后，随着影子银行融资渠道的快速扩张，非金融部门信用总量规模开始显著高于 M2 和社会融资规模存量。

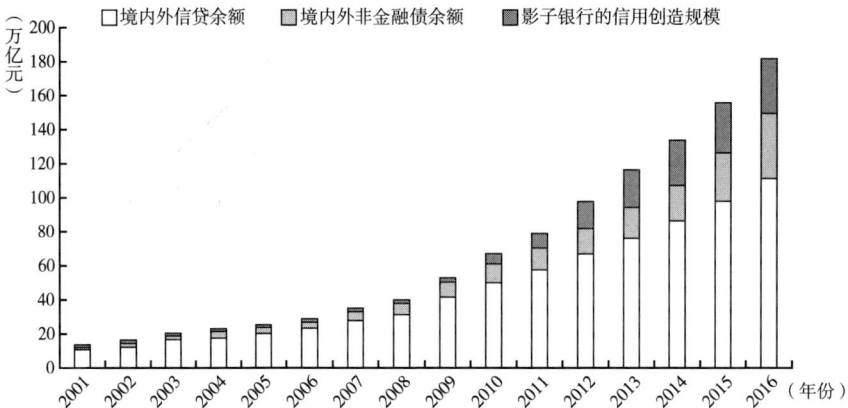

图 6　非金融部门信用总量及其构成

1. 银行境内外信贷

银行境内外信贷余额为银行资产负债表中短期和中长期贷款、票据融资、融资租赁、其他类贷款和境外贷款等项目的存量金额之和，上述各项数据均来自中国人民银行公布的《金融机构人民币信贷收支表》的资金运用项。2016 年底，境内外信贷余额为 111.1 万亿元，在信用总量中的占比为 61.1%，仍为非金融部门获取债务资金的最主要渠道。但是，银行信贷融资占比已显著下降。2016 年末的信贷余额占比（61.1%）与 2004 年（83.5%）相比，大幅下降了 22.4 个百分点。

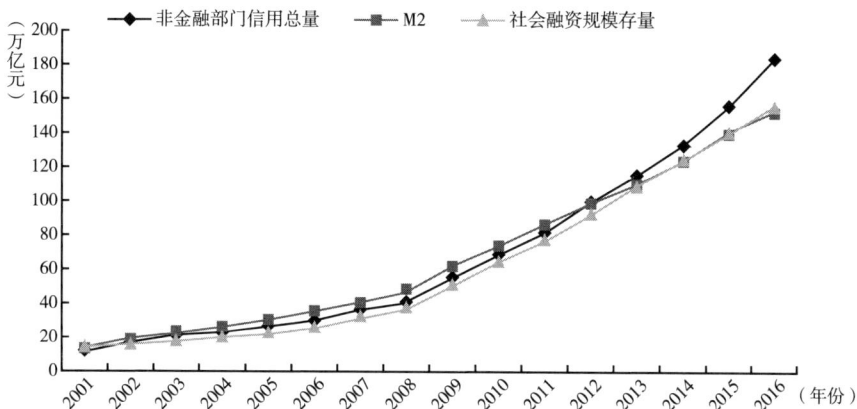

图7　非金融部门信用总量、M2、社会融资规模存量规模比较

2. 境内外非金融债

境内外非金融债包括国债、地方政府债、企业债、公司债、中期票据、短期融资券、政府支持机构债和离岸人民币非金融债。其中，短期融资券余额已扣除证券公司发行的短期融资券余额。2016年底，非金融债券余额达38.5万亿元，在非金融部门信用总量中的占比从2001年的14.4%上升至21.1%。2007年后，虽然非金融债券存量规模持续快速增长，但由于其他融资渠道也在大幅扩张，非金融部门债券融资占比长时间保持在15%左右；2015年，财政部明确提出由省级财政部门在限额内安排发行地方政府债券置换存量政府债务中通过银行贷款等非政府债券形式举借的债务。自2015年5月启动地方政府债务置换工作，至2016年底，全国地方累计完成发行置换债券8万亿元，导致非金融债券余额和债券融资占比均大幅提升。

3. 影子银行

除了银行信贷和债券产品外，过去几年中最为重要的信用创造活动就是被称作影子银行但实质多为"银行的影子"的金融创新。2016年底，非金融部门通过影子银行融资的存量规模达32.3万亿元，在信用总量中的占比从2001年的4.4%攀升至17.8%。

（1）银行同业业务创造的净信用

在我国的金融体系以银行部门为主导的情况下，影子银行实质上是"银行的影子"，包括银行通过同业业务为非金融部门提供的信用，以及非银行金融机构对接银行理财资金的通道业务等（如第二部分"影子银行与银行的影子"所述）。银行通过同业业务为非金融部门提供的信用可以用下述公式进行估算，即：

同业业务信用创造 = 对其他存款性公司债权 − 对其他存款性公司负债
− 银行部门持有的政策性银行债余额 − 银行部门持有的商业银行债余额

其中，"对其他存款性公司债权"和"对其他存款性公司负债"的数据来自央行自 2005 年起公布的《其他存款性公司资产负债表》，债券持有者结构数据来自中国债券信息网。

银行部门通过"对其他存款性公司负债"所获得的资金一般规定用于解决银行临时流动性管理需要，并不创造信用。并且，一家银行的同业负债在其对手银行中计入同业资产，因此，银行部门的"对其他存款性公司负债"在"对其他存款性公司债权"中是存在一一对应的科目的，除此之外的"对其他存款性公司债权"规模，再扣除银行持有的政策性银行债和商业银行债，则可被视为银行通过对其他存款性公司业务创造的信用。银行一般通过买入返售、同业代付、信托受益权转让等同业业务向非金融部门提供信用。2010 年后，监管机构采取信贷额度管理、资本金约束、贷存比管控等手段，抑制信贷规模过快增长，银行等存款机构绕道同业业务为非金融部门提供信用。2010 年，银行同业业务的净信用创造规模同比增长了 122.8%。2013 年后，监管部门加强同业业务监管，同业业务的信用创造规模增速回落。

（2）非银行金融机构的信用创造

非金融部门通过非银行金融机构融资是影子银行信用创造最主要的内容，资金来源包括信托、证券、基金公司等金融机构通过通道业务对接的银行理财资金，非银行金融机构通过设立信托计划、资管产品等募集的资金，以及保险资金等。从具体统计指标来看，非银行金融机构创造的信用统计了委托贷款余额，信托资金运用项下投资于基础产业、房地产以及工商企业的资金余额，证券公司通道业务余额，以及保险公司债权类资管计划余额和客户质押贷款。

2008 年后，非银行金融机构的信用创造规模持续快速增长，特别是 2010 年监管部门对银行信贷规模严加控制后，非金融部门通过非银行金融机构的融资规模出现"井喷"，2010 年和 2011 年的增速均在 100% 以上；2013 年后，监管收紧，增速有所回落，但也保持在 15% 以上的水平。截至 2016 年底，非银行金融机构的信用创造规模达 23.6 万亿元，在非金融部门信用总量中的占比达 13.0%，较金融危机前上升了 11 个百分点。

（3）P2P 网贷

除了传统金融部门，互联网金融的信用创造也在逐步扩大。2014 年政府工作报告首倡发展互联网金融，互联网金融趁势获得发展，呈现爆发式增长。根据网贷天眼公司的统计，2012 年末，P2P 网贷余额仅为 13 亿元；到 2016 年底，网贷余额规模跃至 8946 亿元。以网络借贷为代表的互联网金融行业的发展为步履维艰的中小企业和个人金融需求提供了新的渠道，但快速发展背后隐含的风险同样不容忽视，对互联网金融行业实施有效监管刻不容缓。

二　信用创造与信用来源

1. 信用创造部门

从影子银行信用创造的部门来看，虽然大部分信用创造的"出口"为非银行金融机构，但其背后的资金来源大多为银行（理财）资金，因此创造信用的部门仍是银行。图 8 为影子银行中资金来源为银行部门即我们所称的"银行的影子"和影子银行中资金来源为非银行金融机构的规模分布。该图显示，虽然 2011 年后资金来源为非银行金融机构的影子银行占比明显提升，但在中国，大部分影子银行，其实质仍是"银行的影子"。2016 年底，"银行的影子"在影子银行信用创造中的占比仍超 60%。

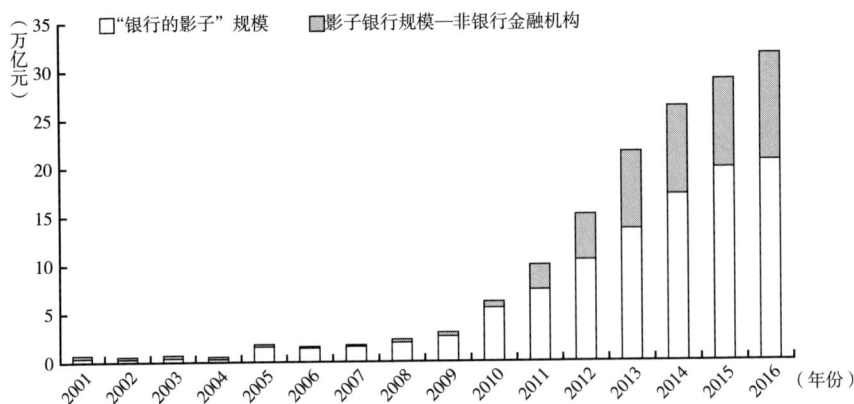

图 8　影子银行信用创造的资金来源分布

　　如果将范围扩大到全部信用创造，那么银行部门在信用创造机制中的核心作用则更加明显（如图 9 所示）。截至 2016 年底，非金融部门信用总量中，由银行部门创造的信用占比为 85.1%，非银行金融机构的信用创造占比为 11.3%，其余部分为非金融部门和国外部门创造的信用。其中，银行部门的信用创造包括银行信贷、银行部门持有的非金融债、银行同业业务创造的信用、信托公司信用创造中的银信合作部分；非银行金融机构的信用创造包括非银行金融机构持有的非金融债、委托贷款、信托公司的信用创造扣除银信合作的部分，以及保险公司的债权类资管

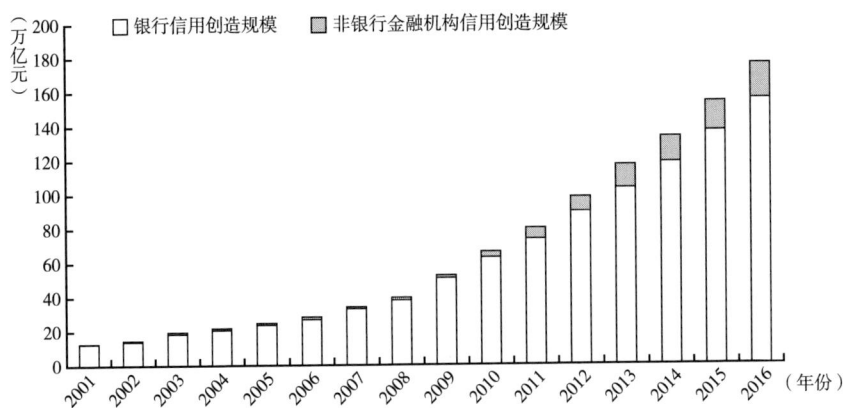

图 9　信用创造部门分布

余额和客户抵押贷款。

2. 信用来源部门

从信用来源看，如图10所示，企业部门是我国第一大负债部门，金融危机前，信用的来源中有70%以上是企业部门的信用；金融危机后，企业部门的信用占比呈现向下的趋势，2016年底降至60.9%，一定程度上反映了实体投资回报率缩水、企业投资意愿降低的现实。与此同时，政府部门和住户部门的信用占比呈现上升趋势，分别从2008年的13.5%和14.0%上升至2016年底的20.2%和18.8%，这与2008年后通过加大政府投资力度和繁荣房地产市场拉动经济增长的政策有关。

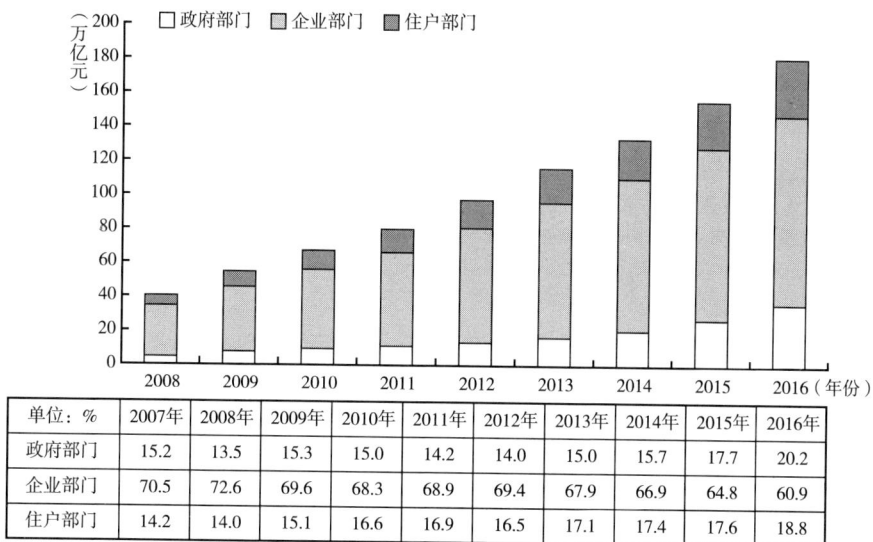

单位：%	2007年	2008年	2009年	2010年	2011年	2012年	2013年	2014年	2015年	2016年
政府部门	15.2	13.5	15.3	15.0	14.2	14.0	15.0	15.7	17.7	20.2
企业部门	70.5	72.6	69.6	68.3	68.9	69.4	67.9	66.9	64.8	60.9
住户部门	14.2	14.0	15.1	16.6	16.9	16.5	17.1	17.4	17.6	18.8

图10　信用来源分布

全球金融危机后，中国非金融部门杠杆率从2008年的129.3%攀升至2016年的244.4%。表5对中国与主要经济体各部门债务占GDP的比重（即一般所说的杠杆率）进行了横向比较。数据显示，2015年末中国的总债务占GDP的比重在所比较的八个国家中处于中等水平。虽然中国的非金融企业债务在非金融部门债务中的占比有回落趋势，但从债务率的国际比较看，中国非金融企业的债务率远高于其他七个国家，达到了

149%，成为我国高债务率的主要原因。中国政府债务总额占 GDP 的比重相对较低，特别是中央政府债务占比仅为 16%，远低于其他发达国家；但中国地方政府债务占 GDP 的比重并不低，未来拓展空间相对有限。

表 5　中国与主要经济体债务结构的比较（占 GDP 的比重）

单位：%

经济体 项目	总债务占比	住户债务占比	非金融企业债务占比	政府债务占比		
				总额	中央政府债务占比	地方政府债务占比
日　本	412	65	101	246	207	39
英　国	272	86	74	112	107	5
法　国	297	56	121	120	98	22
意大利	278	43	77	158	149	9
美　国	249	77	67	105	87	18
加拿大	251	92	60	99	43	56
德　国	191	54	54	83	54	29
中　国	244	46	149	49	16	33

数据来源：发达国家债务/GDP 数据来源于 OECD 数据库，其中地方政府债务/GDP 是扣除中央政府债务/GDP 得到的。中国数据来自国家金融与发展实验室财富管理研究中心，为 2016 年数据。日本、德国为 2014 年数据，其余国家为 2015 年数据。

（1）企业部门

我国企业部门负债主要呈现两方面特点：一是国有企业占比大；二是房地产行业负债高。图 11 展示了 2007 年后国有企业信贷余额和国有企业债券余额，以及国企债务在非金融企业信贷和债券余额中的占比变化情况。全球金融危机后，我国实施了大规模财政和货币刺激计划，导致企业部门，特别是国有企业债务水平急速大幅上升。2009 年和 2010 年，国企债务的年度增长率分别达到 39% 和 28%；2010 年，国有企业债务在非金融企业债务中的占比突破 47%，较危机前上升了近 10 个百分点。目前，非金融企业债务（信贷和债券融资）中，有将近一半来自国企。出于数据可得性的原因，我们无法考察影子银行信用创造中国有企业债务的占比，但可以预见，由于国有企业有国家信用做支撑，也会是非银行金融机构融资的主要对象。

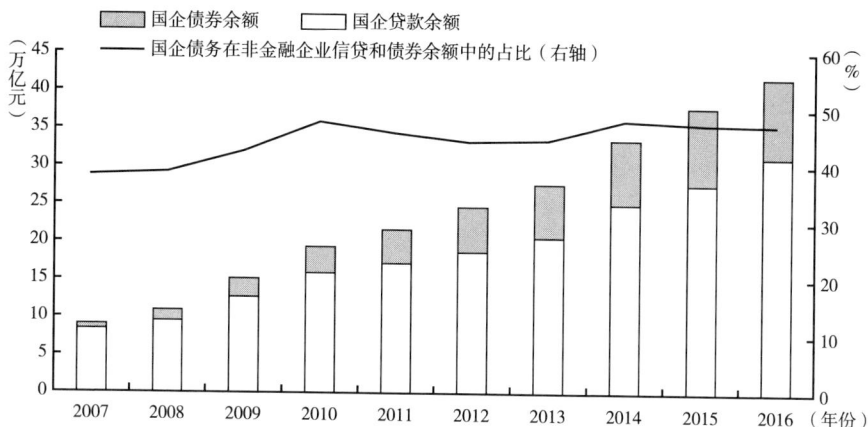

图 11　国有企业债务规模及在非金融企业中的占比

根据国家统计局的数据，无论是生产率还是利润率，国有企业的表现都不如非国有企业。因此，国有企业债务占比上升，非国有企业债务占比下降，实际上会降低整体的债务质量。并且，相当一部分国有企业在宽松货币政策时期，盲目扩张，不断加大举债投资规模，以致企业债务高企、产能过剩，进而导致企业效益下降，偿债能力降低，只能以"借新还旧"的方式使债务雪球越滚越大，债务风险急剧增加；同时，在国家严控产能过剩的行业企业通过银行贷款、发行债券等方式融资后，这些企业转向难以监管的影子银行渠道，进一步增加了金融体系风险。

从行业看，房地产企业是债务融资的主力军。截至 2016 年底，全国房地产贷款余额为 26.7 万亿元，在银行信贷余额中的占比达 24.1%；同期，以房地产做抵押的个人购房贷款为 19.1 万亿元，占比达 17.2%；两项合计在银行信贷余额中的占比已达 41.3%，并且，这其中还未包括围绕着房地产上、下游其他产业的贷款。如果单看房地产企业的债务情况，2016 年底，除 26.7 万亿元的银行贷款外，房地产企业通过发行债券融资的余额为 1.9 万亿元，信托计划投向房地产的资金余额为 1.4 万亿元，三者合计 30 万亿元，在非金融企业信用总量中的占比达 27.1%。房地产债务规模的不断扩大，一方面，加速房地产泡沫的形成；另一方面，在经济下行压力较大的情况下，房地产市场的高投资回报率吸引资金"脱实向虚"，挤压了本该用于支持实体经济企业的投资，不利于产业结构优化升级和"稳增长"目标的实现。

（2）政府部门

政府部门信用的最主要特征是地方政府债务的快速扩张。截至 2016 年底，政府部门信用总量为 36.8 万亿元。其中，地方政府债务余额为 24.8 万亿元，占比达 67.2%；而 2007 年末，地方政府债务余额仅为 1000 多亿元①，不到十年的时间里，规模翻了近 160 倍。2016 年末的地方政府债务规模中，地方政府债券余额为 10.6 万亿元，包括政信合作、城投债、平台贷款、保险债权计划在内的地方政府融资平台债务规模达 14.2 万亿元。地方政府融资平台债务规模的增长，一方面由于预算的软约束、财权事权的不匹配，以及地方政府靠投资拉动经济的冲动，导致地方政府资金需求旺盛；另一方面在于资金供给不断，金融机构青睐于地方政府融资平台公司，认为有政府信用担保，还款来源有保障。融资平台公司大规模举债导致其资产负债率高、有息债务规模大、集中偿付压力大，同时地方政府投资项目以地方基础建设为主，赢利能力弱，经营性现金流难以满足庞大的债务本息偿付，债务风险愈加突出。

（3）住户部门

2009 年以来，住户部门负债保持快速增长，特别是中长期消费贷款增速。中长期消费贷款是住户部门最主要的债务来源，其主要组成就是住房抵押贷款。2009 年和 2010 年，中长期消费贷款连续两年以 30% 以上的增长率同比大幅增长；2011～2012 年，中长期消费贷款增速回落；2013 年再次上涨，但涨幅收窄；2016 年，中长期消费贷款再次大幅增加，贷款余额就较上年末增长了 35.4%。中长期消费的同比增长情况与房地产市场的景气程度高度吻合。同时，2016 年新增贷款中，有 50% 以上发生在住户部门，其背后主要是房地产。住户部门过快加杠杆比企业部门加杠杆更加危险。与企业相比，住户部门是经济中的硬约束单位，

---

① 根据 WIND 数据，2007 年末，城投债规模为 1563 亿元。

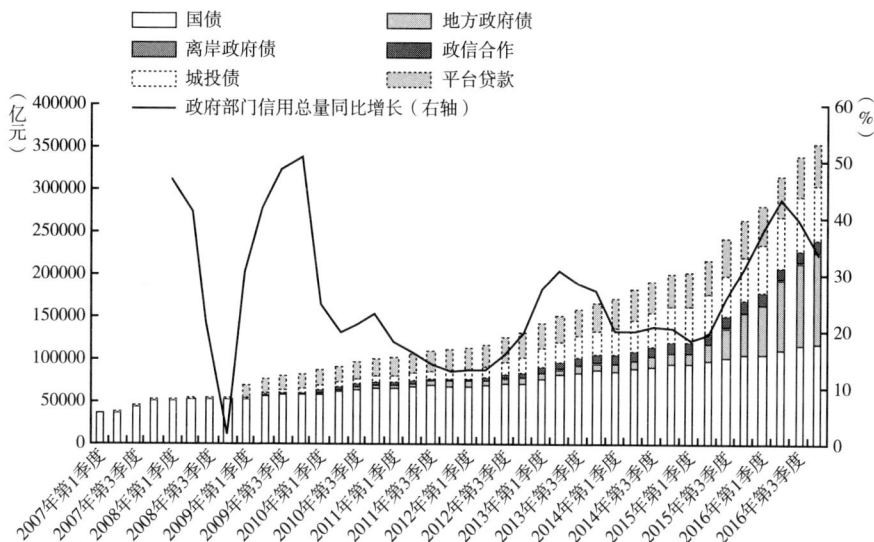

图 12　政府债务结构分布

企业则存在软约束问题。从其他国家的教训看，几乎所有的金融危机都与住户部门负债增速过快和房地产市场异常繁荣有关。因此，对住户部门债务的快速上升，要引起格外重视。

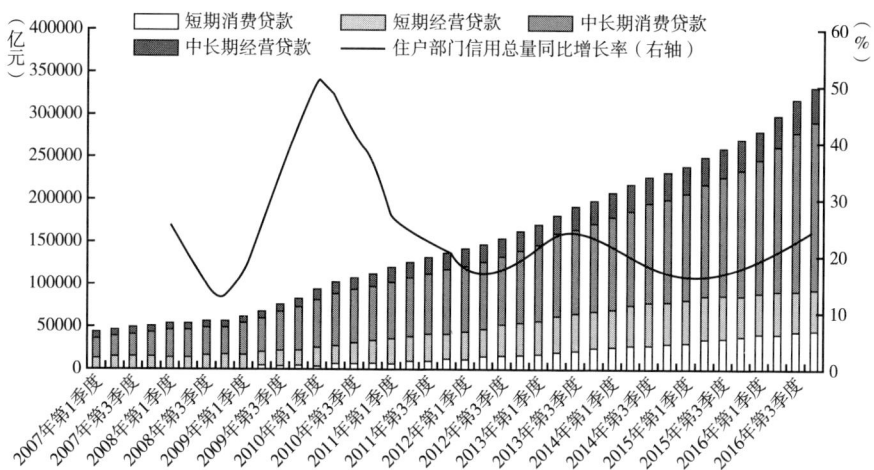

图 13　住户部门债务结构分布

三　金融部门内部融资

随着金融创新与影子银行体系的发展，我国金融部门内部的联系加强，内部融资活动越来越频繁。如第二部分"影子银行与银行的影子"所述，为绕过监管，影子银行体系相关的交易方式变得越来越复杂，中间打包层数越来越多。这不仅体现在银行部门与非银行金融部门之间有着复杂的金融交易，而且，在两个部门内部也各自存在密切的联系。我们采用下述公式计算出金融部门的内部融资量：

金融部门内部融资 = 对其他存款性公司债权 + 对其他金融机构债权 +
对其他金融机构负债

图 14 显示，我国金融部门内部融资量持续上升，尤其是在 2010 年影子银行快速扩张之后，内部融资额的增速显著加快。截至 2016 年末，金融部门内部融资金额达到 73.8 万亿元；与之相比，2009 年末的内部融资金额仅为 15.7 万亿元，而且其中有相当大的部分是用于解决银行临时流动性管理需要。由此可见，金融部门内部融资增幅非常之大。金融部门内部融资加大，信用链条拉长，导致系统性风险增加。2008 年的次贷危

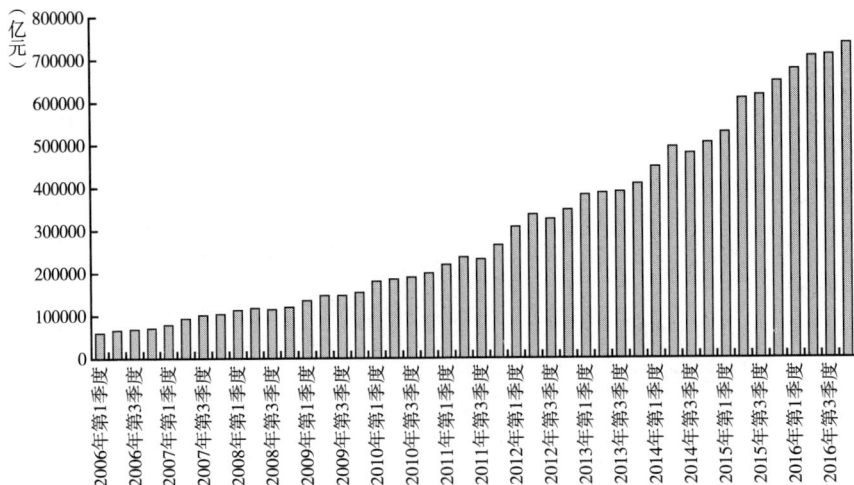

图 14　我国金融部门内部融资

机从信用危机演化为流动性危机，一个很重要的原因就是金融部门的内部融资加大，内部联系高度紧密。

第四节 复杂金融体系下金融调控框架的转变

由上述分析可知，我国金融体系已转变成银行主导的复杂金融体系，表现为：第一，传统的信贷融资增速不断下降，非信贷融资占比显著上升；第二，非银行金融机构在全社会信用创造和金融资源配置活动中的地位迅速上升，银行业的传统业务相对萎缩；第三，虽然融资渠道增多，但主要的资金提供者仍是银行；第四，我国金融体系中的内部融资数额迅速上升。

金融结构的演化对传统货币政策影响巨大：第一，由于货币已经不能反映全部的信用创造活动，货币的稳定并不意味着可贷资金乃至经济的稳定；第二，由于非银行金融业成为重要的信用创造机构，而非银行金融机构与中央银行之间并无直接的金融交易活动，因此，中央银行实际上无法有效控制非银行金融机构的活动；第三，由于信用活动的内生性和货币的内生性，以控制"货币"为目标的货币政策的效力大减。

因此，基于流动性偏好的量的货币政策已无法在新的复杂金融体系下达到稳定经济和物价的目标。未来的货币政策方向应是基于信息的"泰勒规则"：其一，掌握可贷资金供求双方的充分信息，包括可贷资金供给的渠道、规模，机构内部可贷资金的流量及信用创造机构的资产负债表，可贷资金需求的用途、分布和债务人的资产负债表等，这就要求尽快建立一个横跨各部委的信息收集、整合和分析平台，并在此基础之上，编制中国的资金流量表和资金存量表；其二，利用宏观审慎监管政策防止市场失灵；其三，货币政策转向基于利率期限结构和风险结构的利率调整，其前提一是有完善的收益率曲线，二是借款者对利率变化有足够的敏感性。

参考文献

马骏：《弱化对数量目标关注　疏通利率传导机制》，《金融时报》2015 年 12 月 30 日。

饶明、何德旭：《中国股票市场改革与创新发展的逻辑》，《当代经济科学》2015 年第6 期。

李扬：《中国38 万亿债券市场存在比较严重缺陷》，《2015 陆家嘴论坛发言》。

贾康：《我国债券市场的问题与对策》，《上海证券报》2015 年 10 月 21 日。

吴文婷：《我国货币市场的现在与问题分析》，《经济视角（下）》2012 年第 12 期。

殷剑峰：《货币、信用及关于我国 M2/GDP 的分析》，《中共中央党校学报》2013 年第4 期。

殷剑峰、王增武：《影子银行与银行的影子》，社会科学文献出版社。

冯科、何理：《我国银行上市融资、信贷扩张对货币政策传导机制的影响》，《经济研究》2011。

李波、伍戈：《影子银行的信用创造功能及其对货币政策的挑战》，《金融研究》2011。

王国刚：《中国货币政策调控工具的操作机理：2001～2010》，《中国社会科学》2012。

盛松成：《社会融资规模与货币政策传导》，《金融研究》2012。

陈雄兵、邓伟：《商业银行表外业务与货币政策信贷传导》，《国际金融研究》2016。

许敏、贺磊、杨龙：《国际大型银行表外业务发展及启示》，《国际金融》2016。

裘翔、周强龙：《影子银行与货币政策传导》，《经济研究》2014。

谢启标：《国有商业银行表外业务发展的现状与对策研究》，《金融论坛》2006。

张明：《中国影子银行：界定、成因、风险与对策》，《国际经济评论》2013。

李国辉：《宏观审慎政策框架升级　表外理财"风控"强化》，《金融时报》2016。

第四章 从资产回报率看企业杠杆

——兼论宏微观杠杆的两层背离

蔡 真 栾 稀 黎紫莹[*]

[*] 蔡真，国家金融与发展实验室高级研究员，中国社会科学院金融研究所副研究员、国际金融与国际经济研究室副主任；栾稀，民生证券研究院研究员；黎紫莹，北京航空航天大学金融系学士。

- 2001 年以来，中国上市公司的资产回报率呈持续下降态势。这与外需疲软、人口红利消失、经济转型升级不到位有关。

- 在资产回报持续下降的背景下，企业总体却采取了加杠杆的行为。上市国有企业是加杠杆的主力，这与国有企业对要素资源垄断从而扭曲微观资本回报有关。另外，经济下行期往往伴随着企业兼并重组，产业集中度随之提高。面对更多大型上市公司出现，银行通常会增加授信，行业杠杆率因产业集中度提高而上升。

- 中国企业部门的宏微观杠杆还出现了两层背离：第一层背离是A 股上市公司杠杆率与统计局工业企业杠杆率发生背离，这主要是因为上市公司中国有企业占比较高，而全部工业企业中民营成分较多，前者加杠杆，后者去杠杆；第二层背离是工业企业的微观杠杆率与宏观杠杆率发生背离，这一方面是由于资产回报率下降幅度超过微观去杠杆幅度，另一方面与经济泡沫化程度有关。

自2008年金融危机以来，我国债务规模增长较快，杠杆率水平迅速上升，尤其是企业杠杆率。2013年习近平主席做出中国经济进入"新常态"的判断，此后党中央、国务院做出供给侧结构性改革的战略部署，这其中"三去一降一补"任务中的"去杠杆"是重中之重。本文从资本回报率的微观视角考察企业杠杆问题，试图通过结构分析的方法阐明当前企业部门高杠杆的原因，并提出相应对策。

第一节　资产回报率的表现

资产回报率是指资产回报与创造资产回报所用资产值之间的比例关系，可用公式表示为：资产回报率＝资产回报／资产存量。这一指标反映了微观企业的赢利能力，从宏观角度则反映了经济增长的潜力。资产回报率的测算包括应用要素收入的宏观方法和基于企业的微观方法。本文的计算方法采用 CCER "中国经济观察"研究组（2007）的微观方法，研究对象为全部 A 股上市公司中的非农业公司，计算时间段为 2001 年至 2015 年。依照国家统计局公布的工业行业分类标准，本文在申万三级行业分类的基础上，将工业企业整合为33 个行业，将第三产业划分为 10 个主要行业（具体合并方法见附表1 和附表 2）。

图 1 给出了全产业资产回报率（ROA）的情况：自 2002 年开始全产业 ROA 一直上升，金融危机期间急剧下跌，危机后 ROA 呈趋势性下降态势。这一结果与 GDP 增速几乎保持一致。

白重恩、张琼（2014）的测算不仅给出类似的结果，还给出金融危机后 ROA 下降的原因，具体包括：第一，政府干预加强；第二，中国投资率大幅攀升；第三，第二产业比重下降对回报率的负面冲击超过第三产业比重上升带来的正面影响。就第一点而言，政府作为投资主体确实存在低效率的问题，金融危机期间扩大投资存在大量重复建设的可能。就第二点而言，投资率大幅上升导致回报率下降，这是经典的凯恩斯主义关于边际资本报酬递减的解释。然而，改革开放以来中国经济经历了持续的高投资高增长的过程，许多文献如蔡昉（2004），李扬、殷剑峰（2005）等从人口转变、劳动力转移等因素阐述了资本回报率持续上升以及中国转型过程中的高储蓄和高投资并存之谜。如果关于资本回报率的理论解释发生转变，则很可能意味着相关前置条件发生了变化。根据国家统计局的数据，中国适龄劳动人口占比在 2010 年达到峰值（74.5%），此后呈下降趋势，现实的人口数据与 ROA 的转变几乎完全吻合，这意味着中国人口红利的窗口已经关闭，资本回报呈递减态势。就第三点而言，中国经济增长前沿课题组（2013）指出，中国的产业结构向发达经济阶段收敛，但服务业生产率长期低下并且第二、三产业效率全面失衡，这也导致中国的资本回报率呈下降趋势。

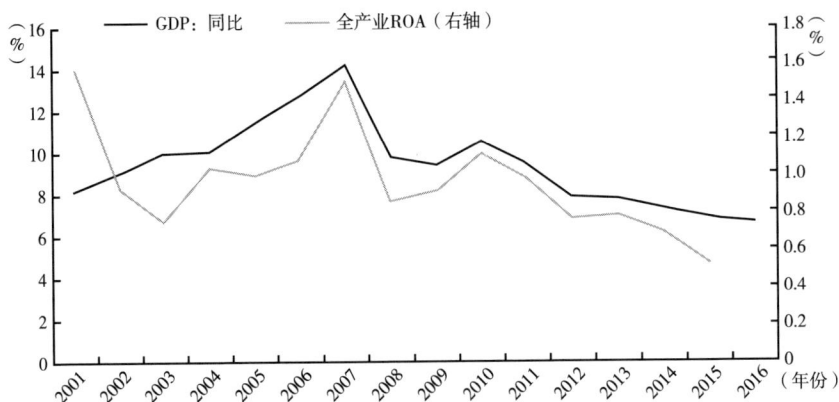

图 1　全产业资产回报率

数据来源：ROA 根据非农业上市公司数据计算，GDP 同比来自国家统计局。

　　本文对第二、三产业以及细分行业的资产回报率进行了测算并绘制了若干典型行业的走势（见图2，详细数据参见附表3和附表4）。从图2中可以看出，第二产业ROA在金融危机前保持高位，危机后呈趋势性下降；第三产业呈趋势性上升态势；由于第三产业资产在总资产中的占比保持在20%～30%，加之第三产业ROA较低（不超过1%），因而全行业ROA走势与第二产业走势趋同。

　　从第二产业内部看，食品类相关行业中饮料制造行业一直呈上升趋势；食品制造行业在危机后ROA保持在7%的水平；农副食品加工这一低端行业ROA一直下降；纺织行业以及服装服饰行业的ROA维持在低位并有进一步下降趋势。重化工业方面，石油和天然气开采以及煤炭开采业的ROA分别在危机前的2005年和2006年达到峰值，分别为17.6%和11.7%；在危机后重化工业的ROA又有所反弹，但很快进入下降通道，重化工业ROA的拐点比食品纺织行业出现得晚，反映了产业结构迁移的一般规律。设备制造行业的ROA走势也具有典型性，通用设备和电气机械及器材制造业ROA出现拐点最早，为2009年；汽车制造业在2010年出现拐点；专用设备制造业在2011年出现拐点，这反映了从资本密集型行业向技术密集型行业的转变。水、电力、燃气行业是具有垄断性质的公共服务行业，其ROA在金融危机后基本保持了平稳态势；同时这三个行业也属于上游行业，在危机前ROA呈下降趋势可能是因为下游行业的资本回报也呈现下降趋势。与整体走势表现不同的包括医药制造、家具行业以及房地产及建筑业：医药制造行业ROA在危机前即呈上升趋势，危机后略有下降，但依然保持高位；家具行业呈平稳上升态势；房地产及建筑行业的ROA在危机后尽管呈现略微下降态势，但考虑到房地产行业高杠杆的属性，我们计算了其固定资产回报率，在整个样本区间一直呈上升态势，且于2015年达到74.2%。上述三个行业的ROA走势反映了人们在基本的食物、衣物以及日常消费品需求得到满足后，转向医疗以及住房等相关领域更高层次的需求。

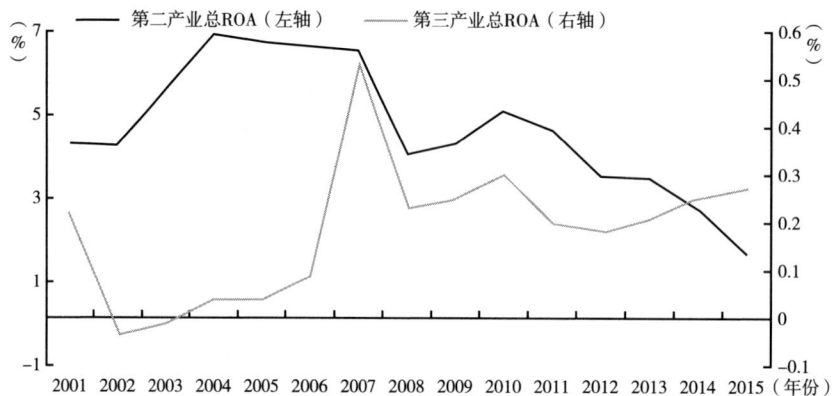

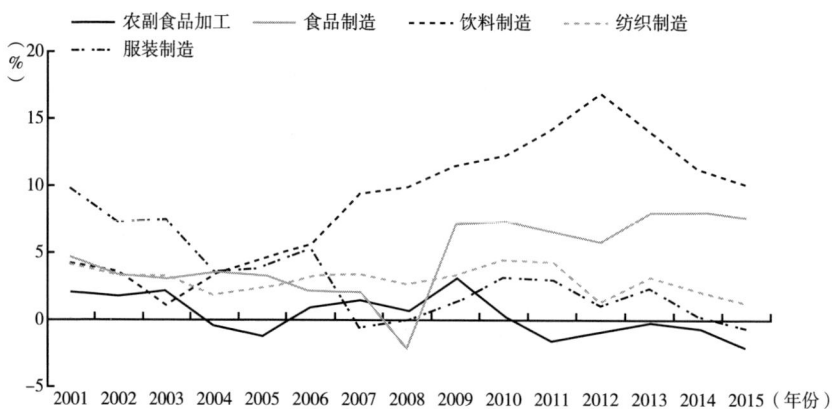

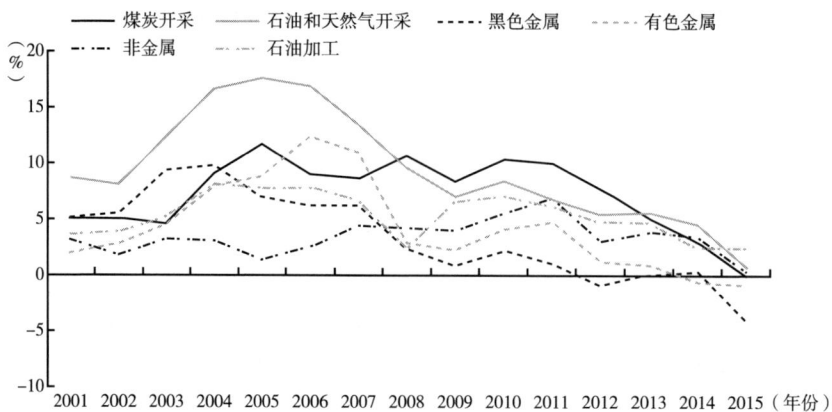

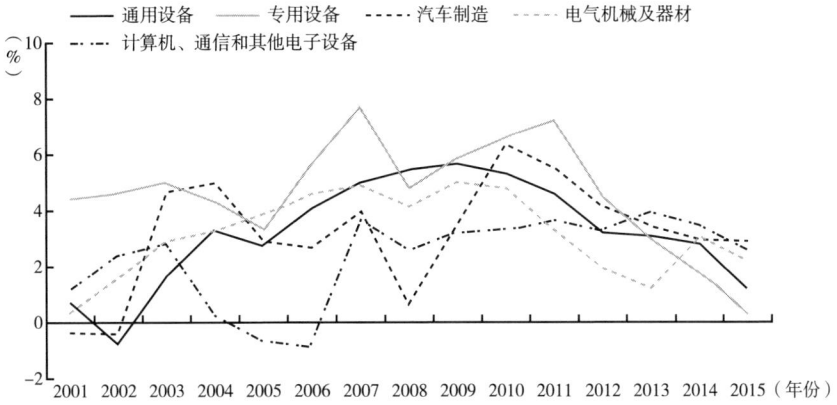

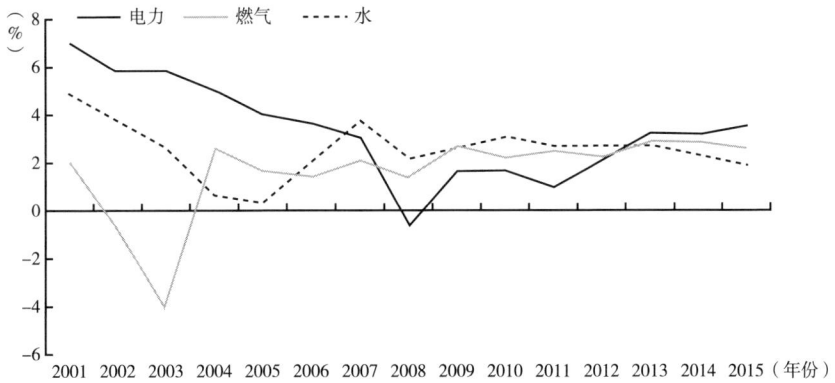

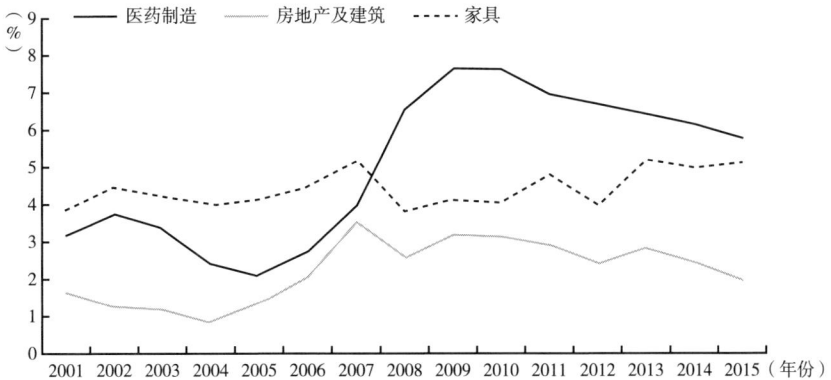

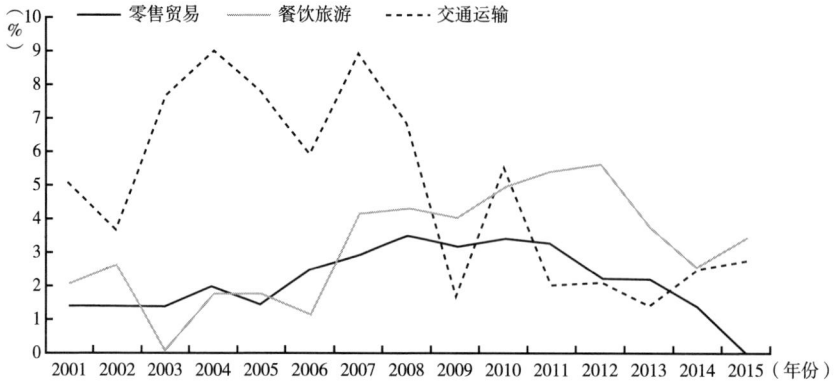

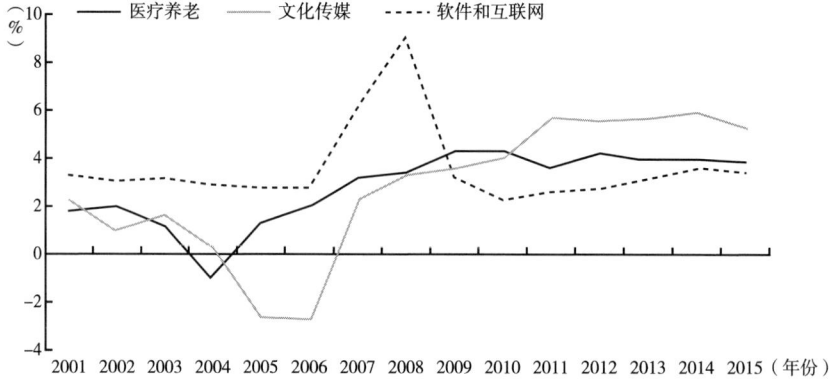

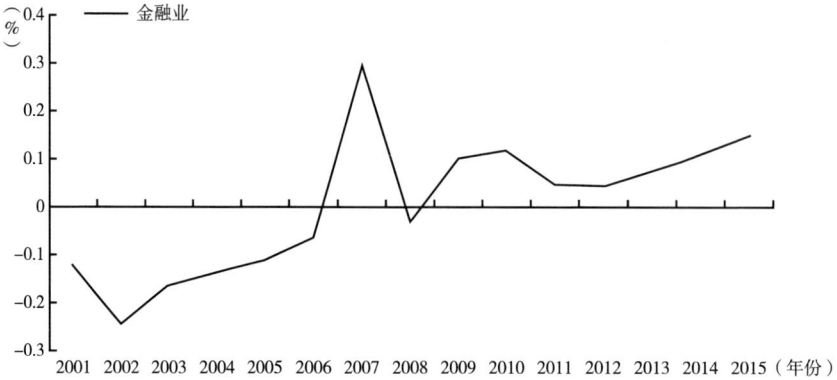

图2 分行业资产回报率情况

数据来源：作者根据相关行业上市公司数据整理计算。

第三产业内部也表现出类似的规律。交通运输行业在整个计算区间几乎呈下降态势；零售贸易行业 ROA 在危机前一直上升，危机后呈趋势性下降；餐饮旅游行业似乎没有表现出较长时间的下跌，这主要归功于旅游业的贡献。整体而言，资本密集型的低端服务业表现出衰退迹象，与之形成对比的是技术密集型的高端服务业。医疗养老和文化传媒业的 ROA 分别从 2004 年和 2006 年开始强劲上升，软件和互联网行业的 ROA 除个别年份外长期保持在 3% ~ 4% 的水平。值得关注的是金融行业：总体而言金融行业的 ROA 水平不高，这是由这个行业的高杠杆属性决定的；但值得注意的是，金融行业的 ROA 除个别年份外一直呈上升趋势，甚至包括在危机后实体经济的恢复期。依照传统的政治经济学观点，金融行业是不创造剩余价值的，它的利润是一种租金形态，是对整个社会产生的剩余价值的再分配。从这个视角看，金融行业对实体经济形成了较强的市场势力，构成了"去杠杆"和"降成本"的主要障碍。

第二节　微观杠杆表现及分析

一　微观杠杆表现

微观杠杆，即负债与资产之间的比例关系，是衡量债务风险的重要财务指标。图 3（A）绘制了 A 股上市公司的资产负债率情况，整体而言从 2000 年至 2015 年杠杆水平由 45.7% 上升至 65.2%，仅危机前的 2007 年有所下降。从图 3（B）可以看出第二产业资产负债率的走势与整体趋同，总体保持上升趋势；第三产业资产负债率的走势与整体略有差异，2005 年至 2007 年持续下降，2013 年至 2015 年也持续下降。

本文重在考察资产回报与微观杠杆之间的关系，我们估计了两者相关性，第二产业资产回报率与杠杆水平的相关系数为 -46.8%，第三产业两者的相关系数为 20.7%，但由于第三产业资产在整个产业中占比较小，全行业的两者相关系数更接近第二产业，为 -52.4%。我们以 2015 年的截面

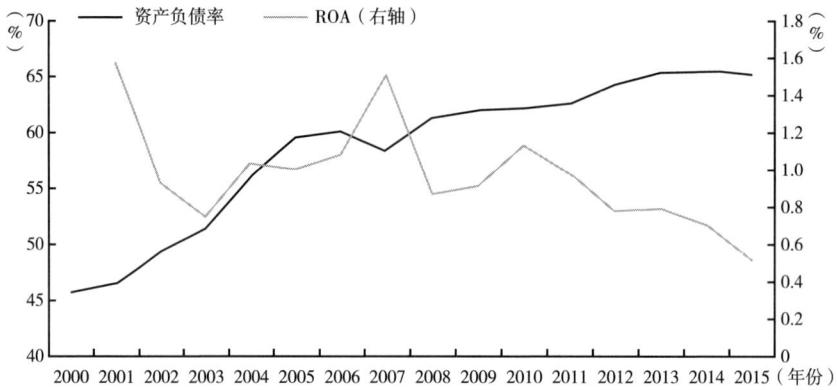

图 3（A）　　A 股上市公司资产负债率情况

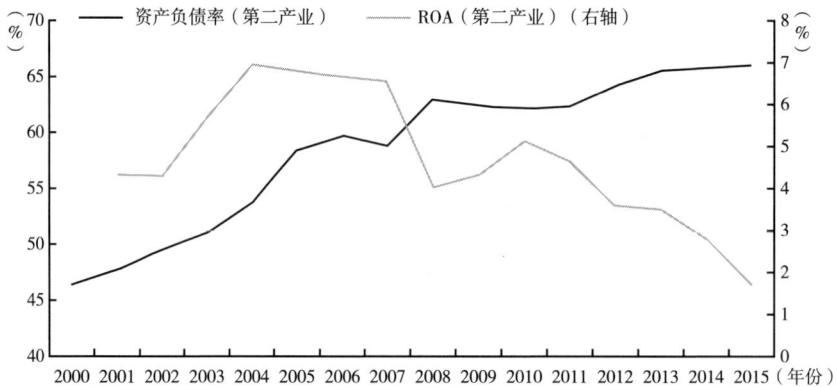

图 3（B）　　第二、三产业资产负债率情况

数据来源：作者根据第二、三产业上市公司数据整理计算。

数据为基础对资产负债率和 ROA 的关系进行了线性回归估计，两者负向关系更为明显（见图4）。从时间序列上看，我们对各个行业的资产负债率和 ROA 的相关性进行了计算，结果表明大部分行业为负（见表1）。

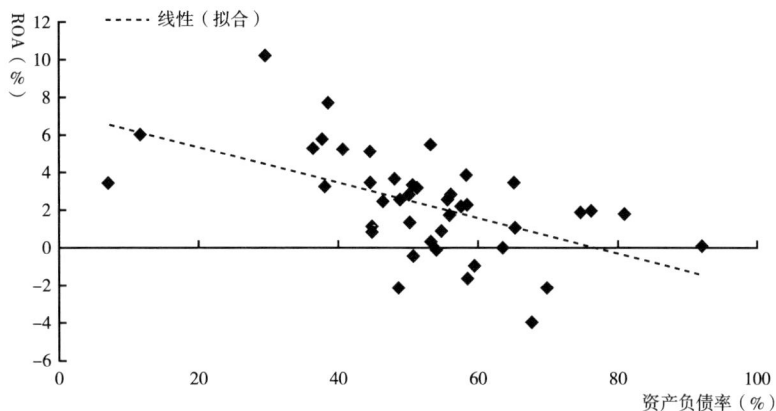

图 4　资产负债率与 ROA 在 2015 年的截面估计

数据来源：作者整理计算。

表 1　分行业资产负债率与 ROA 相关性

行业名称	相关性	行业名称	相关性
煤炭开采	− 0.312	铁路、船舶、航空航天和其他运输设备	0.746
石油和天然气开采	− 0.855	电气机械及器材	0.669
其他采矿业	− 0.690	计算机、通信和其他电子设备	− 0.479
黑色金属	− 0.887	仪器仪表	0.539
有色金属	− 0.634	电力	− 0.906
非金属	0.055	燃气	0.235
石油加工	0.017	水	− 0.145
农副食品加工	0.069	房地产及建筑	0.622
食品制造	− 0.687	家具	0.026
饮料制造	− 0.606	服装服饰	− 0.121
纺织制造	− 0.387	鞋帽	− 0.615
医药制造	− 0.921	造纸	− 0.738
化学原料和制品	− 0.169	包装印刷	− 0.627
化学纤维	− 0.404	文娱用品	− 0.984
塑料和橡胶	− 0.660	零售贸易	0.294
通用设备	0.438	餐饮旅游	− 0.376
专用设备	0.197	医疗养老	0.086
其他制造业	− 0.707	金融业	− 0.611
汽车制造	0.337	文化传媒	− 0.908

资料来源：作者整理计算。

根据杜邦财务分析体系：

$$资产收益率 = 利润 / 资产 = ROE \times 权益 / (负债 + 权益)$$
$$= ROE \times 权益 / 资产 = ROE \times (1 - 资产负债率)$$

从理论上，ROA 和资产负债率本身就是负相关的，也即从微观角度看，资产的回报会因杠杆的作用被稀释。从宏观角度看，在人口红利消失后，技术条件不变的情况下，资本边际报酬递减，产出增速下降，资本规模报酬下降，ROE 不但不会增加，反而会降低。2011 年以后我国劳动人口占比下降、人力成本不断上升，M2/GDP、新增信贷/新增 GDP 比重不断上升，货币条件逐渐恶化，资产回报率持续下行。在这样的背景下，非金融企业部门为什么采取与理论逻辑不一样的行动呢？要回答这一问题，我们需考察谁在加杠杆？

二　不同部门的杠杆水平

所有制的分类方法是一个很好的切入口。图 5 上图给出了不同所有制企业的资产负债率情况，民营企业的资产负债率在危机后呈下降趋势，由 2011 年的 54.6% 下降至 2016 年的 50.7%；与此相反，国有企业资产负债率却由低谷时的 64.5% 上升至高峰时的 66.4%。进一步的分析表明，所有制比例与资产负债率呈正向关系，即国有成分占比越高，行业的杠杆水平越高（见图 5 下图）。

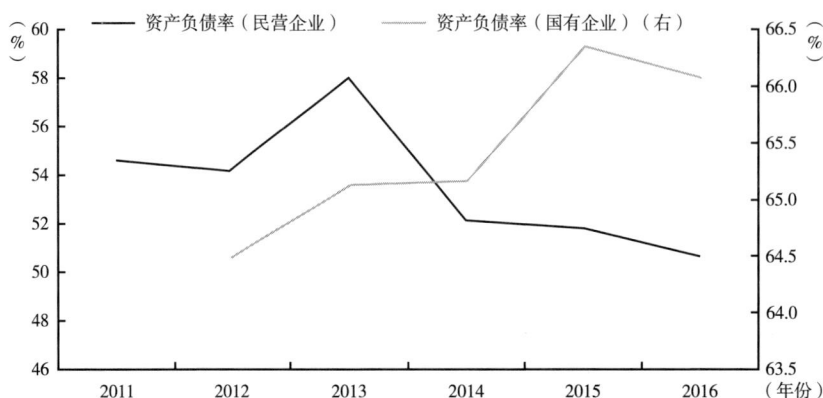

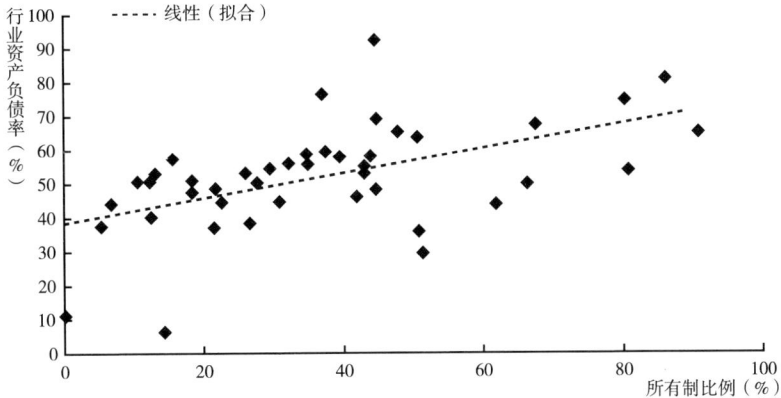

图 5　不同部门的杠杆水平以及与所有制的关系

数据来源：作者整理计算。

国有企业的高杠杆水平可以用"晋升锦标赛"模式解释（周黎安，2007），地方政府官员的升迁取决于 GDP，在分税制财政体制下，地方政府和国有部门通过各种方式控制土地、矿产等要素的价格，通过扭曲微观资本回报而获得信贷资源，银行部门也普遍认为这些是最好的抵押品。当国有部门的目标异化为资产规模最大化而不是利润最大化时，其经济行为对自然利率、货币利率等经济变量都不再敏感。当宏观经济穿行拐点进入下行通道时，当企业盈利将不再能覆盖债务利息支出时，国有企业还会采取向银行借款以"借新还旧"、滚动展期等方式维持其规模目标，其行为危如累卵。

从库存周期变化也可以洞悉国有企业和民营企业的差异。一般而言，主动补库存和加杠杆以及主动去库存和去杠杆是相互联系的。由于经济下行压力较大，2011～2012 年、2014～2015 年央行均重启宽松货币政策以刺激经济，库存周期均在货币宽松之后的三个季度至一年时间内止跌回升，库存企稳之后，企业去杠杆也会暂缓，资产负债率企稳甚至回升。从图 6 可以看出，民营企业的资产负债率水平基本和库存水平同趋势变动，但国有企业的资产负债率对库存变动完全不敏感。

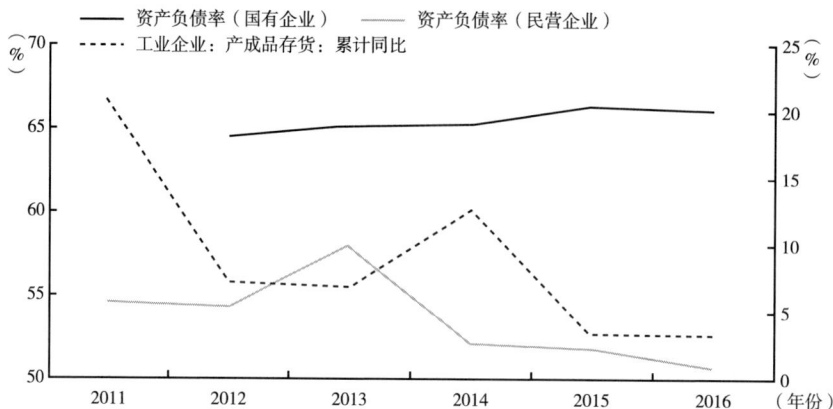

图6　不同部门的杠杆水平与库存变化关系

数据来源：Wind。

三　产业集中度、ROA 及杠杆水平

观察杠杆水平的另一个切入口是产业集中度，其理论基础是 MM 定理。在无摩擦环境下，MM 定理表明了企业融资结构与融资成本及公司价值无关。但是在信息不对称的扩展情形下，通常大企业比小企业更容易获得银行贷款。因为大企业财务制度更为健全，信息不对称程度小，在相同融资溢价条件下，银行出于节省监督和交易成本的考虑，更倾向于向大企业贷款，因而大企业的杠杆率更高。作为这一理论的动态表述，则表现为金融加速器效应，即在经济下行期，小企业因不确定性及信息不对称将面临更严重的信用挤压状态。

我们考虑从产业层面对上述理论进行检验，其逻辑思路为：在经济下行期往往伴随着企业兼并重组，产业集中度随之提高，同时更多的大企业出现，银行针对大企业的授信会增加。因而产业集中度与行业杠杆率应呈现正相关关系。本报告参考刘小玄（2003）的做法，选取行业内最大的 4 家企业的市场份额之和（CR4）反映该行业集中度；然后在每一年的截面测算行业集中度与资产负债率的相关性；最后将各年的相关系数绘制在图中，观察其变化趋势。ROA 与产业集中度的相关性采用同样的方法绘制。

图 7 上图给出了 ROA 与产业集中度的相关关系。在 2009 年之前，ROA 和产业集中度的相关系数为正，相关系数曾高达 30% 左右；而在 2010 年之后，ROA 和产业集中度的相关系数为负，相关系数保持在 - 20% 左右。这说明当 ROA 下行到一定程度后，企业的兼并重组加剧，产业集中度提高。这个转变的时点恰好是危机期间（图中 2008 年至 2010 年）。从相反的角度看，当经济下行、总需求萎缩之后，高竞争低产业集中度的行业中的中小企业更容易也更有动力调整产品结构和战略方向，提高企业的盈利水平，这恰恰是酝酿着创新型企业的行业。

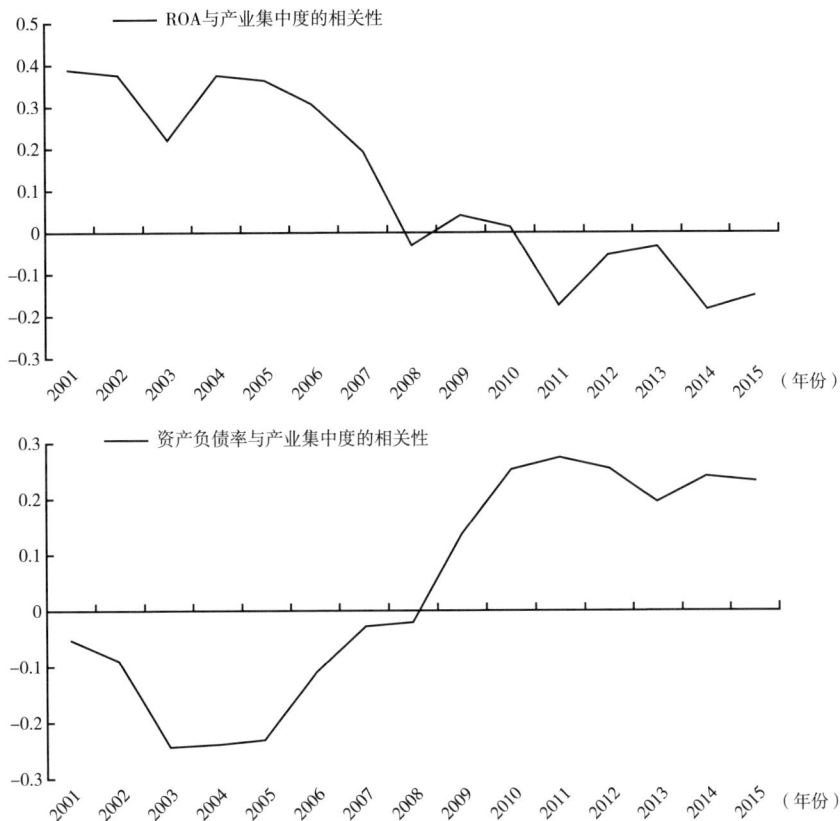

图 7　产业集中度、ROA 及杠杆水平

数据来源：作者根据各行业数据整理计算 ROA、负债率和行业集中度，再计算相关性。

图 7 下图给出了资产负债率与产业集中度的相关关系。从 2001 年至 2015 年，相关系数由负到正，在 2009 年之前，相关系数均为负值、相关性较弱，在 2009 年之后，产业集中度和资产负债率相关性由负转正，相关性保持在 20% ~ 30%，即产业集中度较高的行业，其资产负债率相对也会较高。在 2010 年之后，经济增速逐步下台阶，相对于产业集中度不高竞争度更强的行业里的小企业，产业集中度高的行业的龙头企业更容易获得银行授信。

综合以上研究，2001 年以后我国上市公司 ROA 整体呈下行趋势，在这样的背景下企业的微观杠杆却呈现上升态势。根据杜邦财务分析的原理，逆市加杠杆会进一步恶化资产回报率。具体原因包括两点：第一，国有企业加杠杆，因为国有企业目标由利润最大化异化为规模最大化，因而对资本回报率的变动并不敏感；第二，在 ROA 下降的趋势下，企业通过兼并重组寻求规模经济和范围经济，在规模扩大的过程中大企业获得了更大的市场势力，因而杠杆水平进一步上升。

第三节　宏微观杠杆的两层背离

在研究过程中，我们发现宏微观杠杆两层背离的现象：第一层背离是 A 股上市公司杠杆率与统计局工业企业杠杆率发生背离；第二层背离是工业企业的微观杠杆率与宏观杠杆率发生背离。下面我们对这一现象进行解释。

一　上市公司杠杆率与统计局杠杆率的背离

A 股上市公司杠杆率与统计局工业企业杠杆率的背离是指，上市公司资产负债率自 2000 年的 45.7% 上升至 2015 年的 65.2%；但统计局公布的工业企业资产负债率在相同时间段却是下降的（见图8）。

对这一现象的解释还是应从不同部门的杠杆水平着手，上文的分析已经表明在 ROA 下行通道背景下，国有企业是逆市加杠杆的，而民营企业是去杠杆，我们统计了 2015 年上市公司和工业企业在不同企业类型中的资产分布情况。上市公司中国有企业占比达到 56.7%，公众企业占比达到 35.5%，这两类企业在经济下行期几乎不面临信贷约束，属于加杠杆的部门，而民营企业占比只有 4.8%，因而 A 股上市公司整体加杠杆的现象就不难理解了。整个工业企业的资产分布类型几乎完全与之相反，私营企业占比达到 22.4%，有限责任公司这类小规模企业占比 36.6%，国有企业占比仅为 7.0%，因而整个工业行业呈现去杠杆。

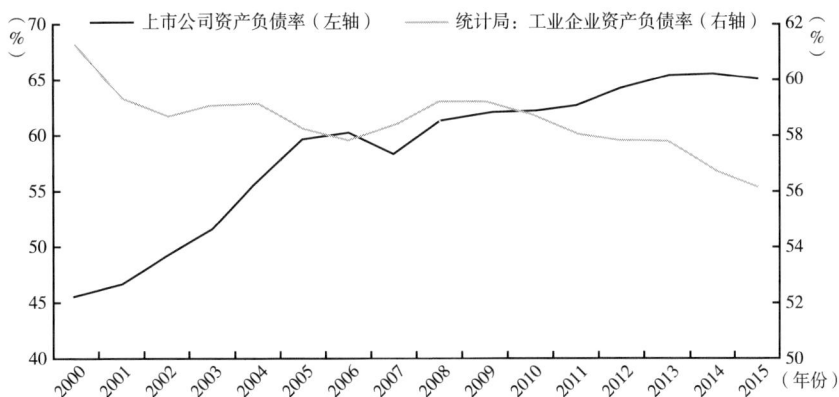

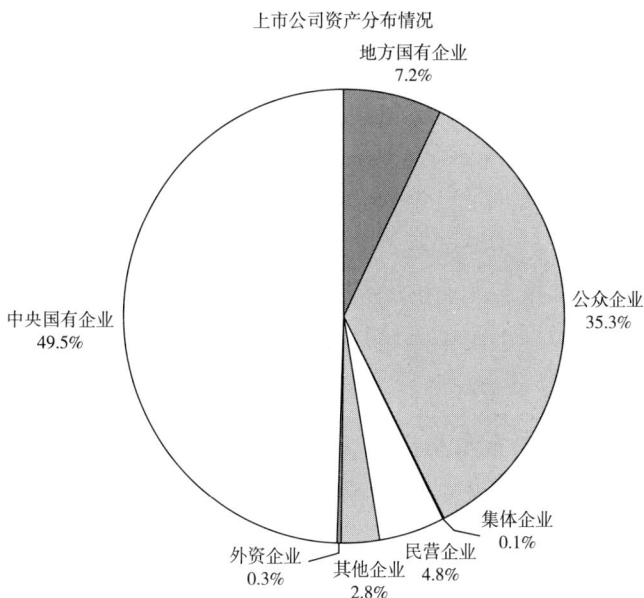

上市公司资产分布情况

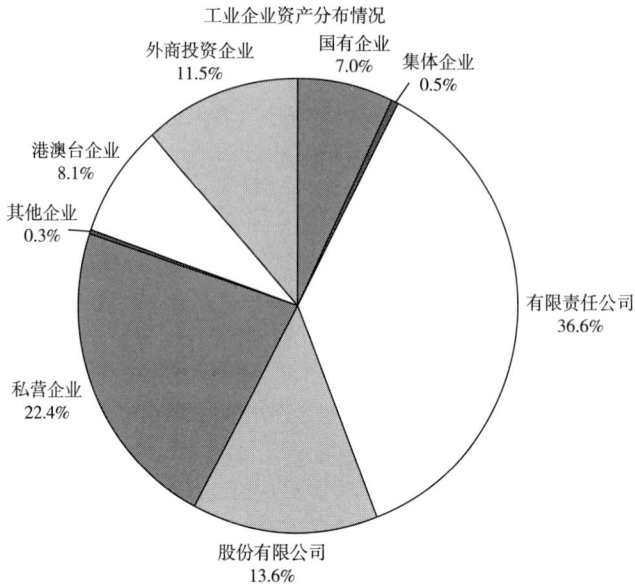

图 8 上市公司杠杆率与统计局杠杆率的背离

数据来源：上市公司数据来源于作者计算，工业企业数据来源于 Wind。

二 微观杠杆率与宏观杠杆率的背离

根据统计局公布的结果，我国工业企业资产负债率由 2000 年的61.2% 下降至 2015 年的 56.2%；根据中国社会科学院国家资产负债表课题组的统计，我国非金融企业杠杆率上升很快，2015 年底已高达 131%（见图 9）。如果将融资平台未计划置换的债务纳入，非金融部门杠杆率达 156%。而 2008 年中国非金融企业杠杆率仅为 96.3%。这意味着微观杠杆率与宏观杠杆率出现了相背离的走势。

对于这一现象，中国金融论坛课题组（2017）给出了一种解释。资产负债率＝总债务/总资产＝（总债务/GDP）×（GDP/总资产），"总债务/GDP"就是宏观杠杆率指标，"GDP/总资产"反映的是总资产所创造的产品和劳务价值，相当于以增加值表示的资产效益。因此，

$$微观杠杆率 ＝ 宏观杠杆率 × 资产收益率$$

或

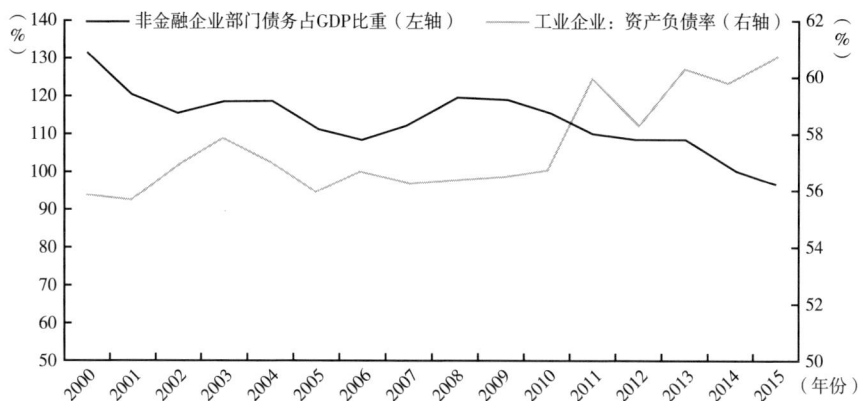

图 9　微观杠杆率与宏观杠杆率的背离

数据来源：宏观杠杆率来自于 Wind，微观杠杆率来自于作者计算。

$$宏观杠杆率 = 微观杠杆率 / 资产收益率$$

微观杠杆率和宏观杠杆率在不同的经济周期阶段既可能表现一致，也可能出现背离。对此，他们以朱格拉周期进行考察。以经济停滞阶段为例：当创新的技术贡献下降，或价格上涨引发的生产成本增加足以抵消因技术进步导致生产率提高所带来的超额利润。同时，在经济扩张阶段，价格上涨，银行也逐步提高贷款利率，导致融资成本上升。正是由于资本收益率下降和融资成本上升，企业开始收缩信贷规模，微观杠杆率开始下降。尽管企业的微观资产负债表已经收缩，但下降幅度仍不如资本收益率下降的幅度，这在宏观上就表现为杠杆水平的上升，于是微观杠杆率与宏观杠杆率就出现了背离（见图10）[1]。

中国金融论坛课题组（2017）将宏观杠杆率的上升归结为微观去杠杆幅度不如资产收益率下跌幅度快这一时滞效应，在人口红利消失以及外需疲软的大背景下，工业企业的资产回报率确实出现了大幅下滑，这与当前的现实吻合。

---

[1]　其他阶段的情形参见中国金融论坛课题组（2017）：《杠杆率结构、水平和金融稳定：理论与经验》，中国人民银行工作论文，No. 1。

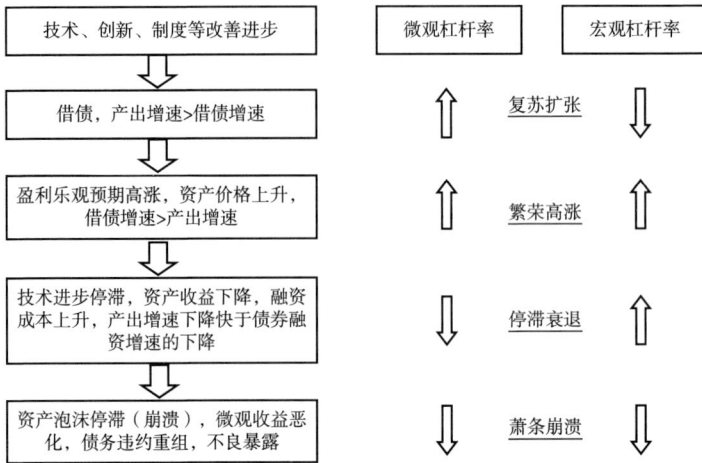

图 10　经济周期与宏微观杠杆率

资料来源：中国金融论坛课题组（2017）：《杠杆率结构、水平和金融稳定：理论与经验》，中国人民银行工作论文，No.1。

然而，除了这一解释外，本报告再提出一种基于泡沫的解释。

根据杜邦财务分析体系：

$$ROA = ROE(1 - d)\ (d\ 为资产负债率)$$
$$\therefore \ln(ROA) = \ln ROE + \ln(1 - d)$$
$$\ln(ROA) - \ln(ROA^*) = \ln(ROE) - \ln(ROE^*) + \ln(1 - d) - \ln(1 - d^*)$$
$$令\ (1 - d) = e$$

上式变化为：

$$\ln(ROA) - \ln(ROA^*) = \ln(ROE) - \ln(ROE^*) + \ln(e) - \ln(e^*) \tag{1}$$

此时

$$\ln(ROA) - \ln(ROA^*) = \ln\left(\frac{ROA}{ROA^*}\right) = \ln\left(\frac{ROA^* + \Delta ROA}{ROA^*}\right) = \ln\left(1 + \frac{\Delta ROA}{ROA^*}\right)$$

在稳态处泰勒展开：

$$\ln\left(1 + \frac{\Delta ROA}{ROA^*}\right) \approx \frac{\Delta ROA}{ROA^*}$$

因此（1）式可变为：

$$\frac{\Delta ROA}{ROA^*} = \frac{\Delta ROE}{ROE^*} + \frac{\Delta e}{e^*} = \frac{\Delta ROE \times e^* + ROE^* \times \Delta e}{ROA^*}$$

即

$$\Delta ROA = \Delta ROE \times e^* + ROE^* \times \Delta e$$

$$\therefore ROE^* \times \Delta e = \Delta ROA - \Delta ROE \times e^* \qquad (2)$$

如果需要 $\Delta ROA < 0, \Delta d < 0$,即 $\Delta ROA < 0, \Delta e > 0$

则根据(1)式,$ROE^* \times \Delta e > 0$

所以 $\Delta ROA - \Delta ROE \times e^* > 0$ $\qquad (3)$

假设

$$E = E^* + \Delta E, A = A^* + \Delta A, R = R^* + \Delta R, (\Delta A < 0, \Delta E、\Delta R 符号随意)$$

（3）式可变为：

$$\frac{E^*}{A^*}\left(\frac{R}{E} - \frac{R^*}{E^*} \right) < \frac{R}{A} - \frac{R^*}{A^*}$$

$$\frac{E^*}{E} \times \frac{R}{A^*} - \frac{R^*}{A^*} < \frac{R}{A} - \frac{R^*}{A^*}$$

$$\frac{E^*}{E} \times \frac{R}{A^*} < \frac{R}{A}$$

$$if\ R > 0\quad \frac{E^*}{E} < \frac{A^*}{A} \rightarrow \frac{E}{E^*} > \frac{A}{A^*}$$

上述公式的含义是：如果某一年的所有者权益的增加幅度大于资产的增加幅度或者所有者权益下降的幅度小于资产下降的幅度，当年就可能会出现 ROA 下降、资产负债率也下降的情况。将利润 R 理解成宏观中的 GDP，并假定债务水平不变，结合上文宏微观杠杆率的公式可得：权益的增加会产生资产回报率和微观杠杆下降的结果，但宏观杠杆水平保持不变；假定债务水平适当增加，但增幅不超过权益增幅，利润 R 保持不变，那么可得到如下结果：ROA 下降、宏观杠杆率上升、微观杠杆率下降。

本报告认为房地产（土地）增值、股本增值、理财投资收益等所有者权益增加是导致当前宏微观杠杆背离的主要原因。房地产市场、资本市场的资产价格泡沫化从 2010 年就已经开始显现：地产和土地方面，百城大中城市房价持续上涨；股本方面，虽然 2015 年股市经历了大幅调整，但当前上证综指（3200 点左右）依然是 2010~2011 年 2000 点左右在指数水平上的 1.5 倍；理财方面，从上市公司数据来看，2016 年全年，全部 A 股上市公司共发布理财相关公告 4790 条，认购理财资金余额超1100 亿美元。由此可见，债务杠杆问题、实体经济资产荒与资产泡沫之间并不是互相孤立的关系，由于低 ROA，企业高杠杆融入的资金没有投资去向，于是投向金融资产和银行理财，银行理财再投入资本市场，推高了包括房地产、股市、债市在内的资本泡沫，造成了宏微观杠杆的背离。

第四节　对策建议

在正确的时间做正确的事情。上文的分析表明，经济泡沫化是导致宏微观杠杆背离的重要原因，因此去杠杆首先需要金融去杠杆。金融去杠杆不仅要去表内杠杆，也要去表外杠杆。过去几年的经验表明，只要有调控的决心和相关配套政策到位，单个市场（如股市、债市）迅速去杠杆，对实体经济造成的负面影响也是可控的。具体而言：第一，应夯实股票市场与银行的防火墙，避免各种理财资金加链条投向非标准化债权，最终投向资本市场；第二，严控房地产市场，提高首付比例、压缩二套房需求，抑制房价泡沫，这也有利于外部均衡并释放汇率风险；第三，加强互联网金融监管，避免各类影子资金进入股市楼市。

本报告的分析表明，国有企业是当前加杠杆的主力。因此，去杠杆必须深化国有企业改革。国有企业作为我国经济的中流砥柱，为中国经济的飞速发展做出了不可磨灭的贡献，但在经济面临结构性下滑、亟须转型的阶段，部分过剩产能国企由于关乎地方民生和稳定，反而陷入了"大而不能倒"的状态。从利率定价上来看，银行和市场对国企的态度依然比民企宽容。在财政政策稳增长和供给侧结构性改革去产能的背景下，PPI 持续回升，部分国有企业又重新加杠杆补库存。

从长期看，调结构、促发展，引导资金"脱虚向实"是关键。从各行业的 ROA 数据看，本文发现 ROA 上升的行业基本集中在 TMT、医疗、大消费行业，基本也符合产业结构调整的方向，即由劳动密集型向技术密集型转型、由工业拉动型向服务业拉动型转型、由投资拉动型向消费拉动型转型。由于资本边际报酬递减，在人口红利消失后，如果资本继续流向过剩产能等 ROA 已经接近 0 甚至为负的行业，实体经济的投资收益率必然会继续下滑。如果要发展实体经济、引导资金"脱虚向实"，光靠金融去杠杆倒逼资金流向不是长久之计，更重要的仍是提高实体经济收益率。而要提高实体经济收益率，就必须要提高 ROA 仍在上升的行业的比重，产业结构调整势在必行。

参考文献

白重恩、张琼（2014）：《中国的资本回报率及其影响因素分析》，《世界经济》第 10 期。

蔡昉（2004）：《人口转变、人口红利与经济增长可持续性》，《中国金融论坛 2005》，社会科学文献出版社。

李扬、殷剑峰（2005）：《劳动力转移过程中的高储蓄、高投资和中国经济增长》，《经济研究》第 2 期。

谭小芬（2016）：《中国企业杠杆率现状、影响及去杠杆的对策》，中国经济开放论坛专题研讨会会议论文，上海交通大学安泰管理学院。

张勋、徐建国（2014）：《中国资本回报率的再测算》，《世界经济》第 8 期。

中国经济增长前沿课题组（2013）：《中国经济转型的结构性特征、风险与效率提升路径》，《经济研究》第 10 期。

中国金融论坛课题组（2017）：《杠杆率结构、水平和金融稳定：理论与经验》，中国人民银行工作论文，No. 1

周黎安（2007）：《中国地方官员的晋升锦标赛模式研究》，《经济研究》第 7 期。

Bernanke, B. and Gertler M., 1989, "Agency Costs, Net Worth, and Business Fluctuations", *American Economic Review*, 79 (1): 14 – 31.

Bernanke, B., Gertler M. and Gilchrist S., 1996, "The Financial Accelerator and the Flight to Quality", *Review of Economics and Statistics*, 78 (1): 1 – 15.

CCER "中国经济观察" 研究组（2007）：《我国资本回报率估测（1978 ~ 2006）——新一轮投资增长和经济景气微观基础》，《经济学（季刊）》第 3 期。

附表 1　第二产业行业合并方法

国家统计局工业分类	所属申万行业名称（行业级别）三级行业
煤炭开采和洗选业	煤炭开采Ⅲ、焦炭加工
石油和天然气开采业	石油开采Ⅲ、油气钻采服务
黑色金属矿采选业、黑色金属冶炼和压延加工业	普钢、特钢、钢结构
有色金属矿采选业、有色金属冶炼和压延加工业	黄金Ⅲ、其他稀有小金属、铜、锂、铝、铅锌、钨、稀土
非金属矿采选业、非金属矿物制品业	磁性材料、非金属新材料、耐火材料、水泥制造Ⅲ、玻璃制造Ⅲ、玻纤
其他采矿业	其他采掘Ⅲ
农副食品加工业	果蔬加工、粮油加工、其他农产品加工、水产养殖、畜禽养殖Ⅲ
食品制造业	肉制品、乳品、食品综合、调味发酵品
酒、饮料和精制茶制造业	白酒、黄酒、啤酒、葡萄酒、其他酒类、软饮料
纺织业	辅料、毛纺、棉纺、其他纺织、印染、丝绸
纺织服装、服饰业	男装、女装、珠宝首饰、家纺、休闲服装、其他服装
皮革、毛皮、羽毛及其制品和制鞋业	鞋帽
家具制造业	家具
造纸和纸制品业	造纸Ⅲ
印刷和记录媒介复制业	包装印刷Ⅲ
文教、工美、体育和娱乐用品制造业	文娱用品
石油加工、炼焦和核燃料加工业	石油加工
化学原料和化学制品制造业	纯碱、氮肥、纺织化学用品、氟化工及制冷剂、复合肥、钾肥、聚氨酯、磷肥、磷化工及磷酸盐、氯碱、民爆用品、农药、其他化学原料、其他化学制品、日用化学产品、涂料油漆油墨制造、无机盐
医药制造业	动物保健Ⅲ、化学原料药、化学制剂、生物制品Ⅲ、中药Ⅲ
化学纤维制造业	氨纶、涤纶、其他纤维、粘胶、维纶
橡胶和塑料制品业	合成革、轮胎、其他塑料制品、其他橡胶制品、改性塑料、炭黑
通用设备制造业	机床工具、机械基础件、制冷空调设备、内燃机、其他通用机械、磨具磨料
专用设备制造业	纺织服装设备、工程机械、楼宇设备、农用机械、其他专用机械、冶金矿采化工设备、医疗器械Ⅲ、环保设备、印刷包装机械、重型机械
汽车制造业	乘用车、汽车零部件Ⅲ、商用载货车、商用载客车

续表

国家统计局工业分类	所属申万行业名称[行业级别]三级行业
铁路、船舶、航空航天和其他运输设备制造业	船舶制造Ⅲ、地面兵装Ⅲ、其他交运设备Ⅲ、铁路设备
电气机械和器材制造业	冰箱、储能设备、低压设备、电机Ⅲ、电网自动化、风电设备、高压设备、工控自动化、火电设备、空调、其他电源设备、洗衣机、线缆部件及其他、小家电、中压设备、综合电力设备商、光伏设备
计算机、通信和其他电子设备制造业	半导体材料、LED、被动元件、彩电、分立器件、集成电路、计算机设备Ⅲ、其他电子Ⅲ、通信传输设备、显示器件Ⅲ、电子零部件制造、电子系统组装、印制电路板、终端设备、其他视听器材、光学元件、家电零部件
仪器仪表制造业	计量仪表、仪器仪表Ⅲ
其他制造业	其他家用轻工、其他轻工制造Ⅲ
电力、热力生产和供应业	火电、燃机发电、热电、水电、新能源发电
燃气生产和供应业	燃气Ⅲ
水的生产和供应业	水务Ⅲ、水利工程
房地产及建筑业	房地产开发Ⅲ、房屋建设Ⅲ、管材、其他建材Ⅲ、其他专业工程、园区开发Ⅲ、装修装饰Ⅲ

附表 2　第三产业行业合并方法

第三产业分类	所属申万行业名称（行业级别）三级行业
金融	保险Ⅲ、银行Ⅲ、证券Ⅲ、多元金融Ⅲ
养老医疗	医疗服务Ⅲ、医药商业Ⅲ
交通运输	航运Ⅲ、机场Ⅲ、铁路运输Ⅲ、港口Ⅲ、公交Ⅲ、物流Ⅲ
零售、贸易	百货、超市、多业态零售、贸易Ⅲ、汽车服务Ⅲ、石油贸易、一般物业经营、专业连锁、专业市场
餐饮旅游	餐饮Ⅲ、旅游综合Ⅲ、人工景点、自然景点
文化传媒	平面媒体、其他文化传媒、营销服务、影视动漫、有线电视网络
软件、互联网	IT服务、互联网信息服务、其他互联网服务、软件开发、通信配套服务、通信运营Ⅲ、移动互联网服务
工业服务业	其他采掘服务、油气钻采服务、国际工程承包
环境与设施服务	环保工程及服务Ⅲ、园林工程Ⅲ
公共服务	城轨建设、路桥施工、铁路建设、高速公路Ⅲ

附表 3　第二产业资产回报率

单位：%

行业\年份	煤炭开采	油气开采	其他采矿业	黑色金属	有色金属	非金属	石油加工	农副食品加工	食品制造	饮料制造	纺织制造	服装服饰	鞋帽	造纸	包装印刷	文娱用品	医药制造
2001	5.2	8.7	5.1	5.2	2.0	3.2	3.7	2.2	4.7	4.2	4.3	9.9		2.8	4.1		3.2
2002	5.1	8.2	3.4	5.6	2.8	1.8	3.9	1.8	3.5	3.6	3.3	7.3		2.6	4.4		3.7
2003	4.6	12.2	3.5	9.4	4.5	3.2	5.2	2.2	3.1	1.1	3.2	7.5		4.5	3.5		3.4
2004	9.1	16.7	3.9	9.8	8.0	3.1	8.2	-0.3	3.6	3.4	1.9	3.5		3.3	2.2		2.4
2005	11.7	17.6	3.9	7.0	8.9	1.3	7.8	-1.1	3.3	4.5	2.4	4.1	3.5	3.3	2.3		2.2
2006	8.9	17.0	3.4	6.3	12.4	2.6	7.7	1.1	2.2	5.7	3.3	5.3	14.7	2.7	2.5	12.3	2.7
2007	8.7	13.6	4.5	6.2	11.1	4.5	6.8	1.5	2.1	9.3	3.6	-0.5	16.8	3.8	4.7	12.2	4.0
2008	10.8	9.7	1.5	2.5	2.8	4.2	2.5	0.7	-2.1	9.9	2.8	0.1	7.4	2.7	6.3	12.7	6.5
2009	8.4	7.1	-0.4	0.9	2.2	4.1	6.7	3.3	7.2	11.5	3.5	1.4	9.7	3.1	8.2	9.9	7.7
2010	10.4	8.5	3.8	2.3	4.1	5.7	7.0	0.4	7.4	12.3	4.5	3.2	10.5	1.9	8.1	8.1	7.6
2011	10.0	6.9	3.5	1.1	4.8	6.8	6.2	-1.4	6.5	14.2	4.5	3.1	12.2	1.0	6.8	8.0	7.0
2012	7.8	5.6	3.5	-0.8	1.3	3.1	4.7	-0.7	5.9	16.9	1.4	1.2	8.8	0.7	5.2	7.0	6.7
2013	5.1	5.6	3.2	0.2	1.0	3.9	4.8	-0.1	8.1	13.9	3.2	2.4	6.1	0.5	4.2	6.2	6.4
2014	3.1	4.5	-3.0	0.4	-0.6	3.5	2.5	-0.5	8.1	11.2	2.2	0.4	6.3	0.0	5.1	4.6	6.2
2015	-0.1	0.8	-2.1	-4.0	-0.9	0.3	2.5	-2.0	7.7	10.1	1.3	-0.5	6.0	1.2	5.2	3.5	5.8

续表

行业\年份	化学原料和制品	电力	燃气	水	房地产及建筑	家具	化学纤维	塑料和橡胶	通用设备	专用设备	汽车制造	运输设备	电气机械及器材	计算机、通信	仪器仪表	其他制造业
2001	2.8	6.9	2.0	4.9	1.7	3.9	2.0	0.4	0.7	4.5	-0.3	-22.3	0.4	1.3	5.4	9.7
2002	2.8	5.8	-0.7	3.7	1.3	4.4	2.5	1.6	-0.8	4.6	-0.4	0.2	1.6	2.4	5.0	8.0
2003	3.0	5.8	-4.1	2.6	1.2	4.2	3.7	-0.3	1.7	5.0	4.7	2.0	3.0	2.8	3.7	7.5
2004	4.4	5.0	2.6	0.6	0.9	4.0	3.6	2.3	3.3	4.3	5.0	1.2	3.3	0.3	4.0	8.1
2005	4.9	4.0	1.6	0.3	1.3	4.1	1.8	1.3	2.8	3.3	2.9	1.5	3.8	-0.6	3.4	4.3
2006	4.3	3.6	1.4	2.0	2.0	4.5	2.6	-2.4	4.0	5.6	2.7	9.5	4.6	-0.9	5.1	6.5
2007	6.2	3.0	2.1	3.8	3.6	5.2	6.1	3.6	5.0	7.7	4.0	8.5	4.9	3.7	8.6	7.6
2008	4.3	-0.6	1.4	2.2	2.6	3.9	-2.3	-1.9	5.4	4.8	0.6	11.7	4.1	2.6	7.9	5.3
2009	1.9	1.6	2.7	2.7	3.2	4.1	3.2	4.3	5.7	5.8	3.5	8.3	5.0	3.2	9.3	3.7
2010	4.1	1.7	2.2	3.0	3.2	4.1	5.1	4.1	5.3	6.7	6.4	8.0	4.8	3.3	9.2	3.9
2011	4.3	1.0	2.4	2.7	2.9	4.8	3.0	5.8	4.6	7.2	5.5	9.8	3.3	3.6	8.0	3.6
2012	2.6	2.1	2.2	2.6	2.4	4.0	-0.3	4.3	3.2	4.5	4.1	6.8	2.0	3.3	7.4	4.7
2013	1.8	3.2	2.8	2.6	2.8	5.2	-0.2	5.1	3.1	3.0	3.4	6.5	1.2	3.9	8.0	4.2
2014	1.6	3.2	2.8	2.3	2.5	5.0	-2.2	4.1	2.8	1.8	3.0	2.9	3.0	3.5	6.3	3.3
2015	1.8	3.5	2.6	1.9	2.0	5.2	-1.6	3.2	1.2	0.4	2.9	0.9	2.2	2.6	5.4	3.3

附表4 第三产业资产回报率

单位：%

年份\行业	零售贸易	餐饮旅游	医疗养老	金融业	文化传媒	软件和互联网	工业服务业	环境与设施服务	交通运输	公共服务
2001	1.45	2.09	1.87	-0.12	2.31	3.29	2.10	2.98	5.08	3.57
2002	1.39	2.66	2.03	-0.24	1.02	3.05	1.84	4.19	3.72	3.04
2003	1.44	0.04	1.16	-0.16	1.64	3.23	3.59	2.86	7.62	2.62
2004	1.99	1.82	-1.02	-0.13	0.28	2.93	3.98	-10.45	9.00	2.01
2005	1.49	1.84	1.39	-0.11	-2.49	2.83	1.13	-2.61	7.78	2.17
2006	2.52	1.18	2.04	-0.06	-2.71	2.84	5.44	-1.80	5.94	2.46
2007	2.97	4.13	3.20	0.30	2.27	6.20	6.58	4.18	8.91	2.68
2008	3.56	4.34	3.41	-0.03	3.29	9.13	3.25	2.61	6.83	2.27
2009	3.19	4.01	4.28	0.10	3.61	3.21	5.00	3.90	1.75	2.79
2010	3.42	4.97	4.34	0.12	4.08	2.36	5.98	7.52	5.57	2.39
2011	3.27	5.42	3.65	0.05	5.68	2.62	5.46	5.40	2.04	2.41
2012	2.26	5.68	4.27	0.04	5.58	2.79	4.33	4.82	2.13	2.03
2013	2.20	3.74	3.97	0.08	5.66	3.20	5.14	6.10	1.43	1.90
2014	1.41	2.57	4.01	0.11	5.91	3.62	5.31	4.50	2.53	1.83
2015	0.03	3.45	3.84	0.15	5.28	3.40	2.31	3.77	2.82	1.75

第五章　中国政府部门的债务风险

常　欣　张　莹　汤铎铎*

---

* 常欣，国家金融与发展实验室资产负债表研究中心副主任，中国社会科学院经济研究所宏观经济研究室研究员；张莹，中国社会科学院经济研究所宏观经济研究室助理研究员；汤铎铎，中国社会科学院经济研究所宏观经济研究室副研究员。中国社会科学院经济研究所宏观经济研究室陈汉鹏博士、刘学良副研究员、李成副研究员对报告的形成亦有贡献，在此表示感谢。

- 截至 2016 年末，中国政府部门整体的负债率为 38.8%，其中中央政府负债率为 16.1%，地方政府负债率为 22.7%。

- 从国际比较的视角看，中国政府部门的负债率水平低于主要市场经济国家和部分新兴市场国家的水平，债务风险尚在可控范围之内。

- 2015 年，按宽口径匡算，中国主权资产总计 241.4 万亿元，主权负债 139.6 万亿元，资产净值为 101.8 万亿元；窄口径的主权资产净值为 20.2 万亿元，基本上不存在无力偿还债务的"清偿力风险"。

- 2015 年以来，一些新型融资手段正通过政府投资基金、专项建设基金、政府购买服务、PPP 项目等形式出现，使得地方政府隐性债务风险进一步增加，有可能成为新的政府债务的风险点。局部地区债务指标已经超过或接近警戒水平，债务风险较高，值得密切关注。

- 只有实际经济增长率大于实际利率，政府部门杠杆率才会出现收敛，否则会出现爆炸性增长。因此，从长期看，债务问题的化解靠的是持续增长。

- 化解潜在的政府债务风险，从根本上说，需通过深层的体制性改革来有效控制债务增量。

本轮全球金融危机爆发后，在一些国家相继发生主权债务危机或地方债务危机的背景下，国内外开始对中国主权债务特别是地方政府债务问题给予更多的关注。随着中国经济面临持续下行的压力、社会债务规模有所扩大，各方面对中国债务问题的关注度再次提升，有关中国债务风险加剧的担忧趋于增多。与此同时，2014年下半年连续推出《预算法》的修订案，以及《国务院关于加强地方政府性债务管理的意见》（43号文），勾勒出地方政府债务管理制度的新型架构，一些新的举措、新的动向随即出现。在上述背景下，需要对政府债务风险问题进行综合的考察和评估，在摸清政府债务现状的基础上，识别可能的风险点，提出规避风险的建议。

第一节　中国政府债务的现状分析：规模与结构

中国的政府债务包括中央政府债务和地方政府债务。其中，纳入预算管理的中央政府债务，其范围界定比较清晰，即年末国债余额数。按照财政部的说明，国债余额包括国债、国际金融组织和外国政府贷款。除此之外，还有一部分需要政府偿还的债务，主要是偿付金融机构债务，以及部分政府部门及所属单位举借的债务等，这部分债务在规范管理后纳入国债余额。根据财政部国库司按照国际货币基金组织数据公布特殊标准（SDDS）要求发布的季度数据，截至2016年第四季度末，中央政府债务余额12.01万亿元，其中，国内债务余额11.88万亿元，国外债务余额0.13万亿元人民币，由此得到2016年末中央政府负债率为16.1%。

至于地方政府债务，相对比较复杂，各方的关注度也更高，我们将在这里做详细分析。

一 地方政府债务规模的估算

2015 年起实施的新《预算法》规定，除发行地方政府债券外，地方政府及其所属部门不得以任何方式举借债务。同时，由财政部牵头对新《预算法》实施前截至 2014 年末的地方政府性债务存量进行了清理甄别，对属于政府债务的部分，纳入限额管理和预算管理范围，允许地方逐步发行地方政府债券进行置换。基于此，要估算地方政府债务，应主要考虑两个部分。

一是地方政府债券。以新《预算法》出台为界，一部分涉及 2009 年以来发行的截至 2014 年底地方政府性债务存量中的地方政府债券；另一部分涉及 2015 年以来发行的地方政府一般债券和专项债券。根据 WIND 数据库，截至 2016 年末，地方政府债券余额为 10.6 万亿元。

二是清理甄别认定的 2014 年末以非政府债券形式存在的存量政府债务。根据财政部提请全国人大常委会审议批准 2015 年地方政府债务限额的议案说明中披露的数据，截至 2014 年底，地方政府性债务总规模为 24 万亿元，具体来看，政府负有偿还责任的债务为 15.4 万亿元，或有债务（即政府负有担保责任的债务和可能承担一定救助责任的债务）为 8.6 万亿元。其中，只有前者是被锁定的地方存量债务。在这 15.4 万亿元中，有 1.06 万亿元是之前发行的地方政府债券部分，剩余 14.34 万亿元是通过银行贷款、BT（含拖欠工程款等应付工程款）、企业债券（含中期票据、短期融资券）、信托和个人借款(含面向个人的集资) 等非政府债券方式举借的存量债务。

《财政部关于对地方政府债务实行限额管理的实施意见》（财预〔2015〕225 号）明确指出，地方政府存量债务中通过银行贷款等非政府债券方式举借部分，通过三年左右的过渡期，由省级财政部门在限额内安排发行地方政府债券置换。

从置换债券的推进情况看，2015 年发行了约 3.2 万亿元，2016 年发行了约 4.8 万亿元。这就是说，截至 2016 年底，已累计发行置换债券约

8万亿元，还剩余约6.3万亿元存量债务需要置换。

需要说明的是，这是待置换规模的最大值，我们做这部分估算时取的即是此值。而实际的置换规模，还存在一定的不确定性。这是因为，《国务院办公厅关于印发〈地方政府性债务风险应急处置预案〉的通知》（国办函〔2016〕88号，以下简称《预案》）和《关于印发〈地方政府性债务风险分类处置指南〉的通知》（财预〔2016〕152号）对区分不同债务类型提出了处置原则。其中，对于地方政府债券的处置原则是相对明确的，即地方政府依法承担全部偿还责任。而对非政府债券形式的存量政府债务，其处置原则是：债务人为地方政府及其部门的，须在规定的期限内置换成政府债券，地方政府承担全部偿还责任；债务人为企事业单位等的，经地方政府、债权人、企事业单位等债务人协商一致，可以按照《合同法》第八十四条等有关规定分类处理。具体来说，债权人同意在规定期限内置换为政府债券的，地方政府不得拒绝相关偿还义务转移，并承担全部偿还责任；债权人不同意在规定的期限内将偿债义务转移给地方政府，导致合同义务无法转移的，仍由原债务人依法承担偿债责任，对应的地方政府债务限额由中央统一收回，地方政府作为出资人在出资范围内承担有限责任。这就意味着，如果部分债权人不同意置换的话，未来实际置换的规模可能会小于6.3万亿元，这里特别给予说明。

将截至2016年末的地方政府债券余额和待置换的存量债务规模加总，得到地方政府债务余额为16.9万亿元，地方政府负债率为22.7%。

二　对地方政府债务边界的进一步思考

以上估算主要涉及的是法律意义上的政府债务。事实上，还有一些在法律上不被认定为政府债务的部分，考虑到政府在其中的关系，也可能会产生隐性准财政债务，这里做出补充说明。

一是担保债务和救助债务。

《地方政府性债务风险应急处置预案》和《地方政府性债务风险分类

处置指南》对存量或有债务做了分类处置规定。

对于存量担保债务，明确规定不属于政府债务。按照《担保法》及其司法解释规定，除外国政府和国际经济组织贷款外，地方政府及其部门出具的担保合同无效，地方政府及其部门对其不承担偿债责任。只是政府对存量债务的担保过错依法承担适当的民事赔偿责任，但最多不超过债务人不能清偿部分的1/2；担保额小于债务人不能清偿部分1/2的，以担保额为限。具体金额由地方政府、债权人、债务人参照政府承诺担保金额、财政承受能力等协商确定。

对于存量救助债务，也明确规定不属于政府债务。对政府可能承担一定救助责任的存量或有债务，地方政府可以根据具体情况实施救助，但保留对债务人的追偿权。特别是对公立学校、公立医院等公益事业单位以及水电气热等公用事业企业不能清偿的债务，地方政府可以给予一定救助，具体救助金额由地方政府根据财政承受能力等确定；但对其他企事业单位原则上不予救助。

基于以上规定，存量或有债务，乃至新增或有债务，都可能引致政府支出责任的扩大，可以视为准政府债务。至于财政资金的实际偿还规模，则须视政府代偿率的具体情况而定。根据财政部披露的情况，2014年底清理甄别的地方政府或有债务余额8.6万亿元，经过一段时间的化解，至2016年6月末，还有7万多亿元。如果按照2013年6月审计匡算的平均代偿率20%推算，涉及政府支付的规模约为1.4万亿元。我们认为，或有债务是基于特定事件发生的，多属于底线责任。可能存有争议的方面是对风险程度的判定以及相应的或有债务演变成确定债务的风险概率赋值问题。审计采用了经验值的处理方式，但历史与未来之间是否具有相关性，还是值得讨论的。

二是2015年以来新增的地方融资平台债务。

按照新修订的《预算法》和国发〔2014〕43号文的规定，须明确划清政府与企业的责任，政府债务只能通过政府及其部门举借，不得通过企业举借；企业债务不得推给政府偿还，地方政府只以出资额为限承担有限责任，不能承担无限责任。特别提出要剥离融资平台公司的政府融资职能，融资平台公司不得新增政府债务。这意味着，融资平台公司举借的债务，将不再是地方政府法定必须要偿还的债务，或者说不再是法律上地方政府负有偿还责任的债务。做出此种安排，本质上是为了切断地方融资平台依靠政府信用融资的渠道，明晰政府信用与企业信用的严格边界。但是法律框架和管理制度的明晰并不必然带来实际执行过程中的明晰。在当前形势下，地方政府融资平台的属性和定位依旧模糊不清，融资平台与地方政府的剥离并不彻底，两者关系还处于"剪不断，理还乱"的状态。事实上，在现阶段，融资平台公司依然或多或少地继续扮演着地方政府融资代理人的角色，地方政府也仍旧或多或少地继续依靠现金补贴、资产注入、救助介入等要素提供某种财政支持。由此，相比于非城投公司的一般国有企业，属于城投公司的国有企业还是在更大程度上依赖于政府信用的支撑，其信用独立性尚未实现[1]。

以城投债为例，在 2016 年的多数时间里，各期限品种城投债平均发行利率继续呈现总体持续下行的趋势，发行利差趋于收窄。二级市场上，城投债收益率波动下行态势较为突出。信用利差方面，相对于受到违约风险冲击的产业债，城投债收益率下行幅度更加显著，导致两者的利差明显走低甚至为负。同时，在不同等级产业债利差开始出现分化的背景下，城投债的利差却没有拉开。城投债利率和利差的上述走势一方面固然与整体偏宽松的货币政策有关，同时也与政府信用的嵌入密不可分。

通常来说，信用债利率由无风险利率和信用利差两部分组成，其中

---

[1]　当然，客观而言，近年来，不同地区的城投公司在获得政府的信用支持方面的确出现了某种程度的分化，相应的债券区域定价差距也开始拉开。其中，受宏观经济形势影响较大，以强周期性行业为主且产业结构相对单一的地区，特别是资源依赖性强的地区，面临相对脆弱的地区信用环境，其发行的城投债，投资者会相应要求更高的风险补偿，从而体现为更高的债券利息。

风险溢价是信用利差的重要组成部分，而违约概率又是决定投资者的风险偏好进而决定风险溢价的重要因素。2014 年以来，特别是进入 2016 年，信用债市场上信用事件频发，违约主体涉及民企、央企和一般性地方国企，而作为特殊信用主体支撑的城投债，没有发生违约事件，甚至出现了发行人申请提前兑付的个案，城投债"金边债券"的属性再次加强。在投资者看来，城投债还是依赖于地方政府的隐性担保和信用背书，刚性兑付的特征短期内难以打破；尽管可能会出现流动性风险，但不会出现大规模违约带来的实质性风险，预期债券损失的概率较低，因此成为市场上的"避险"品种。同时，伴随地方政府债务置换的持续推进，其财政压力得到缓解，债务成本有所下降，相应缩小了城投债的偿付风险敞口，进而降低了存续城投债违约的概率。这就共同提升了市场对城投债的风险偏好和配置需求，降低了风险溢价，推动城投债利率和利差保持低位。

总之，只要平台债务不能完成与政府信用的进一步脱钩，真正回归企业自身信用，避免不必要的信用兜底，从而实现风险内部化，由此形成的政府支出责任就会构成某种准政府债务。

三 地方政府债券和地方政府融资平台债券分析

以上分析了地方政府债务的各个主要组成部分。在这之中，债券融资部分由于基于公开的市场平台，其数据可得性最大，透明度也最高，这里进行重点考察。需要说明的是，地方政府融资平台债券即城投债虽然不是严格意义上的政府债券，但考虑到现阶段其与政府信用的复杂关系，我们仍将其考虑进来进行专门分析。

1. 地方政府债券的基本情况

中国的地方政府债券市场起步较晚，之前因中央政府担心地方政府过度举债引发危机，因而在很长一段时间都禁止地方政府债券的发行。1994 年颁布实施的《预算法》第 28 条明确规定："地方各级预算按照量入为出、收支平衡的原则编制，不列赤字。除法律和国务院另有规定外，地方政府不得发行地方政府债券。"直至 2008 年国际金融危机发生后，作为应对危机的产物，地方政府债券市场才正式开启。

2009 年，根据《预算法》特别条款规定，正式允许地方政府发行债券。最初采用的是"代发代还"模式，这是以省、自治区、直辖市和计划单列市政府为发行和偿还主体，由财政部代理发行并代办还本付息和支付发行费。在由中央政府代替地方政府发行债券的模式下，尽管地方政府在法理上仍不具备相对独立的发债权，但至少名义上的地方政府债券首次出现了。2011 年，在上海市、浙江省、广东省、深圳市开展"自发代还"地方政府债券试点。2013 年，又新增江苏省、山东省为试点地区。在此模式下，债券的发行端开始放开。2014 年，在上海市、浙江省、广东省、深圳市、江苏省、山东省、北京市、江西省、宁夏回族自治区、青岛市等十个省市自治区进行"自发自还"地方政府债券试点。试点地区不仅自行发行债券，还直接向投资人支付本金和利息。总体来看，在 2015 年之前，中国地方政府债券的实际发行规模都十分有限（参见图 1）。

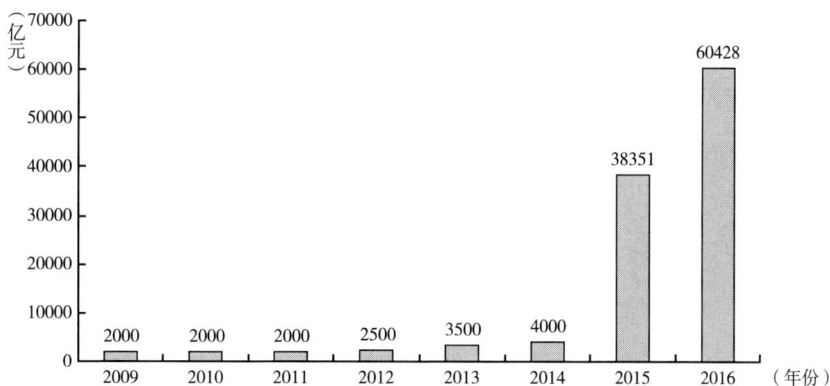

图 1　中国地方政府债券发行规模（2009～2016 年）

数据来源：WIND 资讯。

尽管中央政府对地方政府债券发行实施严格管控，但并没有真正阻止地方政府的举债行为。政府通过设立各种融资平台（企业），并以地方政府的某些项目作为抵押品或偿还担保，从商业银行大量借款，这种现象在 2009 年之后的数年间变得十分普遍。国家审计署的审计显示，到 2013 年 6 月份，地方政府性债务余额实际达到了 17.9 万亿元，较 2010 年底的 10.7 万亿元增长了 67.3%。

地方政府债务规模的快速上升引起了监管当局的重视，美国底特律市政府破产事件也引发了市场和民众的担忧。2014 年 9 月，国务院发布了《关于加强地方政府性债务管理的意见》（国发〔2014〕43 号），明确提出要"赋予地方政府依法适度举债融资权限，加快建立规范的地方政府举债融资机制"，希望以此规范地方政府通过融资平台大量举债的行为，并拟于 2015 年展开存量债务置换。

2015 年 3 月和 4 月，财政部分别颁布了《地方政府一般债券发行暂行管理办法》（财库〔2015〕64 号）和《地方政府专项债券发行管理暂行办法》（财库〔2015〕83 号）。地方政府一般债券是指省、自治区、直辖市政府（含经省级政府批准自办债券发行的计划单列市政府）为没有收益的公益性项目发行的、约定一定期限内主要以一般公共预算收入还本付息的政府债券。地方政府专项债券是指省、自治区、直辖市政府（含经省级政府批准自办债券发行的计划单列市政府）为有一定收益的公益性项目发行的、约定一定期限内以公益性项目对应的政府性基金或专项收入还本付息的政府债券。

为了推动债务置换工作的顺利展开，2015 年 5 月，财政部、中国人民银行、银监会联合印发《关于 2015 年采用定向承销方式发行地方政府债券有关事宜的通知》（财库〔2015〕102 号）。通知指出："对于地方政府存量债务中的银行贷款部分，地方财政部门应当与银行贷款对应债权人协商后，采用定向承销方式发行地方债予以置换。对于地方政府存量债务中向信托、证券、保险等其他机构融资形成的债务，经各方协商一致，地方财政部门也可采用定向承销方式发行地方债予以置换。"此类置换债券简称"定向债"。

在此背景下，2015 年和 2016 年地方政府债券的发行规模大幅上升。

如图 1 所示，2015 年地方政府债券发行总额突破 3.8 万亿元，是 2014 年发行量的近 10 倍。而 2016 年地方政府债券的发行总额进一步提升至 6 万亿元，较 2015 年上升了 57.6%。在期限结构上，地方政府债券以中期债券为主。如表 1 所示，除了 2015 年发行了少量 1 年期以下的短期债券外，目前中国的地方政府债券主要以 3 年期、5 年期和 7 年期的中期债券为主。

表 1　地方政府债券的期限结构

单位：亿元

发行额 年　份	1 年以下	3 年期	5 年期	7 年期	10 年期	总额
2009		2000				2000
2010		1384	616			2000
2011		993	1008			2000
2012		1098	1258	145		2500
2013		1417	1757	326		3500
2014		1157	1600	916	328	4000
2015	12	6532	12062	10553	9191	38351
2016		11262	19223	16754	13190	60428

注：本表数据取整，略有误差。
数据来源：中国债券信息网，WIND 资讯。

表 2 给出了地方政府债券余额和到期时间的分布，能在一定程度上较为直观地反映各省的偿债压力。截至 2016 年 12 月 31 日，地方政府债券余额为 10.08 万亿元，其中 2018～2020 年到期的债券总额为 3.11 万亿元，占比为 30.9%；2021～2025 年到期的债券总额为 5.64 万亿元，占比为 56.0%。除上海、广东和浙江以外，各地均没有 2017 年 12 月份以前的到期债券。从全国范围来看，地方政府债券存量规模最大的五个省份依次为江苏（8033 亿元）、浙江（7204 亿元）、山东（6774 亿元）、广东（5548 亿元）和贵州（4940 亿元）。

表 2　地方政府债券余额和到期分布

省份	2017		2018～2020		2021～2025		2026～		总计（亿元）
	余额（亿元）	占比（%）	余额（亿元）	占比（%）	余额（亿元）	占比（%）	余额（亿元）	占比（%）	
江　苏	0	0	2728	34	4402	55	902	11	8033
浙　江	44	1	2088	29	3846	53	1226	17	7204
山　东	0	0	2159	32	3718	55	897	13	6774
广　东	57	1	1113	20	3330	60	1049	19	5548
贵　州	0	0	1656	34	2766	56	518	11	4940
湖　南	0	0	1602	33	2571	53	710	15	4883
辽　宁	0	0	1847	39	2477	53	373	8	4697
四　川	0	0	1925	41	2470	53	286	6	4681
湖　北	0	0	1083	26	2735	66	309	8	4127
内蒙古	0	0	942	24	2339	59	698	18	3979
河　北	0	0	1456	39	2013	54	272	7	3741
上　海	45	1	1173	31	1862	50	660	18	3739
云　南	0	0	1089	30	1981	55	563	16	3633
福　建	0	0	746	21	1902	55	838	24	3486
河　南	0	0	1043	31	1918	58	368	11	3329
陕　西	0	0	1277	39	1807	55	207	6	3291
安　徽	0	0	926	31	1874	63	169	6	2969
北　京	0	0	946	39	1251	51	253	10	2449
重　庆	0	0	684	29	1291	54	419	18	2394
广　西	0	0	606	26	1447	61	308	13	2362
天　津	0	0	508	23	1278	57	446	20	2232
江　西	0	0	619	29	1261	58	296	14	2175
黑龙江	0	0	637	34	1071	57	189	10	1897
新　疆	0	0	555	32	979	56	214	12	1748
吉　林	0	0	400	24	955	57	320	19	1675
山　西	0	0	363	26	779	56	256	18	1398
甘　肃	0	0	266	23	763	66	121	11	1149
青　海	0	0	233	29	435	55	128	16	797
海　南	0	0	199	26	441	57	134	17	774
宁　夏	0	0	245	35	408	57	58	8	711
西　藏	0	0	6	41	6	40	3	19	16
总　计	145	0	31119	31	56376	56	13190	13	100830

注：本表数据取整，略有误差。

数据来源：WIND 资讯。

图 2 为 2016 年全年发行的地方政府债券规模和 2016 年各省 GDP 规模，可以看出各地区地方政府债券发行规模与其经济总量有着较为明显的相关关系。例如，地方政府债券发行金额最高的四个省份分别是江苏（4512 亿元）、山东（4279 亿元）、浙江（4065 亿元）和广东（3500 亿元），它们恰好是 2016 年地区 GDP 规模最大的四个省份。相应地，地方政府债券发行额最低的四个省份（西藏除外）分别是甘肃（667 亿元）、海南（551 亿元）、青海（469 亿元）和宁夏（367 亿元），它们也恰好对应着 2016 年地区 GDP 规模最小的四个地区。当然，还存在着一些例外，如贵州、内蒙古和云南等地的发债规模同其 GDP 规模并不相称，存在过度发债的可能性，未来可能面临偿债困难。以贵州为例，其 2016 年地方政府债券发行规模为 2590 亿元，高居全国第 9 位，但贵州 2016 年 GDP 仅为 11734 亿元，仅位列全国第 25 位。

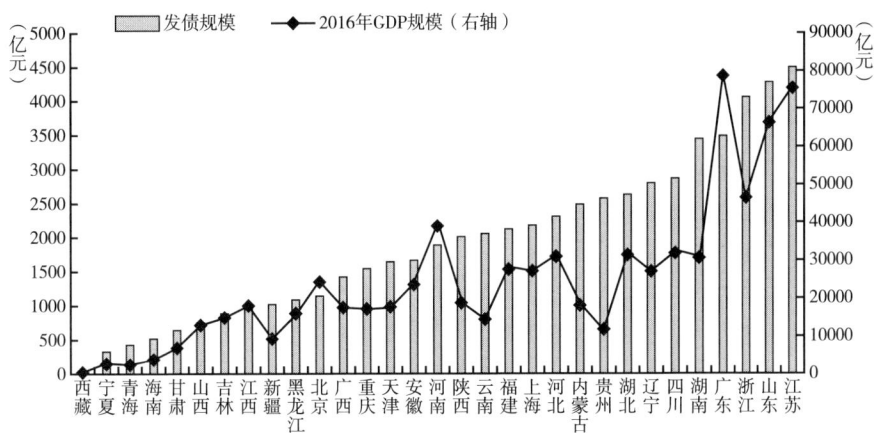

图 2 2016 年地方政府债券发行规模与各省 GDP 规模

数据来源：WIND 资讯，各省统计局。

从期限结构看，2016 年各地发行的地方政府债券均以中期债券为主，且总体分布比例较为均衡。如表 3 所示，全国 3 年期、5 年期、7 年期和 10 年期债券占比分别为 19%、32%、28% 和 22%。但是具体到各省的情况，还是存在少许差异。以四川省的债券发行为例，3 年、5 年、7 年期

表3　2016年地方政府债券发行的期限结构

省份	3年期		5年期		7年期		10年期		总额(亿元)
	金额(亿元)	占比(%)	金额(亿元)	占比(%)	金额(亿元)	占比(%)	金额(亿元)	占比(%)	
江　苏	908	20	1350	30	1350	30	902	20	4512
山　东	798	19	1317	31	1267	30	897	21	4279
浙　江	616	15	1227	30	997	25	1226	30	4065
广　东	162	5	1431	41	858	25	1049	30	3500
湖　南	1009	29	832	24	907	26	710	21	3458
四　川	857	30	865	30	883	31	286	10	2891
辽　宁	788	28	833	30	824	29	373	13	2817
湖　北	456	17	1018	38	861	33	309	12	2644
贵　州	476	18	819	32	777	30	518	20	2590
内蒙古	309	12	791	32	705	28	698	28	2502
河　北	644	28	779	34	626	27	272	12	2321
上　海	440	20	557	25	543	25	660	30	2200
福　建	124	6	856	40	318	15	838	39	2137
云　南	356	17	591	29	556	27	563	27	2066
陕　西	608	30	608	30	608	30	207	10	2031
河　南	369	19	583	31	583	31	368	19	1904
安　徽	234	14	649	38	635	38	169	10	1687
天　津	252	15	578	35	391	23	446	27	1667
重　庆	302	19	454	29	395	25	419	27	1570
广　西	143	10	536	37	452	31	308	21	1440
北　京	350	30	325	28	238	20	253	22	1166
黑龙江	183	17	371	34	362	33	189	17	1105
新　疆	209	20	319	30	313	30	214	20	1055
江　西	167	16	296	28	296	28	296	28	1054
吉　林	69	8	326	36	196	21	320	35	910
山　西	96	12	243	31	193	24	256	32	788
甘　肃	55	8	255	38	236	35	121	18	667
海　南	103	19	166	30	147	27	134	24	551
青　海	85	18	126	27	129	28	128	27	469
宁　夏	87	24	117	32	106	29	58	16	367
西　藏	6	41	3	22	3	18	3	19	16
总　计	11262	19	19223	32	16754	28	13190	22	60428

注：本表数据取整，略有误差。
数据来源：WIND资讯。

债券各约占 30%，10 年期长期债券只占 10%，同四川情况相似的还有辽宁、陕西和河北等省。福建、广东、浙江、吉林、山西和内蒙古等地则长期债券的发行比例较高，10 年期债券占比均超过了 30%。江苏、山东、河南、贵州、新疆等地的四个代表性期限债券分布则同全国平均水平相仿。

根据资金用途和偿还资金来源，地方政府债券可分为一般债券和专项债券。其中，一般债券的还本付息完全依靠地方政府的财政收入，专项债券的偿债来源还包括项目对应的政府性基金收入和项目本身产生的收益。2016 年发行的一般债和专项债规模分别为 3.5 万亿元和 2.5 万亿元，一般债所占比例较 2015 年有所下降，约为 58.5%，反映出债务的偿还对财政收入的依赖度较高。

根据发行目的，地方政府债券可分为新增债和置换债。根据中债资信统计，2016 年置换债发行总额为 4.8 万亿元，比 2015 年增长了52.2%，占比约为 80.6%；新增债发行总额为 1.2 万亿元，比 2015 年增长了 85%，占比约为 19.4%。

根据发行方式，地方政府债券又可分为定向债和非定向债。2016 年地方政府债券的发行以公开发行为主，发行规模约为 4.5 万亿元，占比约为 73.9%；定向债发行规模约为 1.6 万亿元，与 2015 年相比占比略有上升，约为 26.1%。

2. 城投债的基本情况

城投债的出现可以追溯至 1994 年推行的分税制改革。由于分税制改革客观上削弱了地方政府的财力，同时 1995 年施行的《预算法》又规定"地方政府及其所属部门不得以任何方式举借债务"，"除法律另有规定外，地方政府及其所属部门不得为任何单位和个人的债务以任何方式提供担保"。地方政府面对大量的公共事务支出和相对拮据的地方财政，转而通过政府设立的地方融资平台公司来进行融资，这些融资平台多以城投公司的面目出现，发行的债券被称为"城投债"。城投债主要在中国的银行间市场和上交所、深交所交易，其中，银行间市场是地方债的主要交易场所。地方融资平台和城投债的发行在推动地方经济发展上起到了非常重要的作用。一方面，融资平台所隐含的政府担保有效降低了融资成本，促进了城市的开发建设，特别是城镇化和工业化的发展；另一方面，地方融资平台建立的国有企业也是地方政府资产负债表的重要组成部分。

2008 年全球金融危机后，中国推行的大规模经济刺激计划促进了地方融资平台数量和融资规模的快速扩张。如图 3 所示，城投债的发债规模在 2008 年以前一直比较小，2010 年之后呈现快速上升的态势。2014 年和 2015 年每年融资规模均超过 1 万亿元，分别约为 1.5 万亿元和 1.3 万亿元。2016 年首次超过 2 万亿元，达到 24891 亿元，比上年增长 91%。截至 2016 年 12 月底，全国 31 个省份未到期城投债共有 6850 只，债券余额为 7.37 万亿元。未来五年平均每年需要偿还约 1.2 万亿元，其中 2019 ~ 2021 年将面临债券集中到期的情况（参见图 4）。

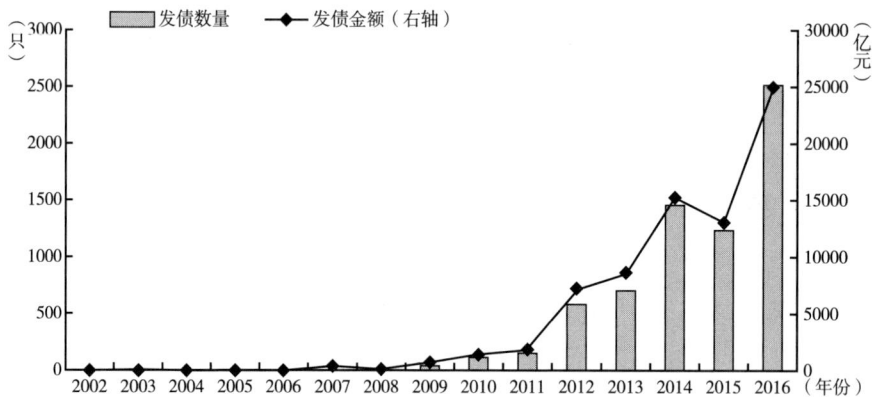

图 3　2002 ~ 2016 年全国城投债发行情况

数据来源：根据 WIND 数据整理。

从期限结构来看，城投债同地方政府债券相似，多以中期债券为主。其中，7 年期、5 年期占比分别为 37.1%、31.1%（参见表 4）。10 年期（及以上）的长期债券和 1 年期（及以下）的短期债券发行量较少，分别为 5858 亿元和 3512 亿元，占比分别为 7.9% 和 4.8%。考虑到城投债募

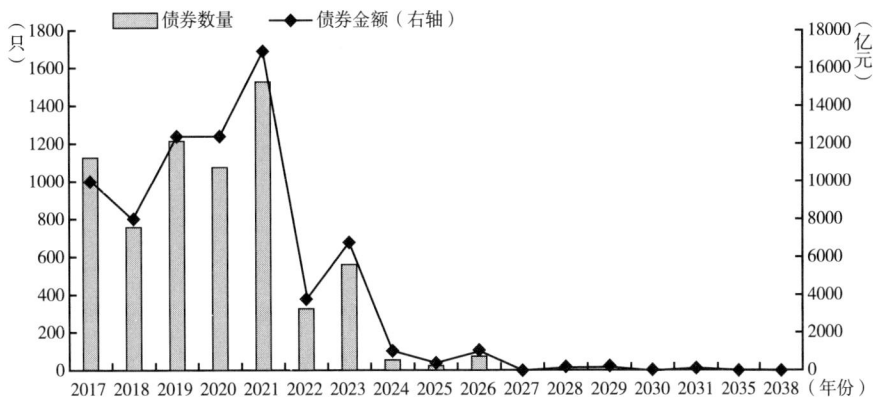

图 4 城投债到期情况

注：由于 2032～2034 年和 2036～2037 年这两个时段没有到期的债券，因此在横坐标上，年份显示不连续，特此说明。

数据来源：根据 WIND 数据整理。

集的资金多用于支持市政建设、棚户区改造和地方基础设施投资等运作周期较长的项目，因而城投债的债券期限理应以中长期债券为主。当债务期限结构不合理，投资项目现金流与还款期不匹配，一旦出现债务集中到期的情况，发债主体的短期流动性就可能出现问题。因此，当地方政府或地方国有企业发行 1 年期（及以下）的短期平台债时，很可能是出于流动性的需要。

表 4 2016 年 12 月各地区城投债债务余额

省份	1 年期（及以下）			5 年期			7 年期			债务总计（亿元）
	数量（只）	金额（亿元）	占比*（%）	数量（只）	金额（亿元）	占比（%）	数量（只）	金额（亿元）	占比（%）	
北 京	26	333	9.7	80	1530	44.4	45	675	19.6	3444
天 津	19	242	6.0	102	2093	51.9	60	871	21.6	4032
河 北	7	45	3.6	21	241	19.4	48	610	49.1	1242
山 西	4	40	4.4	13	231	25.2	24	325	35.5	913
内蒙古	1	5	0.6	18	175	20.8	42	474	56.4	840
辽 宁	2	5	0.2	40	645	27.2	111	1307	55.1	2374
吉 林	2	10	1.4	19	221	30.3	19	242	33.1	729

续表

省份	1 年期（及以下）			5 年期			7 年期			债务总计（亿元）
	数量（只）	金额（亿元）	占比*（%）	数量（只）	金额（亿元）	占比（%）	数量（只）	金额（亿元）	占比（%）	
黑龙江	3	15	1.9	18	157	19.4	37	468	58.1	805
上 海	22	181	10.4	43	595	34.1	22	251	14.4	1745
江 苏	116	668	5.6	449	3872	32.2	359	4119	34.2	12039
浙 江	26	187	4.3	135	1195	27.2	187	2053	46.8	4389
安 徽	12	87	3.3	57	661	25.1	109	1287	48.8	2638
福 建	44	274	10.4	91	803	30.3	83	950	35.9	2646
江 西	4	17	0.8	48	518	25.5	92	963	47.5	2029
山 东	14	105	3.1	66	687	20.2	148	1546	45.4	3408
河 南	13	134	5.9	74	956	42.1	61	741	32.6	2270
湖 北	15	119	4.3	60	540	19.5	120	1236	44.6	2770
湖 南	7	57	1.3	90	1080	24.2	166	2142	48.0	4459
广 东	35	297	9.2	67	969	30.1	57	675	20.9	3220
广 西	12	88	5.4	54	475	29.0	54	515	31.5	1635
海 南	0	0	0.0	1	10	10.9	6	82	89.1	92
重 庆	11	102	2.5	141	1648	40.6	121	1464	36.0	4061
四 川	11	103	3.2	104	1039	32.3	118	1250	38.9	3216
贵 州	4	39	1.8	33	434	20.1	84	1091	50.7	2154
云 南	13	122	6.4	75	819	43.1	44	469	24.7	1900
西 藏	0	0	0.0	0	0	0.0	1	9	100.0	9
陕 西	11	141	7.8	44	507	27.9	41	485	26.7	1816
甘 肃	4	36	3.7	20	235	24.4	34	457	47.3	965
青 海	1	5	1.2	9	158	37.2	11	102	24.0	425
宁 夏	1	5	3.2	2	24	15.5	5	60	38.7	155
新 疆	12	52	4.0	44	417	31.8	49	467	35.6	1312
总 计	452	3512	4.8	2020	22953	31.1	2358	27384	37.1	73730

注：* 为在该地区所有期限城投债债务存量中的占比。
数据来源：根据 WIND 数据整理。

如表 4 所示，从各地区债务存量来看，城投债债务规模最大的五个地区分别为江苏（12039 亿元）、湖南（4459 亿元）、浙江（4389 亿元）、重庆（4061 亿元）、天津（4032 亿元），均为近年来经济发展速度相对较快、对资金需求较大的地区。其中，1 年期（及以下）城投债存量规模位列前五的地区为江苏（668 亿元）、北京（333 亿元）、广东（297 亿元）、福建（274 亿元）和天津（242 亿元）；5 年期城投债存量规模位列前五的地区为江苏（3872 亿元）、天津（2093 亿元）、重庆（1648 亿元）、北京（1530 亿元）和浙江（1195 亿元）；7 年期城投债存量规模位列前五的地区为江苏（4119 亿元）、湖南（2142 亿元）、浙江（2053 亿元）、山东（1546 亿元）和重庆（1464 亿元）。值得关注的是，江苏省的债务规模远远超过了与其经济发展程度相近的省份，约为浙江省的 2.7 倍和广东省的 3.7 倍。

从发行主体的行政级别来看，市县级单位成为主要发债主体。随着地方政府债务发行量的快速增加，债务在不同层级政府之间的分布也发生了明显变化。不管是国家审计署的数据，还是债券市场的数据，都显示近年来市、县、乡镇级政府的融资平台债券数额增长迅速，而省级政府的融资数量相对下降。根据 WIND 数据，归属于地级市、县及县级市的城投债规模达到 3.6 万亿元，占城投债债务存量的 54%，已经超过了省及省会（单列市）发行的城投债规模。

从债券有无担保来看，大部分城投债并无政府担保。在 2010 年 6 月 10 日颁布的《国务院关于加强地方政府融资平台公司管理有关问题的通知》（以下简称《通知》）中规定："地方政府在出资范围内对融资平台公司承担有限责任，实现融资平台公司债务风险内部化……除法律和国务院另有规定外，地方各级政府及其所属部门、机构和主要依靠财政拨款的经费补助事业单位，均不得以财政性收入、行政事业等单位的国有资产，或其他任何直接、间接形式为融资平台公司融资行为提供担保。"同年，在财政部为贯彻该《通知》而出台的 412 号文件中进一步明确规定，要坚决制止地方政府违规担保承诺行为，包括但不限于"为融资平台公司融资行为出具担保函；承诺在融资平台公司偿债出现困难时给予流动性支持；提供临时性偿债资金；承诺当融资平台公司不能偿付债务时承担部分偿债责任；承诺将融资平台公司的偿债资金安排纳入政府预算"等。受此政策影响，以无担保方式发行的城投债比重明显提高。截至 2016 年 12 月底，未到期城投债中有担保的债券仅有 1369 只，约占债券总量的 1/5。其中，不可撤销连带责任担保的债券有 927 只，质押担保（及抵押担保）的债券有 408 只，连带责任担保的债券 34 只。无任何形式担保的债券有 5482 只，约占债券总量的 80%。

从 2016 年债券的发行情况来看，在经历了 2015 年发债规模的收缩后，2016 年城投债的发行量大幅上升。2016 年新发债券数量为 2517 只，总额为 24867 亿元，较 2015 年同期发行量上升了 93%，发债金额上升了 86%。如表 5 所示，2016 年的城投债发行中以 3 年、5 年、7 年期的中期债券，以及 1 年及以下的短期债券为主。在各代表性期限中，5 年期债券的发行量最大，为 858 只，平均每只债券的规模约为 10.6 亿元，约占 2016 年城投债发债总额的 1/3；7 年期债券的发行量次之，为 543 只，但每只债券的规模略大，为 11.7 亿元，约占 2016 年城投债发债总额的 1/4；10 年期及以上的长期债券发行数量很少，仅为 93 只，总融资额只有 1205 亿元。具体到各地区的发行情况，除海南和西藏没有新债发行，内蒙古、陕西、甘肃和青海发债规模略有下降外，所有省份 2016 年的发债规模均超过了 2015 年。其中，城投债发债规模最大的五个地区分别为江苏（4798 亿元）、湖南（1903 亿元）、重庆（1451 亿元）、浙江（1442 亿元）和天津（1200 亿元）。江苏省的新发债券规模遥遥领先于全国其他地区。

表 5 2014～2016 年城投债发行情况

期限	2016		2015		2014	
	数量（只）	金额（亿元）	数量（只）	金额（亿元）	数量（只）	金额（亿元）
1 年及以下	452	3512	129	912	NA	NA
3 年	468	3784	371	3207	385	2819
5 年	858	9069	508	5898	327	3626
7 年	543	6344	261	2849	621	7129
10 年	81	1038	25	374	48	793
10 年以上	12	167	7	109	14	303
总　计	2517	24867	1301	13349	1459	15260

数据来源：根据 WIND 数据整理。

第二节 从国际比较和资产负债比对视角 看中国政府债务：风险总体可控

对中国政府部门债务风险的评估，首先需要从总体上进行把握。为此，我们选取国际参照标准和比对目标，并引入资产负债表的分析框架展开讨论。

一 政府负债率水平相对安全

衡量政府债务风险的一个重要指标是负债率即政府债务年末余额与当年 GDP 的比值，反映的是一个经济体的经济总量承载政府债务的能力。加总前述中央政府和地方政府的负债率水平，得到 2016 年末中国政府部门的整体负债率水平为 38.8%[①]。国际上通常以欧盟《马斯特里赫特条约》所设定的 60% 预警线作为参考标准，以此观之，中国政府债务风险处于可接受的水平。并且，从国际比较的视角看，中国政府部门的负债率水平也低于主要市场经济国家和部分新兴市场国家的水平。图 5 将有关国家中央政府负债率、地方政府负债率与中国的情况进行了对比。从中可以看出，中国的政府负债率水平是所有比较的国家（地区）中最低的，比 OECD 国家平均水平要低 52.97 个百分点；特别是中央政府的负债率水平显著偏低，比 OECD 国家平均水平要低 62.68 个百分点。相对来说，地方政府的负债率大体处于中等偏上的水平，比 OECD 国家平均水平要高 9.71 个百分点。总体来看，中国政府部门的债务风险尚在可控

[①] 根据财部部长肖捷于 2017 年 3 月 7 日在第十二届全国人大五次会议关于"财政工作和财税改革"的记者会上最新披露的数据，截至 2016 年末，中国中央和地方政府的债务余额约为 27.33 万亿元，负债率为 36.7%。我们的估算结果与这一数据略有出入，可能的原因在于，由于数据资料缺失，或存在两个方面的高估倾向：一是中央政府债务计取的是国债余额限额，二是地方政府存量债务计取的是待置换规模的最大值。由于财政部的最新数据没有进一步的结构性信息，因此目前尚无法对我们的估算结果进行校准，这里特别予以说明。

范围之内。即使将前述隐性准财政债务考虑起来，债务风险应也在安全区内。

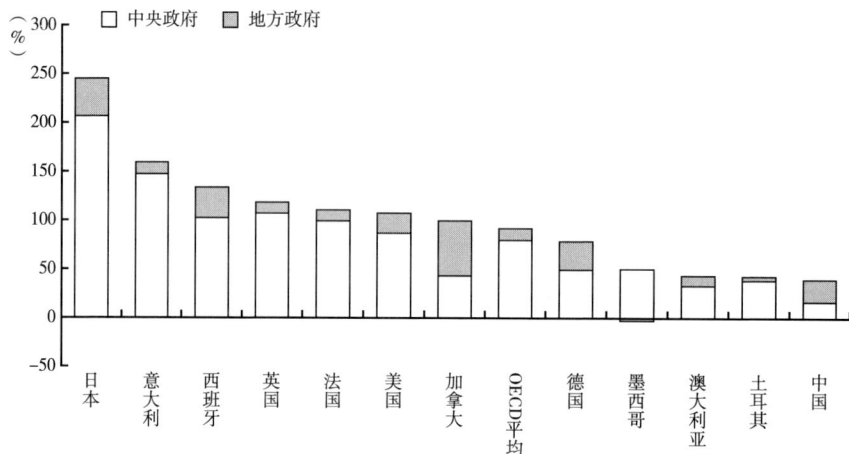

图5　政府负债率的国际比较

注：中国为2016年数据，日本、墨西哥为2014年数据，其余国家为2015年数据。
数据来源：OECD数据库。

二　主权资产负债表较为稳健

我们认为，评判债务风险特别是在债务危机中负有最后贷款人责任的政府部门的债务风险，不能仅从债务扩张的角度孤立地进行分析，还应该看其是否具有充足的偿债保证，也就是看当发生债务危机时，政府是否有足够的资源去化解"兜底"。这实际就是资产负债表的视角。

基于我们近年来对中国主权资产负债表的持续跟踪研究①，可以发现：本轮国际金融危机以来的这几年，尽管中国公共部门处于不断加杠杆的过程中，导致主权负债增加较多，但主权资产同样呈扩张的态势，从而导致中国政府主权资产净值具有相当的规模（参见图6）。以2015年

---

① 关于中国主权资产负债表的核算方法，参见李扬等：《中国国家资产负债表2013：理论、方法与风险评估》，中国社会科学出版社，2013；李扬等：《中国国家资产负债表2015：杠杆调整与风险管理》，中国社会科学出版社，2015。

为例，按宽口径匡算，中国主权资产总计241.4万亿元，主权负债139.6万亿元，资产净值为101.8万亿元。考虑到行政事业单位国有资产变现能力有限以及国土资源性资产使用权无法全部转让的情况，以窄口径来统计，即扣除行政事业单位国有资产16.2万亿元，并以2015年的土地出让金3.1万亿元替代国土资源性资产68.5万亿元，从而主权资产将由241.4万亿元减少到159.8万亿元。由此，窄口径的主权资产净值为20.2万亿元。无论宽口径还是窄口径，中国的主权资产净值皆为正。

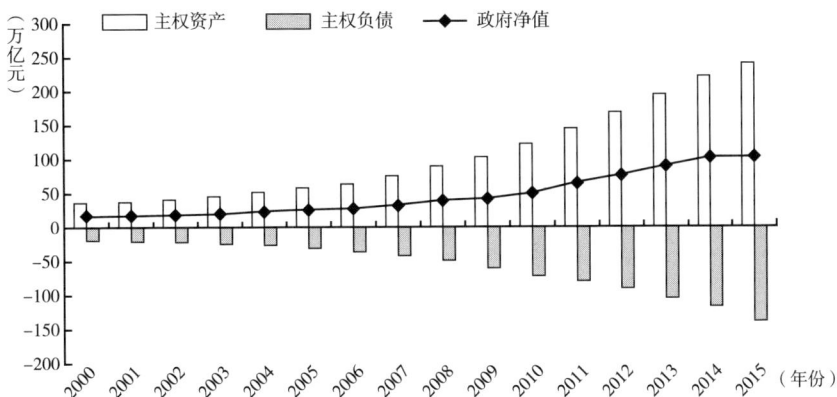

图6　中国主权资产/负债及政府净值

数据来源：作者估算。

在政府部门所拥有或控制的资产中，国有经营性资产和部分可变现的资源性资产是债务偿付的重要保障。即使政府债务未来出现了一定程度的还本付息困难，可供选择的举措之一就是将这些资产通过证券化或者直接出售等方式转变为债务清偿手段。鉴于中国政府拥有足够的主权资产来覆盖其主权负债，基本上不存在无力偿还债务的"清偿力风险"，因此在一段时间内发生主权债务危机的可能性极低。

需要补充说明的是，在现有的估算过程中，可能存在资产端低估和负债端高估的情况。

资产项可能存在低估的情况包括：①我们对国有企业权益的估算主要使用的是历史成本法，如果使用市场估价或公允价值法，将可能进一步提升政府部门的偿债能力和资产净值；②国土资源性资产评估以土地净产出进行折算也可能存在低估现象，因为随着城镇化的推进，部分土地用途会发生改变，其价值也会发生变化；③部分特殊资产的价值计入不足，尤其是对部分公共基础设施资产的计量，目前主要以购置价或建造成本为准，还缺乏有效的市场交易价格，无法使用市场估值法公允地反映资产价值，甚至早期部分公共基础设施资产，只有实物数量记录，而没有价值量记录，更增大了低估的成分。

公共基础设施资产的应计未计还体现在其公共属性可能发生变异这一点上。未来在一些基础设施领域，或将经历从纯粹公共产品向准公共产品的转变，这是基于：①需求水平的提升，随着经济的发展，对基础设施呈现强劲的需求，当需求的扩大超过一定限度后，公共产品开始变得拥挤，也就是说具有了竞争性，从而使增加额外使用者的边际供给成本不再为零，这时向消费者收取一定的使用费来排除私人消费就有了必要；②技术的发展，随着公共产品排除性量化技术的出现，部分地改变了公共产品的非竞争性和非排他性的特点，使得一定程度上的排除私人消费成为可能，这样就可以通过"受益者负担"的原则向使用者收取受益费用。

当价格形成和收费制度具备了必要性和可能性后，一度不具有市场化经营条件的部分基础设施资产开始变得"有利可图"，从而为产生持续的现金流创造了条件。由此，一方面显著提升了资产的价值；另一方面也明显增强了资产的可变现能力。综合作用之下，政府的偿债能力相应得到提高。

至于负债项可能存在高估的情况，主要体现在：①将确定性负债与或有负债简单加总得出总负债是有一定争议的，或有负债演变成确定负债的风险概率值的选取不同，得出或有债务显性化的数额也不同，因此，如何确定合适的概率值也是一个值得考虑的问题，我们这里的估算没有选取概率，而是直接加总，因此负债规模或有高估；②作为或有负债的不良贷款中除了损失类贷款，次级类和可疑类贷款中有一定比例是可以收回的，因此实际的不良资产规模可能要小一些。

考虑到上述情况，实际的主权资产净值或将更高。我们以为，中国政府的高资产净值是有别于其他国家的独特方面。根据我们的粗略估算，目前在国家整体净资产（包括非金融资产和净对外投资头寸）中，居民部门占 1/3 略多，非国有企业部门差不多占 1/3，政府部门（含国有企业）差不多占 1/3。这与主要发达国家的国民净资产结构显著不同。在这些国家，居民部门净资产占比通常达到 70% ~ 80%，而政府部门净资产占比微乎其微，甚至为负。由于中国政府拥有或控制的存量资产（包括其他可动用的资源）比例很高，从而显著降低了债务危机爆发的风险。

第三节　新治理架构下的地方政府债务风险动态：有改善亦有隐忧

近年来，中国不断规范地方政府举债融资机制，除了将地方政府债务纳入预算管理、对地方政府债务实行限额管理、建立地方政府债务风险预警及应急处置机制外，还推出了存量债务置换、PPP 模式推广、融资平台公司市场化转型等具体举措，对化解地方政府债务风险起到了一定的作用。同时也应看到，在这一过程中，亦出现了一些新动向、新问题，需要引起关注。

一　债务置换与流动性风险的缓释

根据公开披露的数据，在清理甄别认定的 2014 年末存量地方政府债务中，就期限分布而言，2015 年到期规模为 3.1 万亿元，占 20%；2016年到期 2.8 万亿元，占 18%；2017 年到期 2.4 万亿元，占 16%；2018 年及以后年度到期 6.2 万亿元，占 40%；以前年度逾期债务 0.9 万亿元，占 6%。由此可以看出，2015 ~ 2017 年是地方政府债务到期偿还的高峰期，有一半以上的债务需在此期间集中偿付。在债务集中到期时如果由于现金流不足出现偿付困难，同时又无法做到债务展期的情况下，便容易引发违约风险。尤其需要注意的是，地方政府融资平台往往存在着资产负债表的期限错配问题：一方面，其债务多是 3～5 年的中短期银行信贷；另一方面，其投资的项目多是一些中长期的城市基建项目，需要 5～10 年才能产生现金流和收益。这就导致债务期限与项目的现金流分布严重不匹配。而在银行资产和负债双重表外化的过程中，"借短用长"更是比较普遍的做法：一方面在表外化负债一方，银行发行的理财产品，多数情况下期限较短（平均在 1 年以下）；另一方面在表外化资产一方，贷款、债券等通常期限较长。这就造成期限上的错配，存在流动性的支付问题。

为降低地方政府债务偿还的流动性风险，自 2015 年 5 月开始启动地方政府债务置换工作，至 2016 年底，全国地方累计完成置换计划的55.8%。地方债务置换的实质是在财政部甄别存量债务的基础上，把原来地方政府的短期、高成本债务（包括银行贷款、城投债、信托融资等）换成中长期、低成本的地方政府债券，以降低融资成本，延长债务久期，改善地方资产负债表。通过以时间换空间，缓解到期债务集中偿还压力，最终消化存量地方政府债务。

一方面，债务置换可以减轻地方政府利息负担。据财政部的匡算，2015～2016 年债务置换后累计为地方政府节约利息支出 6000 亿元。

另一方面，债务置换可以解决"短借长用"的资金错配问题。地方政府债务置换前，债务的平均期限多为三年左右。以 2015 年实施债务置换以来截至 2016 年末发行的地方政府债券为例，3 年期、5 年期、7 年期和 10 年期债券的占比分别为 18%、31.7%、27.6% 和 22.7%，加权平均期限 6.33 年，地方政府债务久期被明显拉长。不过，考虑到地方债务主要投向的基建项目通常需要 10 年左右才能带来现金流和收益的情况，地方政府债务依旧面临一定的期限错配风险。事实上，美国等西方国家市政债久期多在 10～15 年，对中国地方政府而言，融资与投资期限相匹配的问题仍需进一步破题。

二　PPP 模式的引入与债务压力的缓解

2014 年以来，政府和社会资本合作模式（即 PPP 模式）在基础设施和公共服务领域受到关注并得到推广。社会资本被鼓励通过特许经营等方式，参与有一定收益的公益性事业的投资和运营。投资者按照市场化原则出资，按约定规则独自或与政府共同成立特别目的公司以建设和运营合作项目。政府通过特许经营权、合理定价、财政补贴等事先公开的收益约定规则，使投资者尽可能获得长期稳定的收益。

根据财政部建立的全国政府和社会资本合作（PPP）综合信息平台及项目库统计，截至 2016 年 9 月末，纳入 PPP 综合信息平台项目库的项目 10471 个，总投资额 12.46 万亿元，其中已进入执行阶段项目共 946 个，总投资额达 1.56 万亿元，落地率为 26%[①]。

从入库项目的地区分布看，按入库项目数排序，贵州、山东（含青岛）、新疆、四川、内蒙古居前五位，分别为 1725 个、1062 个、816 个、797 个、748 个，合计占入库项目总数的 49.2%。按入库项目投资额排序，贵州、山东（含青岛）、云南、河南、四川、河北居前六位，分别为 1.5 万亿元、1.2 万亿元、9178 亿元、8717 亿元、8555 亿元、6675 亿元，合计占入库项目总投资额的 48.3%。

从入库项目的行业分布看，项目库共包括能源、交通运输、水利建设、生态建设和环境保护、市政工程、片区开发、农业、林业、科技、保障性安居工程、旅游、医疗卫生、养老、教育、文化、体育、社会保障、政府基础设施和其他等 19 个一级行业。其中，市政工程、交通运输、片区开发 3 个行业项目数和投资额均居前三位，分别占入库项目总数、总投资额的 53.7%、68.0%。

从入库项目的回报机制看，使用者付费项目 4518 个，投资额 5.1 万

---

① PPP 项目全生命周期管理包括识别、准备、采购、执行和移交 5 个阶段。项目落地率，指执行和移交两个阶段的项目数之和与准备、采购、执行、移交 4 个阶段项目数总和的比值。

亿元，分别占入库项目总数和总投资额的43%和35%；政府付费项目3214个，投资额4.3万亿元，分别占31%和24%；可行性缺口补助项目2739个，投资额3万亿元，分别占26%和41%。

在PPP模式实施的过程中，投资者或特别目的公司可以通过银行贷款、企业债、项目收益债券、资产证券化等市场化方式举债并承担偿债责任。政府对投资者或特别目的公司按约定规则依法承担特许经营权、合理定价、财政补贴等相关责任，不承担投资者或特别目的公司的偿债责任，由此明确了政府和企业的责任，做到谁借谁还、风险自担。通过加强政府公共投资与民间投资的合作，实现了政府风险向市场风险的部分转移，并相应减少了地方政府的举债需要，在一定程度上降低了地方政府的债务风险。

同时也应看到，就实际已经推出的PPP运作情况看，整个融资结构当中真正的民间资本只占10%多一点，其他都是混合所有制企业和国有企业。这就将"公私合作关系"异化为"公公合作关系"或者"以公为主"的合作关系，由此背离了鼓励社会资本尤其是民间资本进入基础设施和公共服务领域的本意，难以发挥其在解决公共投资建设资金不足方面的关键作用。

三 融资平台的转型与替代性融资方案的出现

在新《预算法》和43号文的治理框架下，要取消融资平台公司的政府融资职能，推动有经营收益和现金流的融资平台公司市场化转型改制。但从实际情况看，当稳增长的强烈诉求逐渐上升成为主导因素后，地方政府融资平台的属性重又变得模糊起来。在未来一段时间内，地方政府融资平台的尴尬定位或将持续，这是由稳增长所引致的一系列逻辑推演的自然结果。

一是稳定增长尚需基建投资。虽然目前阶段GDP的目标导向有所弱化，但稳增长仍是中央政府和地方政府最重要的政策目标，特别是在地方政府间竞争机制依然发挥作用的情况下，地方政府的增长偏好仍然存在。而在目前疲弱的宏观经济背景下，制造业产能过剩未有实质性转变、房地产市场经历深刻的结构性调整、全球弱势增长和贸易保护主义升温导致的外需不彰，都使得稳增长越发依赖于基础设施建设投资。

二是基建投资尚需政府投入。在基建领域被寄予厚望的公私合作伙伴关系（PPP）投融资模式，试图通过所有权或经营权的让渡，减轻公共财政的支出压力。而从已形成的 PPP 项目的融资结构看，纯粹的私人资本进入依然有限，国有企业（包括地方政府融资平台公司）仍旧承载了社会资本的主体作用。在民间部门进入的信心仍然不足的情况下，地方政府主导基础设施投资的局面还难以扭转。

三是政府投入尚需债务融资。追本溯源，地方政府融资平台本身就是现有财政体制框架安排下中央与地方关系的自然产物，作为一个投融资主体，其主要职能就是弥合政府收支不平衡的资金缺口。在地方政府财权与事权不匹配、财政自给能力不足的状况短期内仍然存在的情况下，地方政府融资平台的天然功能能否随着管理体制的改变而顺势调整，还是存有疑问的。

四是债务融资尚需平台举债。"堵暗道，修明渠"是新型地方政府债务管理制度的核心思路，意味着 2015 年之后地方政府新增债务只有一种形式——发行地方政府债券，除此之外，地方政府及其所属部门不得以任何方式举借债务。但目前来看，地方政府债券的市场容量依然有限，对地方政府来说灵活性也略显不足。在此背景之下，仍会激发其继续寻找各种替代性融资方案，这其中自然也包括地方融资平台的举债方式。

总之，只要现行政府资源配置方式、投融资体制、财税体制等制度环境不发生根本性的调整，只要稳增长的终极目标依然发挥导向作用，融资平台与地方政府的剥离就难言彻底。在地方融资平台短期内转型仍面临较大困难的情况下，2015 年以来，随着对地方融资的监管趋于严格，融资平台通过传统银行贷款以及部分影子银行渠道形成的债务余额有所减少的同时，为达到规避监管的目的，一些新型融资手段正通过政府投资基金、专项建设基金、政府购买服务、PPP 项目等形式出现。

首先，看政府性投资引导基金（包括 PPP 引导基金）的融资模式。这种以基础设施和公共服务项目为标的的基金形式，以财政资金作为引导，吸引金融资本加入，再以股权投资方式对接项目（含 PPP 项目），进一步吸引其他投资人（包括融资平台公司）进入。从表面上看，其他出资人是以股权形式加入并享受股东权益，但政府性投资基金通过向其他出资人承诺投资本金不受损失以及承诺最低固定收益、提供隐性"兜底"股权回购、安排优先级受偿（以政府作为劣后方）等方式将其变异为某种意义上的隐性有息金融负债。这种"明股实债"的情况使得财政负担的资金成本显著增加。

其次，看专项建设基金的融资模式。这是以政策性银行特别是以国家开发银行为运作主体，通过定向发行长期专项建设债券筹集资金，以股本方式投入形成种子基金，再以资本金的形式向项目注资，以满足资本金比例的最低要求，进而撬动更多商业银行贷款。在基金运作过程中，地方政府及部门（包括融资平台公司）可能会被要求回购基金持有的项目股权，或提供保底收益等隐性担保，由此增加了政府的或有负债。

最后，看委托代建购买服务协议的融资模式。这是将一些以工程建设为主的项目包装成政府购买服务项目，通过委托融资平台公司等机构代建工程的方式，约定于建设期及之后若干年以政府购买服务资金的名义支付项目建设资金。由此变相形成地方政府基建工程分期付款式举债，其实质是财政支出时间拉长型的 BT 方式。在此类协议中，地方政府还通常支持项目建设单位作为承贷主体向银行贷款，而资金使用和项目实施主体均为地方政府部门，隐性增加地方政府债务。

以上这些变种融资模式的出现，导致地方政府筹资结构更趋复杂，方式也更加隐蔽。由这些替代性融资方案所形成的财政支出责任规模相应扩大，使得地方政府隐性债务风险进一步增加，有可能成为新的政府债务的风险点，要特别给予关注①。

---

① 针对地方政府举债融资行为中出现的新情况新问题，2017 年 5 月，财政部、国家发改委、司法部、中国人民银行、银监会、证监会联合发布通知，财政部也单独发布通知，对地方政府融资担保行为、融资平台公司融资行为、政府与社会资本方的合作行为、政府购买服务行为等可能引发政府隐性债务问题的领域做出进一步规范。其效果如何，可持续观察。

第四节　分省政府债务风险的分析与评估：
局部风险应予重视

以上主要从全国角度对政府债务特别是地方政府债务风险做了整体把握，这里进一步聚焦地方层面，重点从分省的角度做进一步分析。我们认为，一级市场的发行利率和二级市场的债券收益率能够在一定程度上揭示交易主体对债券风险的认识，从而可以作为评估地方（分省）政府债务风险的一个重要基础。因此，本报告将通过对地方政府债券和城投债的发行利率、收益率及风险溢价的分析，并将其与地方政府负债率等指标相结合，综合揭示地方（分省）政府债务的风险状况。

一　基于发行利率风险溢价的分析

1. 地方政府债券发行利率和风险溢价

地方政府债券的发行利率在很大程度上决定了地方政府的融资成本。其他成本还包括债券发行和存续期涉及的一系列法律和金融服务成本。当地方政府存在与自身财政能力不相称的过度举债时，就会出现偿债困难，往往会通过"借新还旧"来缓解偿债压力，由此累积的财务成本可能非常高昂。自2015年5月起，财政部推行地方政府债务置换，其主要目的就是为了降低地方政府的融资成本，保证地方财政的健康运行。就目前地方政府债券的发展态势来看，无论是发行规模还是发行成本，可以说该目标基本实现。

如图7所示，虽然2015年5月以来地方政府债券的发行规模迅速放大，但平均发行利率却在持续走低。这一方面与稳健偏宽松的货币政策有关；另一方面中央政府的介入使部分省份发行的置换债券票面利率甚至低于同期国债。值得注意的是，2016年11月~12月发行利率有所回升，这主要是受到了同期国债利率跳升的驱动。

图8给出了2016年各地方政府3年期和5年期债券的发行利率。从图中我们可以看到，各地区地方政府债券发行的成本差异是显著的，最

133

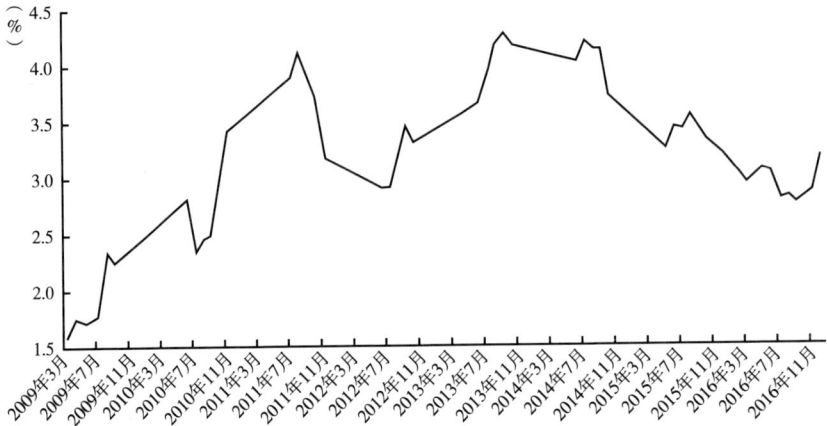

图7 地方政府债券加权平均发行利率

数据来源：WIND 资讯。

高和最低地区的发行利率差距分别为 36 和 30 个基点。除广东、天津等省份外，经济发达地区地方债的发行利率基本都在全国平均水平以下。当然，此处的发行利率是在整个样本区间内以发行额为权重得到的加权平均利率，因此会受到发行月份和债券发行方式的影响。例如，通常情况下，定向发行债券的利率要略高于公开发行债券的利率，这就导致了定向债发行较多的省份其债券发行成本也稍高。

从各省的利率水平来看，3 年期债券的省际分布同 5 年期债券相比略为发散。如图 8 所示，3 年期债券全国平均利率为 2.635%，各省的发行利率区间为 2.430%~2.789%。东北三省发行利率均高于全国平均水平，中南地区除湖南外也全部高于全国平均水平，而华东地区除山东和安徽则全部低于全国平均水平，西南和西北地区总体来说也较全国平均水平低。全国发行利率最高的五个省份分别为内蒙古（2.789%）、重庆（2.758%）、天津（2.748%）、海南（2.747%）和广东（2.723%）；发行利率最低的五个省份分别为湖南（2.546%）、广西（2.545%）、新疆（2.503%）、西藏（2.480%）和山西（2.430%）。

5 年期债券是 2016 年发行量最大的品种，全国平均发行利率水平为

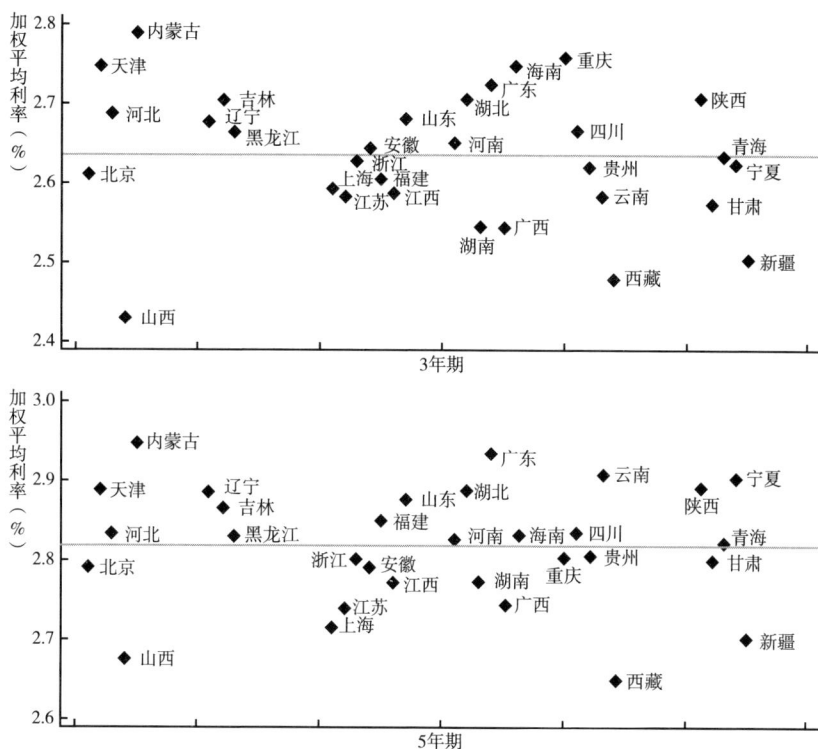

图8　2016 年各省份地方政府债券发行利率分布（3 年期、5 年期）

注：1. 发行利率：以发行金额为权重，将各省份在 2016 年 1 月至 2016 年 12 月间发行的地方政府债券发行利率计算加权平均而得。样本数为 572 只。

2. 图中的参考线为各省份加权平均发行利率的算术平均值：3 年期为 2.635%，5 年期为 2.819%。

3. 各省份从左至右按中国行政区划排序，依次为华北、东北、华东、中南、西南、西北。

数据来源：根据 WIND 数据计算整理。

2.819%，各省发行利率区间为 2.650%～2.948%。东北三省发行利率仍高于全国平均水平，其他地区则分布较为分散。综观全国，发行利率最高的省份仍为内蒙古（2.948%），其后为广东（2.933%）、云南（2.907%）、宁夏（2.903%）和陕西（2.891%）。除广东外，基本上为经济发展水平相对落后的地区。西藏（2.650%）、山西（2.676%）、新疆（2.702%）仍为全国发行利率最低的三个省份。江苏虽发债规模最大，但发行利率仍为全国较低水平，仅为 2.740%，比全国平均水平低约 8 个基点。

不同省市地方债发行利率呈现区域分化特征，表明不同地方经济实力和政府综合财力的差异在一定程度上决定了投资者要求的回报溢价的差异，特别是东北三省、内蒙古等经济发展下滑、财政压力较大的省份，考虑到地方政府偿债能力较弱、债务风险较大，发行利率也相对较高，说明定价机制的有效性还是有所提升。随着地方政府债务置换的逐步完成，可以预计某些影响发行利率的因素，如市场资金面状况，对地方偿债能力、未来经济发展形势的预期，债券的流动性等都将在更大程度上构成地方政府债券定价发行的基础。

图 9 为 2015 年 5 月至 2016 年 12 月 3 年、5 年、10 年期地方政府债券发行利率与同期国债的风险溢价。自 2015 年 5 月地方政府债务置换推出后，随着置换债的发行规模逐步上升，对市场资金面造成了一定的压力，7 月间 10 年期债券与国债的利差曾一度飙升至超过 140 个基点。2015年 7 月以后各主要期限债券与国债的利差均呈逐步收窄的态势，且利差收窄的过程较为平稳，这反映出国债利率在很大程度上起到了对地方债发行利率的锚定作用，也在某种程度上表明在当前流动性宽松叠加资产荒的背景下，地方政府债券仍被市场视为信用风险相对较低的投资品种。

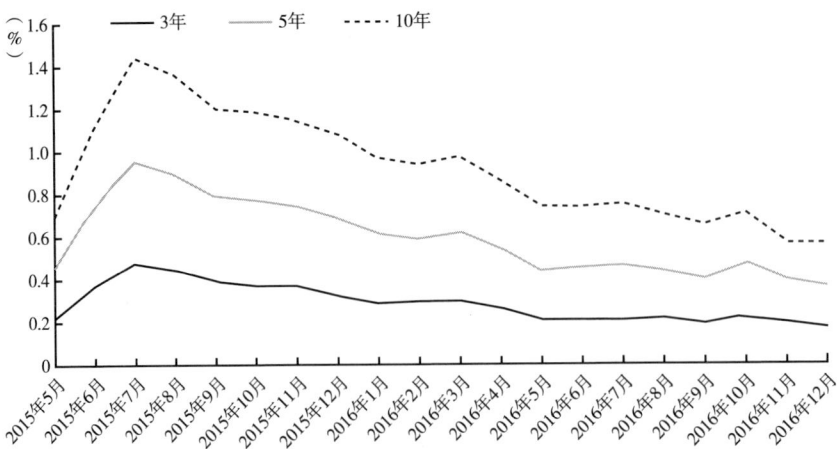

图 9 地方政府债券与同期国债的风险溢价

数据来源：根据 WIND 中债到期收益率曲线计算。

2. 城投债发行利率和风险溢价

从一级市场发行利率走势来看，2013 年以来短期城投债的利率水平呈现逐年下行的趋势。如表 6 所示，全国平均发行利率从 2013 年的 6% 下降至 2016 年的 3.2%，降幅达到 47%。同一时期的国债利率也呈现相似走势，这一方面应归因于央行在这一时期执行的稳健偏宽松的货币政策，使得市场上流动性较为充裕，从而短期无风险利率逐步下行。另一方面，城投债的风险溢价也出现了小幅下降。这两个因素的叠加使得地方政府的短期融资成本得以显著下降。

表 6　各主要省份城投债发行利率（1 年期及以下，2013~2016 年）

单位：%

地区 年份	华北			东北		华东							全国平均
	北京	天津	河北	辽宁	黑龙江	上海	江苏	浙江	安徽	福建	江西	山东	
2013	5.9	5.6	NA	NA	NA	5.6	6.2	6.9	5.3	5.5	NA	6.1	6.0
2014	5.1	5.6	5.3	5.6	5.6	5.0	5.1	5.3	4.9	5.5	4.8	5.2	5.4
2015	4.2	4.2	5.3	4.6	4.8	4.0	4.5	4.1	4.4	4.3	3.6	4.3	4.4
2016	2.9	3.1	3.1	3.0	4.4	2.9	3.2	3.1	3.0	2.9	3.2	3.1	3.2

地区 年份	中南					西南				西北			
	河南	湖北	湖南	广东	广西	重庆	四川	贵州	云南	陕西	甘肃	青海	新疆
2013	NA	6.0	6.7	5.6	6.4	NA	6.9	NA	6.1	6.2	NA	7.2	7.0
2014	5.7	5.4	5.5	5.2	5.5	5.6	5.8	7.8	5.9	5.8	5.6	5.2	5.9
2015	3.9	4.6	4.1	4.2	4.5	4.3	4.3	4.6	4.5	3.9	5.0	4.4	5.1
2016	2.8	3.1	3.1	3.0	3.2	3.3	3.0	3.0	3.2	3.1	3.1	4.0	3.4

注：1. 各省份城投债发行利率：以发行金额为权重，将各省历年城投债发行利率进行加权平均计算而得。

2. 全国平均为各省加权平均发行利率的算术平均值。

数据来源：根据 WIND 数据计算。

与短期城投债有所不同，中长期城投债的发行利率整体上经历了一个先升后降的过程（参见图 10），并于 2014 年后呈现明显的下降趋势。其中，5 年期城投债的发行利率从 2009 年的 4.58% 缓慢升至 2014 年的 6.64%，随后逐年下降至 2016 年的 4.40%。7 年期城投债的发行利率在 2010 年和 2013 年经历了小幅回调后，也于 2014 年达到峰值 7.17%，之后大幅下降至 2016 年的 4.48%。10 年期城投债发行利率于 2012 年达到最高点 6.83%，2014 年以后也开始显著下降，降至 2016 年的 4.40%。值得注意的是，历年 7 年期城投债的加权平均发行利率水平均高于 10 年期城投债，呈现出收益率曲线倒挂的现象。导致这一现象的一个重要原因是 7 年期城投债的发行量远超 10 年期城投债。以 2014 年为例，7 年期城投债的发行金额达到了 7129 亿元，在当年发行的 1 年期以上城投债中占比为 46.7%，而同期 10 年期城投债的发行金额仅为 793 亿元，占比仅为 5.2%。

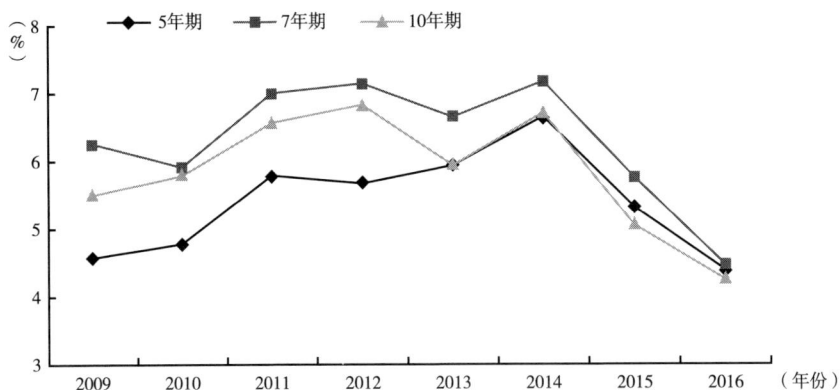

图 10　中长期城投债发行利率走势

注：发行利率为全国历年城投债发行利率以发行金额为权重计算加权平均而得。

数据来源：根据 WIND 数据计算。

从各省代表性期限债券的利率水平来看，短期债券的省际分布较为集中。如图 11 所示，1 年期及以下的城投债全国平均利率为 3.188%，各省的发行利率区间为 2.833% ~ 4.387%。除江苏和重庆外，华东、中南和西南地区 16 个省份的发行利率均低于或等于全国平均水平。综观全国，发行利率最高的五个省份分别为黑龙江（4.387%）、青海（3.98%）、山西（3.878%）、内蒙古（3.4%）和新疆（3.391%），均为经济发展相对落后的地区。发行利率最低的五个省份分别为河南（2.833%）、北京（2.858%）、上海（2.867%）、福建（2.95%）和宁夏（2.95%），其中河南和宁夏两个省份的借贷成本低廉，其原因值得进一步探究。

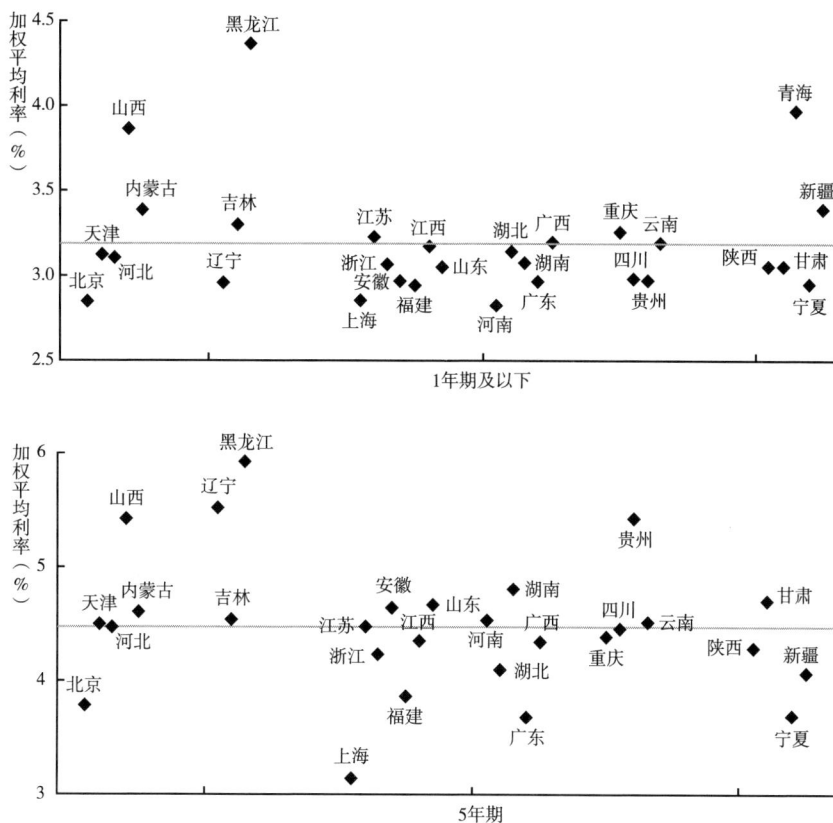

图 11　2016 年各省份城投债发行利率分布（1 年期及以下、5 年期）

注：1. 各省份城投债的发行利率：以发行金额为权重，将各省份在 2016 年 1 月至 2016 年 12 月间发行的城投债发行利率计算加权平均而得。样本数为 2517 只。

2. 图中的参考线为各省加权平均发行利率的算术平均值：1 年期及以下为 3.188%，5 年期为 4.469%。

3. 各省份从左至右按中国行政区划排序，依次为华北、东北、华东、中南、西南、西北。

数据来源：根据 WIND 数据计算。

5 年期债券也是 2016 年城投债中发行量最大的品种。如图 11 所示，全国平均发行利率水平为 4.469%，各省发行利率区间为 3.141% ~ 5.944%，省际分布较短期债券更为分散。除北京外，华北和东北地区各省的发行利率均高于全国平均利率水平；而西北地区除甘肃外，则全部低于全国平均水平。纵观全国，发行利率最高的省份仍为黑龙江

（5.944%），其后为辽宁（5.524%）、山西（5.431%）、贵州
（5.423%）和湖南（4.800%），基本上为经济发展水平相对落后或增速
下滑的地区。发行利率最低的五个省份分别为上海（3.141%）、宁夏
（3.68%）、广东（3.687%）、北京（3.783%）和福建（3.862%），其
中四个省份与短期债券情况相重合，这在一定程度上反映出上海、北京、
福建和宁夏四地的融资成本较其他省份更低。

在一级市场上，城投债与国债的发行利率走势高度相关，且存在较
为稳定的利差。从图 12 可以看出，2008～2015 年，两者的利差大多在
200～270 个基点内波动。2012 年城投债与国债的利差曾经出现过一次较
大幅度的攀升，10 年期债券利差达到 337 个基点。2014 年以后，两者的
利差逐渐收窄。其中，1 年期城投债与国债的利差降幅最大，从 2013 年
的 269 个基点下降至 2016 年的 95 个基点；10 年期城投债和国债的利差
降幅次之，从 2014 年的 266 个基点下降至 2016 年的 156 个基点；5 年期
城投债和国债的利差也从 2014 年的 264 个基点收窄至 2016 年的 181 个基
点。这说明市场对城投债风险的担忧已经大幅缓解，城投债的风险水平
也已经显著下降并趋于稳定。

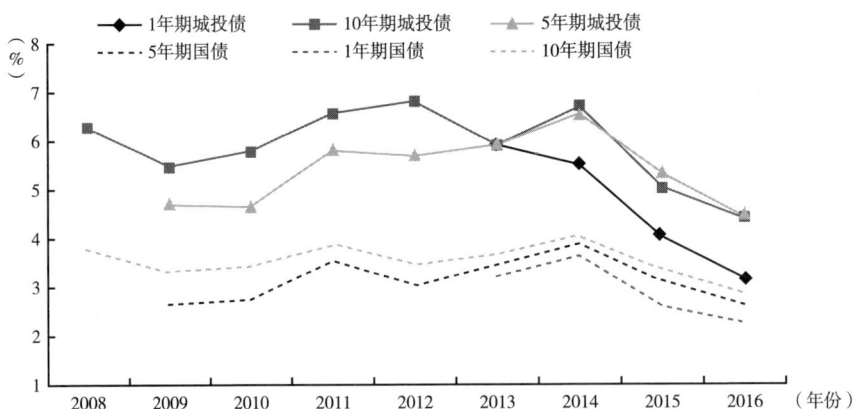

图 12　城投债与同期国债的发行利率

注：发行利率：以发行金额为权重计算的加权平均利率。
数据来源：根据 WIND 中债国债和城投债到期收益率曲线计算。

由于城投债的债务主体绝大部分为地方国有企业,发行利率可能受到地方政府的人为干预。虽然地方政府通过多种形式提供信用担保以降低发行利率的情况已经逐渐减少,但是一级市场的发行利率仍受到政府隐性担保的影响,不能够完全反映其真实风险水平。因此,高利率水平在一定程度上对应高债务风险,而低利率水平则不能够简单对应低债务风险,还需要参考二级市场上的债券收益率,及其与国债的风险溢价水平来进行综合分析。

二　基于二级市场利率风险溢价的分析

图 13 为 2012 年 7 月~2016 年 12 月地方政府债券与国债的风险溢价走势。从图中可以看出,地方政府债券和国债的收益率差距很小,通常在 15~45 个基点之间波动。在经历了 2015 年 3~7 月地方政府债务置换开展初期的短暂飙升后,2016 年逐步恢复到 2014 年底的较低水平。由于 2015 年 5 月之前地方政府债券在二级市场上的交易并不活跃①,且目前仍以银行间市场交易为主,换手率虽较 2015 年有所上升,但仍位于各品种之末,交易活跃程度仍显著低于国债和央行票据,故其二级市场收益率的风险溢价情况并不能更多地揭示出地方政府的债务风险状况,在此不多做分析。

与地方政府债券不同,城投债与国债的收益率有着较为明显的差距。城投债二级市场收益率显著高于国债,但 2014 年后与国债的利差呈现逐步收窄的态势。图 14 为 2008 年 8 月~2016 年 12 月,二级市场上三个代表性期限城投债与国债利差的走势。总体来看,获得 AAA 信用评级的城投债收益率显著高于同期国债。与国债的平均风险溢价为 1 年期 144 个基点,5 年期 163 个基点,10 年期 178 个基点,即期限越长风险溢价越高。2014 年以前 AAA 级城投债与国债的利差通常在 100~200 个基点间波动,但之后快速收敛至 60~80 个基点。

---

① 财政部、中国人民银行、银监会联合下发《关于 2015 年采用定向承销方式发行地方政府债券有关事宜的通知》,将地方政府债券纳入合格抵押品范围,地方政府债券在二级市场上的交易才逐渐活跃起来。

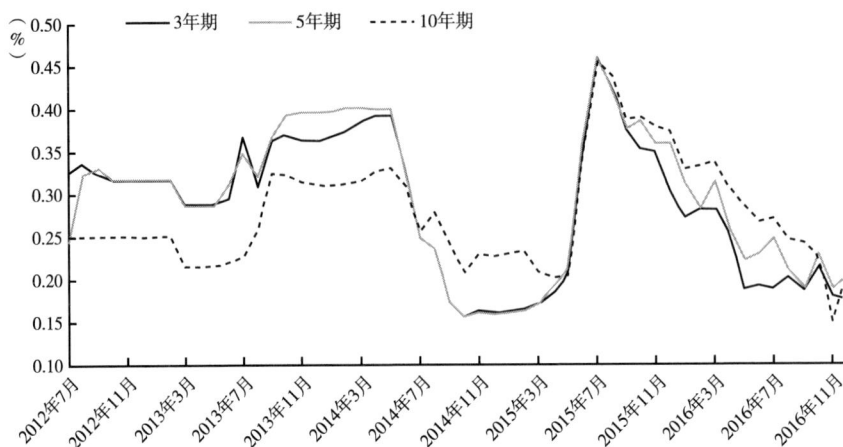

图13　地方政府债券与国债的利差

数据来源：根据 WIND 中债即期收益率曲线计算。

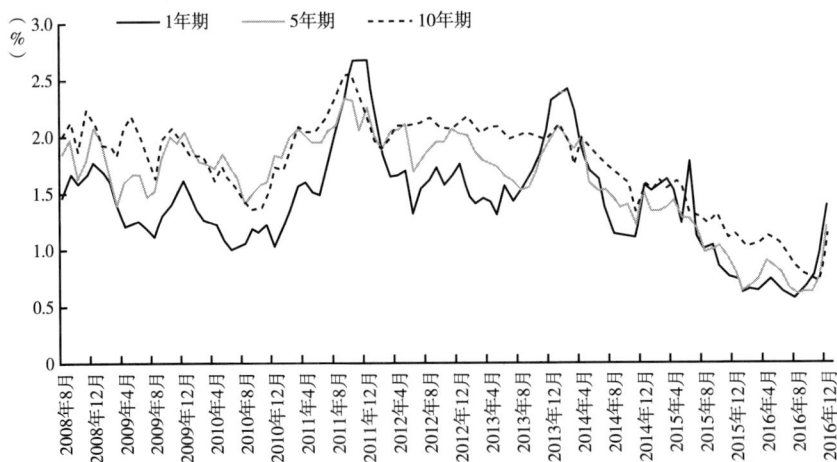

图14　AAA 级城投债与国债的利差

数据来源：根据 WIND 中债即期收益率曲线计算。

城投债的利率受货币政策、流动性和突发事件引起的市场情绪波动
影响显著，但市场情绪的影响仅为短期，而货币政策的影响则较为持久。
2008 年 8 月以来，出现过两次风险溢价飙升的情况：第一次是 2011 年 8

月前后，可能是受 PIIGS 债务危机的影响①，1 年期城投债与国债的利差一度升至 276 个基点；第二次是 2013 年 12 月前后，可能是受美国政府债务上限危机的影响，利差再次扩大至 242 个基点。我们注意到 2016 年 9 月以来，城投债与国债的利差再次快速扩大。12 月份 1 年期、5 年期和 10 年期城投债的风险溢价分别上升至 140、120 和 114 个基点，由于 12 月份城投债的发行量处于全年低位，这可能与央行关于货币政策收紧的表态和年底市场资金面紧张有关。

综合一级市场发行利率和二级市场债券收益率来看，地方政府债务风险在过去十年中先升后降，转折点为 2014 年。短期债券方面，债券利率的下行与央行在 2014 年 11 月开始的几次降准降息，有意引导融资成本下降有关。中长期债券方面，利率的下行与国家在 2012 年以后对地方政府融资平台进行规范并加强监管，并于 2014 年 8 月底出台新《预算法》，以及 2015 年 5 月财政部推出的地方政府债务置换计划有关。其中，债务置换方案致力于改善地方政府的债务期限结构，极大地疏解了地方政府融资平台债务集中到期造成的流动性困境，有利于地方财政的稳健发展，也从很大程度上降低了市场对地方政府债务风险的担忧。

需要说明的是，通过分析地方政府债券和城投债的发行利率、收益率的分布和走势，以及与国债的风险溢价来考察债务风险，主要是基于上述指标能够在一定程度上反映市场对地方政府债务风险的认识，分析的对象是感知风险（perceived risk）而不是实际风险。但是，我们有理由认为感知风险同实际风险为高度正相关，但同时承认感知风险与实际风险之间必然存在着一定程度的偏差。因此，还需要结合传统的债务指标来对地方政府债务风险进行综合分析与评估。

三　基于债务指标的风险分析

本部分将对地方政府的债务总规模和各省的负债率（Debt – to – GDP

---

① PIIGS 为葡萄牙（Portugal）、意大利（Italy）、爱尔兰（Ireland）、希腊（Greece）和西班牙（Spain）五国。

ratio）情况进行估计，并在此基础上对地方政府总体风险和省际风险状况进行初步的评估与分析。

虽然根据《地方政府性债务风险应急处置预案》的规定，2015 年及以后发行的城投债不属于地方政府性债务，政府实行不救助原则①，但是考虑到其与地方政府的复杂关系，这里仍将其列为广义上的地方政府或有债务纳入讨论范围。因此，本文在讨论地方政府债务时包括三个部分的债务：地方政府债券（含 2017 年置换债②），2014 年 12 月 31 日以前未偿付的城投债，以及 2015 年及以后发行的城投债。其中，在分析过程中将主要分为两个口径：包含 2015～2016 年发行的城投债计为宽口径，不包含的计为窄口径。

需要说明的是，按照财政部之前公布的日程表，尚未置换的城投债，以及银行、信托等金融机构贷款将有可能于 2017 年置换完成（当然，根据实际进展情况，也有可能延后至 2018 年）。由于 2017 年置换债的发行计划尚未正式公布，在此假设为 3.3 万亿元，这可能会造成对债务总额的低估。同时，由于并非所有 2014 年底以前未清偿的城投债在财政部甄别清理后均划为地方政府性债务，并且其中一部分会被纳入 2017 年的置换安排，简单加总以上三个部分会造成对债务总额的高估。因此，本文对地方政府债务总规模的估计会存在一定的误差。但是，在加总过程中由于上述因素的相互抵消，造成的误差应在可接受的范围，并不会偏离实际太远，估计对负债率的影响在 2% 左右。

根据估算口径的不同，截至 2016 年底全国地方政府债务总规模在 17 万亿～20.7 万亿元。如图 15 所示，如严格依照财政部的定义（即窄口径）来计算，江苏、浙江、山东分别以 1.53 万亿元、1.10 万亿元和 1.07

---

① 2017 年 5 月 24 日，财政部在回应穆迪下调中国主权债务评级时重申，新《预算法》实施后，我国地方政府或有债务仅指地方政府为使用外国政府或国际经济组织贷款进行转贷的担保债务，除此以外不存在任何其他或有债务。

② 根据最新披露，2017 年进入城投债的置换阶段，置换债发行规模预计略超 3 万亿元，低于各方的普遍预期。

万亿元的债务规模位列全国前三，分别比 2015 年上升了 45.7%、20.8% 和 16.3%。如依宽口径计算，江苏的债务规模大幅上升至 2.23 万亿元，浙江和山东的债务规模也分别升至 1.32 万亿元和 1.24 万亿元。

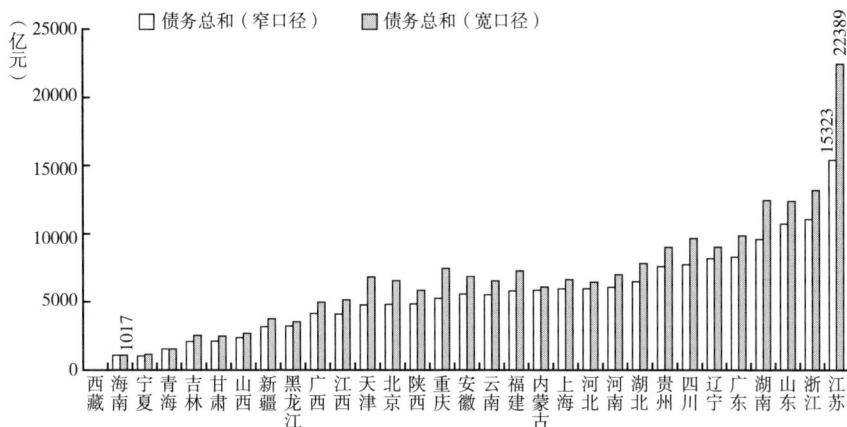

图 15　2016 年各省地方政府债务规模

数据来源：作者估算。

从负债率来看，根据估算口径的不同，截至 2016 年底全国地方政府债务规模为 GDP 的 22.7% ~ 22.8%，如果加上中央政府负债率 16.1%[①]，则中国政府负债率在 38.8% ~ 43.9%，这距离国际警戒线（60%）仍有一定空间，故总体来看我国的地方政府债务仍处于较为安全的范围。

图 16 给出了按两种口径估算的各省负债率情况。分地区来看，西南和西北地区的负债率较其他地区高，债务负担相对较重。此外，这两个地区多为经济发展相对滞后的地区和少数民族自治区，财政收入来源相对较少，债务风险相对其他地区来说较高。但是这与地方政府债券和城投债发行利率和风险溢价所反映出来的情况并不完全相符，也从一个侧面反映出这些地区发行的地方债和城投债的市场化定价水平仍有待提高。

具体到各省的情况，无论以哪种口径计算，贵州、青海、云南、辽

---

① 根据国务院总理李克强在博鳌亚洲论坛 2016 年年会上的讲话。

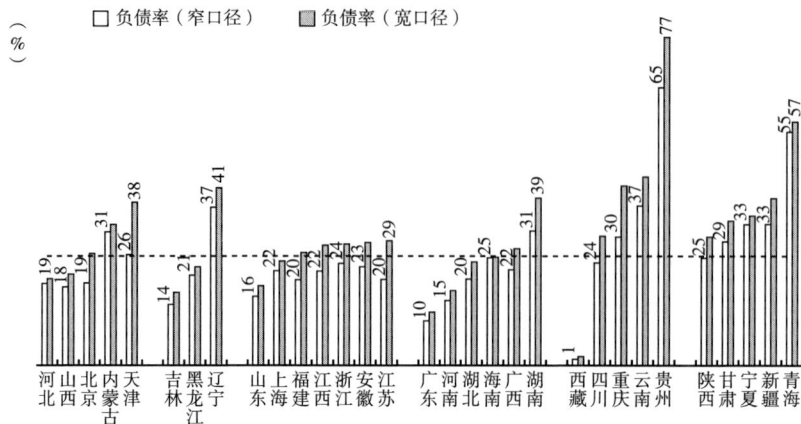

图16　2016年各省地方政府负债率

注：1. 此处未纳入2015年出现的政府性基金（如政府投资基金等），部分地方政府违规担保的情况也有待统计数据的披露。

2. 图中虚线为窄口径全国平均负债率25%。

3. 各省份从左至右按中国行政区划排序，依次为华北、东北、华东、中南、西南、西北，区域内各省份按负债率（宽口径）升序排序。

数据来源：作者估算。

宁的负债率均位居全国前列。这些省份主要是少数民族地区，经济发展相对滞后，无论是人均 GDP 还是财政收入都位于全国平均水平之下，债务的偿还在很大程度上要依靠土地收入和中央政府的转移支付，因此债务风险较高。其中，贵州和青海两个省份的负债率已经超过或接近国际警戒水平，依口径不同贵州负债率为 65% ~ 77%，青海负债率为 55% ~ 57%，值得密切关注。

相比之下，全国债务规模最高的省份——江苏、浙江和山东，虽然债券发行规模大，但由于其经济发展水平较高、增长态势较好，负债率均低于全国平均水平，可以说债务风险较低。例如江苏省，虽然在 2015 ~ 2016 年均是全国地方债市场最大的发行主体，债务规模遥遥领先于全国其他省份，但是随着其置换进度已接近 70%，预计 2017 年地方债发行规模将出现下降。并且其宽口径负债率约为 29%，窄口径负债率则只有 20%，显著低于全国平均水平。如果结合地方政府债券和城投债的发行利率来看，江苏省的利率水平也处于相对低位，因此可以认为其债务水平仍处于较为安全的范围，债务风险并不高。

总之，在新《预算法》出台、财政部推出地方政府债务限额管理和债务置换等政策措施之后，地方政府的举债行为受到了强有力的约束和监管，债务规模的扩张也得到了有效的遏制，地方政府债务处于安全可控的范围。除了贵州和青海等少数省份，目前全国大部分省份的地方政府负债率均在国际警戒水平以下。但是，也应当认识到当前存在局部地区偿债能力弱化、政府和社会资本合作项目不规范、地方政府违法违规提供融资担保的状况。为了严守不发生区域性、系统性风险的底线，防范和化解财政金融风险，未来还应进一步加强政府债务限额管理和预算管理，严格执行《预算法》和国务院有关规定，防止地方政府以其他方式违规举债和变相提供担保。此外，还应督促高风险地区加强风险防控，不断完善各级风险评估、预警和应急处置机制。

第五节　政府债务杠杆率演进动态及情景模拟：债务可持续的关键是实现有质量地增长

这里主要从债务率的视角出发，提出一个评估政府财政以及债务可持续性的框架，并针对我国政府债务情况做一个情景模拟。同时，我们也在整个框架下回顾美国和日本政府债务的累积和化解，以资借鉴。

一　理论逻辑

近几年论及我国经济，有一个被频繁提及的说法叫"脱实向虚"。虽然倡导者所指的具体内涵并不完全一致，但大体上都是说我国的实体经济和虚拟经济之间存在失衡。金融部门占用资源过多，膨胀过快。那么，有没有指标来衡量实体经济和虚拟经济的规模呢？GDP 是衡量实体经济规模最常用也最易获得的指标。衡量虚拟经济（或者说金融部门）规模的指标要更多一些，结构也更为复杂。从金融机构的视角看，有金融机构资产总额、信贷总额、货币总量和债务总量等；从金融市场的角度看，有股票市值和债券余额等。有了这两方面的指标，二者的比值就成为比较实体和金融部门规模的一个良好基准，比如常用的 M2/GDP、债务总额/GDP、信贷总额/GDP，等等。

金融和实体经济的相对规模以适度为佳，也就是说，金融部门既不是越大越好，也不是越小越好。其实，衡量金融和实体相对规模的指标具有双重内涵：一方面，它们是衡量金融发展和金融深化程度的指标。指标越高，说明金融体系越发达、成熟；指标越低，说明金融体系越欠发达，甚至存在金融压抑；另一方面，它们又是衡量金融风险的指标，是杠杆率的度量。指标越高，说明杠杆率越高，金融风险越大；指标越低，说明杠杆率越低，金融风险越小。美国经济学家麦金农（1997）最早提出了"金融压抑"和"金融深化"的概念，并且用 M2/GDP 来衡量金融深化程度。Cihak et al.（2013）的研究从四个维度考察金融发展程度，即：①金融深度（financial depth）；②金融可获得性（access）；③金融效率（efficiency）；④金融稳定性（stability）。其中，金融深度体现一个经济体中金融机构和金融市场的规模，即用前面提及的诸指标刻画。麦肯锡（MGI, 2010；2012；2015）最近一系列有关去杠杆的研究很有影响，使用的主要指标就是债务总额/GDP。

我们从后一种理论内涵，即杠杆率的角度使用指标。经过三十多年的改革开放，我国的金融部门获得长足发展，金融压抑状况已大为改观，市场化程度获得极大提升。因此，我国当下更应关注的是金融风险，尤其是企业债务和地方政府债务的膨胀。

二　政府债务率稳定条件

考察政府财政可持续性和债务风险，债务率是一个非常重要的角度。如果债务率保持稳定甚至有收缩趋势，那就表明债务风险可控，有较好的持续性；相反，如果债务率出现膨胀甚至爆炸性增长，那就表明债务风险失控，不可持续。总之，债务的可持续性要求杠杆率处在合理水平，而且其未来变化也平稳可控。

余永定（2000）和李扬等（2012）讨论了中央政府和政府总体的债务率情况，推导出了债务率稳定条件，并做了相关模拟。汤铎铎（2014）指出了债务率稳定条件和 Piketty（2014）所谓的"资本主义基本矛盾"具有一致性，即经济增长率和利率长期来看具有非常重要的意义。如果利率持续大于经济增长率，一方面会导致资产泡沫和债务膨胀；另一方面则会恶化收入分配，加剧贫富分化。

假设政府债务余额为 Z，实际 GDP 为 Y，物价水平为 P，政府债务率为 z。有 $z = Z/YP$，且 z 随时间的变化率为：

$$\frac{dz(t)}{dt} = \frac{d[Z(t)/Y(t)P(t)]}{dt} = \left\{ \frac{dZ(t)}{Y(t)P(t)} - \frac{Z(t)}{Y(t)P(t)} \left[\frac{dY(t)}{Y(t)} + \frac{dP(t)}{P(t)} \right] \right\}/dt \quad (1)$$

再假设政府财政收入为 T，财政自主支出为 E（不包括债务利息支出），债务利率为 i，于是，政府债务余额的变化率如下：

$$\frac{dZ(t)}{dt} = -[T(t) - E(t) - Z(t)i(t)] \quad (2)$$

即财政收入 T 增加会减少政府债务余额，财政自主支出 E 和利息支出 $Z \cdot i$ 增加会增加债务余额。假设政策赤字率为 f（政策赤字也即基本逆差，是排除债务利息支出后，财政自主支出 E 和财政收入 T 之差）则有 $f = (E - T)/YP$。式（2）两边同除以 YP，可得：

$$\frac{dZ(t)}{Y(t)P(t)} = \left\{ \frac{[E(t) - T(t)]}{Y(t)P(t)} + \frac{Z(t)i(t)}{Y(t)P(t)} \right\}dt = [f(t) + z(t)i(t)]dt \quad (3)$$

假设实际经济增长率为 n，即 $n(t)\,dt = dY(t)/Y(t)$，通货膨胀率为 π，即 $\pi(t)\,dt = dP(t)/P(t)$。

将 $n(t)$、$\pi(t)$ 和式（3）代入（1）可得：

$$\frac{dz(t)}{dt} = f(t) - z(t)[n(t) + \pi(t) - i(t)] \quad (4)$$

所以，政府债务率 z 主要和四个变量相联系，即政策赤字率 f、通货膨胀率 π、实际经济增长率 n 和债务利率 i。假定这四个量为参数，式

（4）即是关于 $z(t)$ 的一阶微分方程，可以通过求解来探讨债务率的路径，并通过改变参数值进行比较动态分析和路径模拟。式（4）的解为：

$$z(t) = f/(n + \pi - i) + ce^{-(n+\pi-i)t} \qquad\qquad (5)$$

其中 c 为任意常数。

式（5）的最基本含义是，当政策赤字率、实际经济增长率、通货膨胀率和国债利率保持某种稳定关系时，随着时间的推移，政府债务率有收敛到某一稳定水平的趋势。在式（5）中，$n + \pi - i$ 的取值非常重要。首先，z 最终能稳定下来的一个关键条件是 $n + \pi - i > 0$。也就是说，名义增长率要大于名义利率，或者说实际增长率要大于实际利率。否则，政府债务率会出现爆炸性增长。其次，$n + \pi - i$ 的大小决定了国债负担率的收敛速度。显然，增长率和利率之差越大，z 向稳定水平的收敛速度就越快，反之则越慢。最后，$n + \pi - i$ 的大小决定了可持续的政策赤字率水平。$f/(n + \pi - i)$ 代表 z 的最终均衡值，如果合理的均衡值一定，那么 $n + \pi - i$ 的人小实际上就决定了政策赤字的空间。显然，增长率和利率之差越大，政策赤字的空间也就越大。比如说，如果政府债务率的合理水平是 60%，那么，1% 的增长率和利率差就意味着政策赤字率不能超过 0.6%，3% 的增长率和利率差就意味着政策赤字率不能超过 1.8%。

三 我国政府部门总体杠杆率情景模拟

我们在前面推导的基础上引入银行坏账率。假设银行坏账率为 b，需要指出的是，这里的坏账率与通常意义上的银行不良率有区别。此处的银行坏账率分母为 GDP，而不是贷款总额；分子为每年的不良贷款流量，而不是存量。如此，则式（4）变为：

$$\frac{dz(t)}{dt} = f(t) + b(t) - z(t)[n(t) + \pi(t) - i(t)]$$

假定 f、b、π、n 和 i 为参数，上式即是关于 $z(t)$ 的一阶微分方程，求解可得：

$$z(t) = (f+b)/(n+\pi-i) + ce^{-(n+\pi-i)t}$$

注意上式与式（5）的区别，而相应的差分方程系统的解为：

$$z_t = \frac{1+i}{(1+n)(1+\pi)}z_{(t-1)} + f + b$$

可以用上式进行情景模拟。

假设初始政府部门杠杆率为40%，政策赤字率$f = 2.5\%$，$n+\pi-i$的取值分乐观（3%）、悲观（-3%）和中性（0）三种情景，银行坏账率也分低（0.1%）、中（0.5%）和高（1%）三种情景，我们对未来20年政府债务率的演变路径进行了模拟。结果如表7所示。

表7 我国政府部门总体杠杆率情景模拟

单位：%

年份 情景	高坏账			中坏账			低坏账		
	悲观	中性	乐观	悲观	中性	乐观	悲观	中性	乐观
2016	40	40	40	40	40	40	40	40	40
2017	45	43	42	44	43	42	44	43	41
2018	49	47	45	48	46	44	48	45	43
2019	54	50	47	53	49	45	52	48	44
2020	59	54	49	57	52	47	56	50	45
2021	65	57	51	62	55	49	60	53	47
2022	70	61	53	67	58	50	64	55	48
2023	75	64	55	72	61	52	69	58	49
2024	81	68	57	77	64	53	73	61	50
2025	87	71	59	82	67	55	78	63	51
2026	93	75	60	87	70	56	83	66	53
2027	99	78	62	93	73	57	87	68	54
2028	105	81	64	98	75	59	93	71	55
2029	112	85	65	104	78	60	98	73	56
2030	118	88	67	110	81	61	103	76	57
2031	125	92	69	116	84	62	109	78	58
2032	132	95	70	122	87	64	114	81	58
2033	140	99	72	129	90	65	120	83	59
2034	147	102	73	136	93	66	126	86	60
2035	155	105	74	142	96	67	133	88	61
2036	163	109	76	149	99	68	139	91	62

数据来源：作者计算。

　　在这种情景设定下，在三个乐观情景中政府部门杠杆率会收敛到一个均衡值，其中，高坏账时为116.7%，中坏账时为100%，低坏账时为86.7%。而在悲观和中性情景中，政府部门杠杆率会持续走高，出现爆发性增长。

四　政府债务积累和化解的国际经验：英国、美国和日本

　　主权国家债务有着悠久的历史，这些债务大多与战争相联系。在现代经济中，由于政府作用的日益增强，公共债务的累积和化解更成为一个重要经济议题，时时牵动着大众和媒体的注意。

　　作为最老牌的发达国家，英国有相对完备的长时段政府债务数据。从这些数据看，英国应该是世界上化解政府债务最成功的国家（参见图17）。英国国债始于威廉三世时期，他组建了一个城市商人的辛迪加来发行政府债券，这个辛迪加成为英格兰银行的前身。此后，以英格兰银行和发达的金融市场为依托，英国政府为其卷入的大小战争不断融资，其债也持续增长。在拿破仑战争结束后，英国政府债务占 GDP 的比重达到惊人的260%。不过，在此后的百年里，英国政府开启了去杠杆进程，到1914年将该比例降低到25%。第一次世界大战的爆发使英国政府债务再次迅速膨胀，很快超过了 GDP 的150%。不久后爆发的第二次世界大

图 17　英国政府债务/GDP（1692～2012 年）

数据来源：www.ukpublicspending.co.uk。

战使英国政府债务再创新高，1947 年达到了 GDP 的 238%。在此后的几十年里，英国政府再次成功去杠杆，到 1991 年再次把债务占 GDP 的比重降低到 25%，并且这种低水平一直维持到 2007 年。2008 年开始的全球金融危机使英国政府债务第三次攀升，2016 年达到 GDP 的 85%。

将英国誉为世界上化解政府债务最成功的国家，除了图 17 显示的两次长时段去杠杆之外，还有一点就是自 18 世纪以来英国政府债务从未发生过违约。也就是说，自英格兰银行建立以来，英国政府对自己的债务一向恪守信用，每次去杠杆总是利用经济手段，而不是违约或拖欠。债务积累的主要原因无非两个：经济危机和战争，这两类事件总是令政府债台高筑，英国也不例外。去杠杆的理想环境则是相对的和平和经济繁荣。英国第一次去杠杆时期是维多利亚时代。这个时期的英国走向世界之巅，成为全球霸主，其领土达到了 3600 万平方公里，经济总量占全球的近 70%，贸易出口更是比全世界其他国家的总和还多上几倍，殖民地的财富则源源不断地流入。英国第二次去杠杆时期则是第二次世界大战后全球资本主义的大繁荣时期。这一时期，虽然冷战的阴霾久久挥之不去，但是相对和平的环境仍然令全球经济取得了不错的增长。在欧洲，"马歇尔计划"助推了持续多年的战后繁荣，最终彻底改变了全球经济和政治格局。本轮金融危机后，英国政府债务再次迅速攀升，其未来发展值得进一步关注。

在英国之后，化解政府债务的典范当数美国。如图 18 所示，美国从 1929 年大萧条至今，出现过两次政府债务高峰。第一次是第二次世界大战后的 1946 年，达到 GDP 的 118%。第二次就是本轮金融危机后到现在，2016 年联邦政府债务达到 GDP 的 108%。虽然美国的居民部门和企业部门的去杠杆进程已经开启，但是政府债务的增长并未得到有效遏制。

图 18 还列出了美国联邦政府财政赤字占 GDP 的比重，通过对比可以更加清晰地窥见债务增长的原因。第一次债务高峰的形成有两个阶段。第一阶段是应对"大萧条"。1929 年"大萧条"爆发，1932 年开始美国联邦政府财政出现明显赤字，一直到 1937 年，最终将政府债务从占 GDP

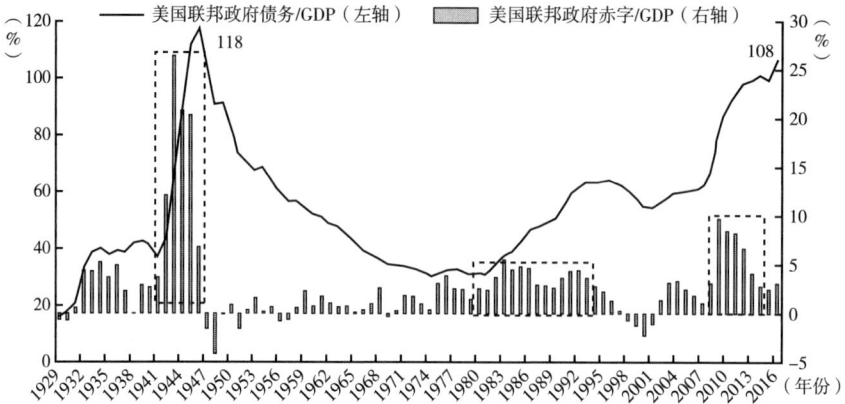

图18 美国联邦政府债务/GDP 与赤字/GDP（1929～2016 年）

数据来源：WIND、Congressional Budget Office, the United States。

的 20% 推高到 40%。第二阶段则是第二次世界大战爆发，可以看到，联邦政府赤字迅速扩大，债务也被急剧拉高到占 GDP 的 118%。第二次债务高峰的形成也有两个阶段。第一阶段是里根政府和老布什政府时期，从"星球大战"计划到海湾战争，持续的政府赤字将债务占 GDP 的比重从 30% 左右推高到 60% 左右。第二阶段则是本轮全球金融危机后的救助和经济刺激，目前已经将债务占 GDP 比重推高到超过 100%。

图19 显示了另外一个关键指标，即美国经济增长率和国债收益率之差。这就是第二部分式（5）中的，从长期来看其取值非同小可。美国的第一次去杠杆和英国的第二次去杠杆在同一时期。这一时期的特征之一就是经济增长率长期稳定地大于国债收益率，直观地说，即经济增长和通货膨胀令债务"贬值"的速度要快于债务利息堆积的速度。这几乎是成功去杠杆的必备条件。当然，这是在控制赤字前提下在中长期消减债务的条件，在赤字高企和债务迅速膨胀的较短时期，其作用相对有限。对比图18 和图19，在"大萧条"之后和第二次世界大战中，一度出现了非常有利的去杠杆条件，但是高额赤字还是迅速拉高了债务水平。而最近几年美国持续的 QE 和零利率政策，也营造了相对有利的去杠杆条件，但是短期的巨额赤字还是推升了债务的 GDP 占比。美国政府新一轮去杠

杆的成败，取决于短期和长期两个因素。短期看能否有条件控制赤字，长期看能否有新一轮的持续时间较长的经济繁荣。

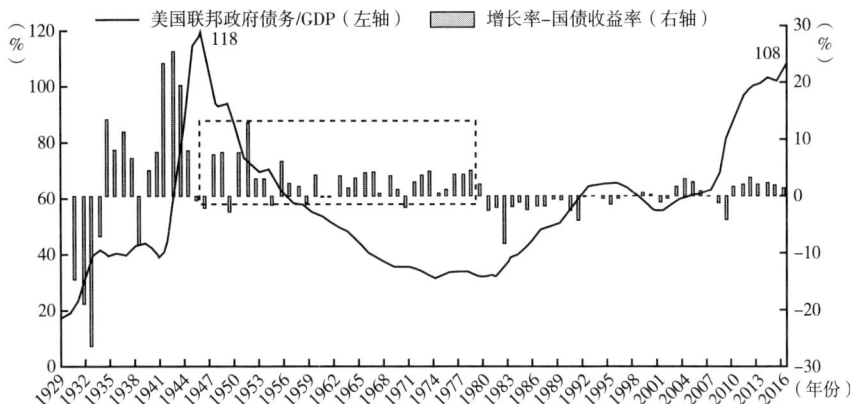

图 19　美国联邦政府债务/GDP 与经济增长率和国债收益率之差（1929～2016 年）

数据来源：WIND、霍默和西勒（2010）。

　　如果说英国和美国是化解政府债务的"模范生"，那么日本则因其债务的耐受度而备受瞩目。从图 20 和图 21 可以看到，日本政府债务的积累经历了三个阶段。1973 年是日本经济出现拐点的一年，此前 20 年的经济增速在 9% 以上，创造了经济奇迹，此后 20 年则断崖式下跌到 3.5% 的平均增速。在经济快速增长的年代，日本政府财政状况良好，名义增长率和国债收益率之差常常超过 10%，因此政府债务占 GDP 的百分比很长时间停留在个位数。两次石油危机导致日本的经济增速快速下滑，政府债务的 GDP 占比也在 1985 年首次达到了 50% 的水平。第二阶段的债务积累发生在泡沫经济破灭后的所谓"失去的 20 年"。从 1993 年到 2012 年，日本的平均经济增长率不及 1%。在财政赤字、经济低迷和通货紧缩三重压力下，日本政府债务占 GDP 的比重在 2005 年首次超过 150%。第三阶段债务积累发生在本轮全球金融危机之后。日本政府债务占 GDP 比重在 2012 年首次超过 200%，最近几年也大致维持在这一高位。

　　在欧债危机愈演愈烈、欧洲五国（PIIGS，葡萄牙、爱尔兰、意大

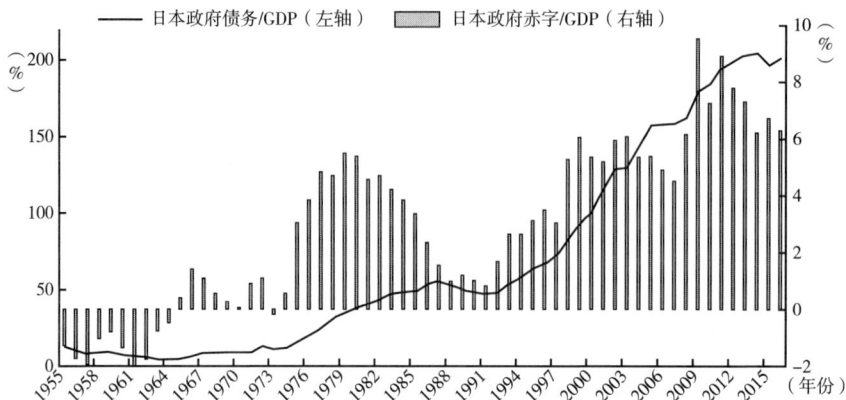

图 20　日本政府债务/GDP 与赤字/GDP（1955～2015 年）

数据来源：日本财务省。

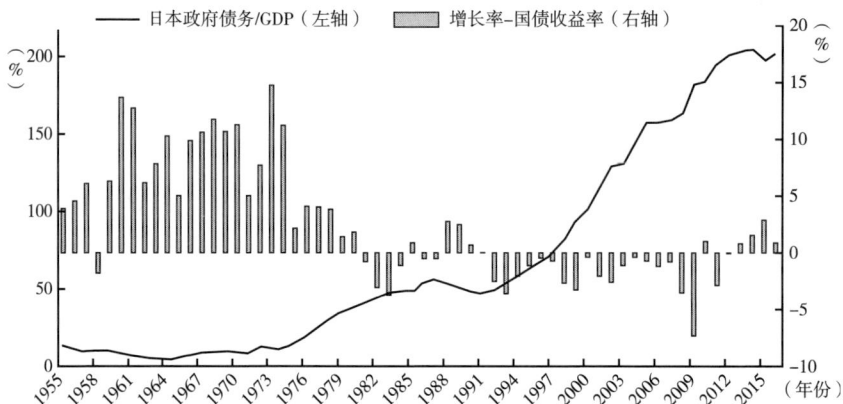

图 21　日本政府债务/GDP 与经济增长率和国债收益率之差（1955～2015 年）

数据来源：日本财务省、霍默和西勒（2010）。

利、希腊和西班牙）的政府债务岌岌可危之际，日本成为众人瞩目的一个神奇存在。日本政府债务的 GDP 占比远超上述五国，为何却显得高枕无忧？日本为什么没有成为希腊？首先，与很多国家的"双赤字"不同，日本虽然政府财政长期赤字，但是经常账户却长期盈余。根据国民收入核算恒等式，这表明存在正的储蓄—投资缺口。这些过剩储蓄成为国债市场的潜在支撑力量。其次，日本的经常账户盈余来自两个方面：一是贸易盈余；二是海外资产收益。日本在泡沫经济破灭之前积累了大量海外资产。这些资产一方面提供持续的资金流入，使日本的经常账户相当强健；另一方面某种程度上也是政府信用的背书，在本国出现偿付问题时，这些海外资产是可以出售驰援的。再次，日本的居民和企业储蓄率非常高，而且都有很强的本国偏好，喜欢投资本国国债。也就是说，日本的居民和企业甘愿借钱给政府，也有能力借钱给政府。最后，日本国债主要由国内主体持有。日本中期和长期国债的90%左右由国内机构和个人持有，短期国债的国内持有比例也在70%左右。综合以上这些条件，使日本政府的债务耐受度格外高。

然而，随着这些有利条件的不断损耗，日本的政府债务问题日渐凸显。是债务就最终要还，高杠杆不可能长期持续。说到去杠杆的条件，所有国家都一样。短期看，要改善政府财政、控制赤字。长期看，则要有持续的经济增长。对目前的日本来说，这无疑是一项艰巨的任务。

第六节　化解政府债务风险的思考与建议：亟须推出更多实质性改革举措

深入探究政府债务特别是地方政府债务累积的根源，体制性因素是绝对不能忽视的。下一步要防范和化解潜在的政府债务风险，从根本上说，需通过深层的体制性改革来有效控制债务增量。为此，可重点在以下三方面推出更多实质性举措。

一　进一步硬化地方政府的预算约束

这是化解地方政府债务风险的关键。事实上，2015年以来出台的一系列治理举措如通过立法的形式规定地方政府的债务上限等，已经在朝这个方向做了不少努力，未来还需要进行更深层次的改革。

一是进一步推进市场化的地方政府债券发行机制，对地方政府的举债行为形成强大的市场约束。

一个良好的政府债务风险管理机制，需要对信用风险进行有效的定价，使不同借贷主体的信用风险形成明显的信用利差及相应的风险补偿差异，确保收益率价差能够反映地方政府层面的信息，反映地方债的差异化违约风险，从而提高地方政府对利率变化的敏感性，发挥市场对地方政府举债的约束作用。如果不同主体借贷的信用利差不能被有效区分，不能充分反映风险溢价，甚至出现风险溢价倒挂的情况，可能导致对借款人信用风险的低估，造成整个信用体系无法形成有效的风险识别及防控机制，致使风险不断累积。

客观来说，地方债发行市场化程度近年来有所提高，但距离真正的市场化还有不小距离，特别是债券发行定价市场化程度依然不足。从当前的情况看，无论是新增债务还是存量置换债务，无论是定向还是公开发行，其发行利率与当期国债利率的溢价并不显著，有一段时间以及在个别地区甚至出现地方债利率低于国债利率的倒挂现象。负信用利差的存在与国家信用普遍高于地方政府信用的基本定价标准并不相符。因为一般认为，国债是金边债券，而地方债只是准金边债券。之所以出现这一情况，一方面是因为存在刚性兑付的预期，存在中央政府信用背书的成分；另一方面，地方政府在财政存款和本地其他经济资源上的腾挪能力提高了其议价能力，形成对地方债发行定价的隐形干扰。地方债的低利差在一定程度上表明现有定价机制并没有真实反映部分地方政府债券的市场价值和风险成本。

为进一步提高地方债市场化程度，应着力推进市场化定价发行，减少地方政府对债券利率形成的行政干预，真正体现地区差异化定价原则，同时定向置换部分也应考虑如何进一步提高定价的市场化程度。

二是进一步健全信用评级体系，提高地方政府的财政透明度。

目前在地方债发行过程中，尚缺乏合理有效的信用评级机制。从前期已发行地方债的信用评级看，都是最高的 AAA 评级，等同于国家信用评价。而实际上，各地区在经济实力、财政规模及债务负担等方面存在不小差异。信用评级差异集中在较窄区间，尽管与历史短、缺少债务偿还历史、没有发生过实质性的违约等因素有关，但也与地方政府信用与国家信用之间的区隔度不高有关，同时还与信息披露不完善有关。从过去的实践看，尽管关于债券本身的信息（包括债券规模、期限、用途和还款安排、发行规则）披露不断改进，但关于发债主体（即地方政府）的信息披露并不充分，特别是缺乏客观真实的资产负债表，无法确定地方政府的偿债能力。此外，目前债券评级市场主要采用发行人付费模式而不是投资人付费模式也会带来逆向选择问题。

未来应进一步强化对地方政府财政稳健性的评判，改善信息披露，并通过"用脚投票"的机制以市场化的方式对地方政府借贷形成有效的监督，迫使地方政府加强财政纪律。

三是加大违约惩戒机制的实施力度，尝试引入地方政府财政破产制度。

新《预算法》和43号文所勾勒出的新型地方政府融资框架，旨在寻求市场化的解决思路，使地方政府债务边界清晰化。一方面厘清了政府信用与企业信用的边界，通过去行政化打破财政"兜底"思维和政府隐性担保预期，推动政府相关债务风险和债务收益的显性化。另一方面，也旨在厘清国家信用与地方信用的边界，明确提出地方政府对其举借的债务负有偿还责任，中央政府实行不救助的原则。山东等地方政府进一步提出了省级政府对市县政府债务也实行不救助的政策。《地方政府性债务风险应急处置预案》（以下简称《预案》）以及《地方政府性债务风险分类处置指南》再次强调"地方政府负有偿还责任的债务，中央实行不救助原则"①。

《预案》在加强省级以下地方政府的政治问责上也推出了若干举措。比如在责任追究方面，提出省级政府应当将地方政府性债务风险处置纳

---

① 但《预案》关于财政重整计划中也提出了申请省级救助的举措，指出在采取拓宽财源渠道、优化支出结构、处置政府资产等措施后，风险地区财政收支仍难以平衡的，可以向省级政府申请临时救助，包括但不限于：代偿部分政府债务，加大财政转移支付力度，减免部分专项转移支付配套资金等。待财政重整计划实施结束后，由省级政府自行决定是否收回相关资金。这是否会加剧省以下政府的道德风险，还需观察。

入政绩考核范围。对实施财政重整的市县政府，视债务风险形成原因和时间等情况，追究有关人员的责任。属于在本届政府任期内举借债务形成风险事件的，在终止应急措施之前，政府主要领导不得重用或提拔；属于已经离任的政府领导责任的，依纪依法追究其责任。同时，在债务风险事件应急响应中，提出省级政府适当扣减Ⅱ级债务风险事件涉及市县新增地方政府债券规模，暂停Ⅰ级债务风险事件涉及市县新增地方政府债券的资格。此外，在财政重整计划中，提出优化支出结构，压缩基本建设支出和政府公用经费，控制人员福利开支等调整步骤。这些举措有助于对地方政府和官员的过度举债行为形成具有威慑力的警告和惩罚，从而制约其行为。

我们认为，在强化省级政府对市县政府财政管理的基础上，还需要对中央政府与地方政府在债务偿还上的责任进行有效的隔离，避免中央政府对地方政府债务无限责任"兜底"和隐性信用担保，确保地方政府真正独立的信用，抑制财政机会主义行为。

此外，还应积极推进地方政府债券投资主体多元化。可通过证券交易所市场、商业银行柜台市场面向企业、个人等其他投资者发行债券；或探索面向社会保险基金、住房公积金、企业年金等机构投资者发行债券，以改变债券投资资金来源相对单一、高度集中于银行类机构尤其是商业银行的投资者结构，进而提高二级市场的交易流动性，并加大居民等主体对地方政府财政行为的监督力度。

二 进一步有效动员更多民间资本进入基础设施和公共服务领域

要进一步发挥PPP在地方资本性项目融资中的关键作用，还需在制度设计上对民间资本形成足够的吸引力，为此可考虑如下举措。

一是理顺价格管理体制。

由于基础设施所涉及的服务构成社会生产与生活的基础，因此长期以来，这些服务多被当作"社会性物品"而不是"经济性物品"来对待。价格标准由政府从社会福利的角度制定，存在人为低估的成分，通常无法弥补成本（包括日常运营和维护成本以及资本成本），更不要说赢利。当然，价格与成本偏离的程度在不同部门之间是有区别的。偏离程度比较大的是供水部门，还有电力与燃气部门等。在这种情况下，企业很难进行正常的运营。

为营造必要的商业化运营环境，应更多转向市场化的价格形成机制，以增加价格弹性，使企业（在良好经营的基础上）有可能获得足够的收入以弥补成本并得到合理的回报。在矫正价格标准的过程中，可能会对低收入群体造成一定的负面影响。对此，应引入"亲贫"（pro-poor）性的制度安排，特别是有效的需方补贴机制（包括基于费用结构设计的补贴、提供收入支持等），来提高低收入群体的支付能力和对服务价格的可承受性。

二是确保新进入企业和原有垄断企业（在位企业）之间的公平竞争。

在基础设施领域，支配市场的原垄断企业通常在竞争方面较之新进入企业具有压倒性的先动优势，同时还可凭借自身的优势（特别是控制着"瓶颈"环节和网络基本设施）采取一些阻碍竞争的策略性行为，使有效竞争难以实现。

为此，要加强《反垄断法》的执行力度，有效控制市场关闭行为。政府监管部门着力解决三个问题：一是接入政策特别是接入定价问题；二是网络租借或网间互联互通问题；三是普遍服务与交叉补贴问题。特别地，为了尽快改变不对等竞争的局面，需要监管机构对原有垄断企业和新进入企业实行待遇有所不同的不对称监管，"管住大的，扶持小的"。这种偏向新进入者的不对称监管政策可能对原有企业并不公平，但是，这是一种为了实现最终公平而暂时地表现不公平，从而体现了不对称监管政策的过渡性质。当市场真正形成有效竞争的局面后，监管部门就可以把不对称监管政策改为中性的干预政策，以充分发挥市场竞争机制的调节功能。

三是确保政府承诺的可信性以及政策的稳定性。

对基础设施领域而言，由政府有限承诺而给投资者带来的不确定性和相关政策性风险，是一个值得关注的问题。一般来说，由于基础设施的资本密集度高，资产专用性和资本沉淀性强，加上合同的不完备，潜在的投资者往往担心事后要挟（hold-up）和对投资者利益的侵占（expropriation），也就是政府事前承诺一些政策以吸引投资，一旦投资形成就可能违背当初的承诺。

为避免这种机会主义行为，需要创造相对可信的投资政策性环境。这方面重要的是应强化对投资者的产权保护，努力构筑良好的政治诚信记录。为此，要保证政府和民间部门所订立的合同内容明晰且切实可行，并保持政府相关政策的稳定性和连贯性，使民间资本的参与建立在一个可预见的制度框架下；同时，要在法律框架下约束政府未来的行动，保证其对民间部门的承诺得以兑现，使投资者得到应有的回报；当政府不能履行承诺而给投资者带来不必要的损失时，也要给予其相应的经济补偿。从而稳定投资预期，正向强化投资激励，动员和吸引更多的民间资本进入基础设施领域扩展投资。

三　进一步调整中央与地方间财政关系

为改变因支出责任和收入权力非对称性分权而衍生的地方政府融资压力，除了事权划分方面，在继续充分发挥地方政府作用的同时，适当强化中央政府的支出责任外，还应在财权划分上，以设法增加地方自主性财政收入为核心目标，完善地方主体税种，合理划分共享税，改革税权过度集中的体制。

在各级政府之间，特别是中央与地方政府之间的税种划分原则上，国际上不少财政学者提出了各自的理论。综合马斯格雷夫等人的研究成果，比较适宜划归地方成为地方主体财源的税种主要应具备以下特征：①税源具有明显的区域性、不易流动性；②以居住地为基础，可以有效地按照受益原则征收；③信息要求较细，地方征管效率更高。照此特征衡量，财产税，特别是课征于不动产的物业税被公认为是最适合地方政府掌握的税种，具有成为地方税主体税种的优良潜质。首先，不动产具有难以位移、非流动性的特征，税源比较稳定。其次，不动产税所负担提供的公共品具有明显的受益区域和受益对象范围，可以体现受益征税的原则。最后，不动产差异性显著，征税信息需求量大，地方政府具有管理优势。

从国际上看，在许多国家，财产税都划归地方，成为不少实行分税制国家级次较低的政府（主要是县市一级）财政的主力财源。而从中国的税制结构看，目前主要课之于不动产（房地产）的财产税收入也基本上划归地方，在地方税收收入中占有一定的份额；但总体来看，财产税收入规模偏小，离地方税主体税种地位或地方主力财源地位还有一定的距离。客观而论，不同的经济发展阶段，特别是不同的工业化和城市化水平，会导致不同的税制结构，因此中国的地方政府与发达国家的地方政府不具备可比性。但即使考虑到这一发展水平的差异，中国地方层面的财产税规模也系统地低于发达国家。

有鉴于此，我们认为，应结合土地、房屋税制改革，通过开征物业税或不动产税来优化地方税结构，将其逐步培育成为地方政府的主要税源和地方税的主体税种，以此提高地方财政的自给率。除了财产税外，从国际上地方税体系的普遍特征看，资源类税种，以及目的和行为类的税种也是地方税的主体形式。为此，应加快资源税的改革，并尽快开征环境税、碳税，作为地方主体收入来源的重要补充。

在发展基层政府支柱财源的同时，也可考虑适当缩小共享税的比重，并对地方财政和中央财政的收入比例做一些调整，适度提高基层财政的共享税分成标准，尤其是省以下各级政府间财政收入的划分，也应采取按税种或按比例分享等规范办法，合理界定各级政府的收入来源，科学划分收入级次及共享收入分成比例。

此外，为改变目前税权过于集中的局面，应进行更加深入的分权改革，适当扩大地方政府的税收管理权限，使其拥有更大的财政收入自主权。具体而言，对某些全国性影响相对不显著的税种，可在中央制定统一税收条例的前提下，允许地方政府根据各自的实际情况，对税目、税率、税基等税制要素，在一定的限度内做适当的规定和调整。比如，中央可设定统一的税率浮动范围，允许地方政府在此范围内自行选择。而对某些征税效应具有明显区域性的地方税，应扩大地方政府在税种方面

的选择权，允许地方政府在中央的必要约束条件下通过地方人大的立法
程序自行开征地方自己的税种。

参考文献

〔美〕罗纳德·I. 麦金农（1997）：《经济发展中的货币与资本》（卢骢译），上海人民出版社。

〔美〕悉尼·霍默、理查德·西勒（2010）：《利率史（第四版）》，中信出版社。

CBO，2010，"Federal Debt and Interest Costs，"Congressional Budget Office，The Congress of the United States.

Cihak，Martin，Asli Demirgüç-Kunt，Erik Feyen，and Ross Levine，2013，"Financial Development in 205 Economies，1960 to 2010，"*NBER Working Paper* No. 18946.

Copeland，Morris A.，1961，*Trends in Government Financing*，Princeton University Press.

IMF，2016，"Debt：Use it Wisely"，https：//www. imf. org/external/pubs/ft/fm/2016/02/fmindex. htm.

McKinsey Global Institute，2010，"Debt and Deleveraging：The Global Credit Bubble and its Economic Consequences，"www. mckinsey. com.

McKinsey Global Institute，2012，"Debt and Deleveraging：Uneven Progress on the Path to Growth，"www. mckinsey. com.

McKinsey Global Institute，2015，"Debt and（Not Much）Deleveraging，"www. mckinsey. com.

Piketty，Thomas，2014，*Capital in the 21st Century*，Harvard University Press.

Reinhart，Carmen M.，and M Belen Sbrancia，2011，"The Liquidation of Government Debt，"*NBER Working Paper* No. 16893.

UBS，2016，"Understanding China（Part II）- How Serious Is China's Debt Problem？"，www. ubs. com/economics.

李扬、张晓晶、常欣、汤铎铎、李成（2012）：《中国主权资产负债表及其风险评估（上、下）》，《经济研究》第 6、7 期。

汤铎铎（2014）：《经济增长、财富积累与收入分配》，载于《经济蓝皮书（夏季版）：中国经济增长报告 2013~2014》，社会科学文献出版社。

王永钦、陈映辉、杜巨澜（2016）：《软预算约束与中国地方政府债务的违约风险：来自金融市场的证据》，《经济研究》第 11 期。

余永定（2000）：《财政稳定问题研究的一个理论框架》，《世界经济》第 6 期。

第六章　银行业风险现状与防范

---

* 曾刚，国家金融与发展实验室银行研究中心主任，中国社会科学院金融研究所银行研究室主任。

- 本轮不良贷款风险主要根源于国内外经济结构的深刻调整，从 2012 年至今，已经持续了 5 年左右。
- 不同行业的调整开始时间不同、调整速度不同，因而此轮不良贷款在行业上以及行业所集中的区域上存在较大分化。
- 总体上，随着实体经济的企稳，银行业不良资产的压力正在趋于平稳，整体风险的拐点虽不一定很快出现，但部分地区已有好转迹象。风险在整体上可控、可承担。
- 利率市场化背景下，非信贷业务发展有其合理性，但其过度发展的风险需要高度关注。既有微观层面的风险，也有宏观层面的风险，并在 2016 年底有所显现。
- 随着监管政策的逐步到位，预计 2017 年，非信贷业务将会出现较大变化，或将有利于银行的创新回归正常、合理轨道。

近几年，中国经济进入了增长速度换挡期、结构调整阵痛期、前期刺激政策消化期的"三期叠加"阶段。与此同时，随着金融市场化加速，金融业外部环境快速演变。多重冲击之下，银行业面临的各类风险挑战也愈发复杂和严峻。

第一节　信贷业务风险与防范

一　不良贷款现状及特征

总体上看，过去几年中，在经济持续下行的背景下，商业银行信贷资产质量不断恶化。截至 2016 年末，商业银行不良贷款余额 15123 亿元，较上一季度末增加 183 亿元，继续小幅上升；商业银行不良贷款率 1.74%，较上一季度末下降 0.02 个百分点，全年不良贷款率基本保持稳定（见图 1）。

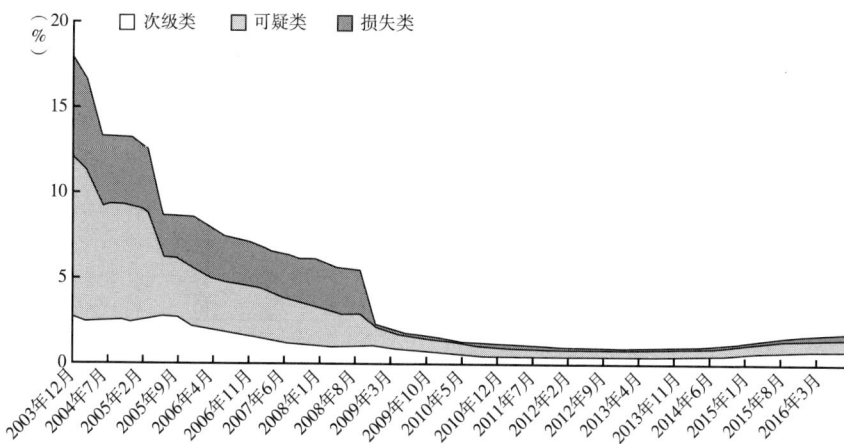

图 1　中国商业银行不良贷款率及其构成

数据来源：WIND。

分机构来看，截至 2016 年 9 月末，农村商业银行不良贷款率最高，为 2.74% ，外资银行最低，为 1.41% 。从不良贷款余额来看，国有大型商业银行的不良贷款规模最大。在实践中，或出于银行监管评级方面的考虑，或出于绩效考核的原因，商业银行有较强的粉饰不良贷款的动机，具体的方法包括债务重组（续贷）、科目调整（将事实上的不良贷款放入关注类贷款）、不良贷款出表（通过同业业务、理财等业务，将不良贷款暂时出表）和资产管理公司通道（与资产管理公司进行交易，但并非不良贷款的最终转移，只是临时性地代持）等。所以，目前公布的不良贷款余额和不良贷款率有可能大幅地低估了真实的不良贷款水平。但这应该不会误导不良贷款的趋势。掩盖不良贷款的最简单方法就是将实际的不良贷款放入关注类贷款科目，导致该类贷款规模和占比迅速上升。关注类贷款余额从 2014 年 9 月末的 1.83 万亿元上升到 2016 年 9 月末的 3.4 万亿元，占比则从 2.47% 上升到了 4.10% 。如果把关注类贷款均看作潜在不良贷款，则商业银行的不良贷款余额将上升到 5 万亿元左右，不良贷款率则可能在 6% 左右（见图 2）。

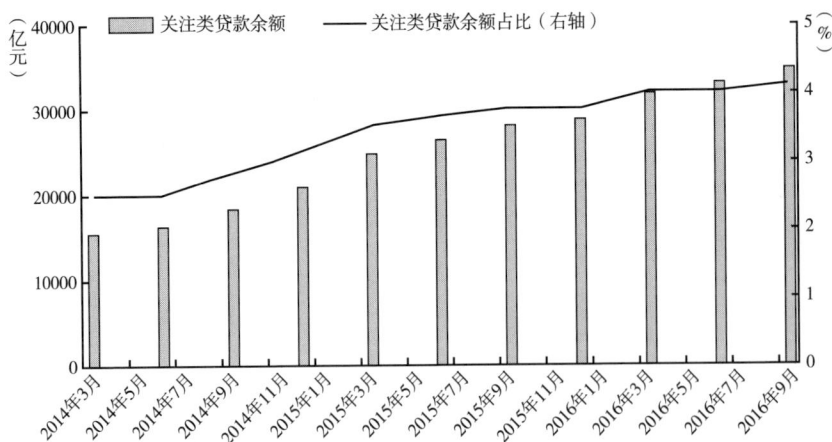

图 2　商业银行关注类贷款余额与占比

数据来源：WIND。

此轮银行业不良贷款有如下一些特点。

1. **客户结构特征**

企业客户是信用风险的主要来源，从小微企业到大型企业风险全面蔓延，单户亿元以上大额不良贷款问题突出。受国内外经济增速放缓影响，小微企业面临成本上升、资金紧张等问题，因抗风险能力较弱，对经济环境变化高度敏感，此轮商业银行信用风险反弹首先表现为小微企业违约率上升，部分以小微企业为主要客户的地区中小银行的不良贷款压力相对较大。随着风险不断扩散，许多中型企业、大型企业也开始陆续出现违约现象，商业银行不良贷款余额快速增长，信用风险集中爆发。个人类贷款信用风险较低，资产质量相对较好，截至 2016 年末，不良贷款率仅为 0.79%。其中，信用卡不良贷款率为 1.84%，汽车贷款不良贷款率为 2.15%，住房按揭不良贷款率为 0.39%。

2. **行业结构特征**

不同行业的不良贷款率差异较大。一些行业如批发和零售业、制造业等行业不良贷款率相对较高，不良资产问题较为突出。这些行业通常与经济周期密切相关，周期性明显；2015 年，批发和零售业与制造业的不良贷款率分别为 4.25% 和 3.35%；批发和零售业、制造业、建筑业、采矿业不良贷款率上升较快，2015 年比 2013 年分别上升了 2.09 个、1.56 个、0.89 个、2.82 个百分点，采矿业不良贷款率上升速度最快；公用事业（水电燃气）、卫生、社会保障业，水利、环境行业，教育等不良贷款率较低，2015 年不良贷款率都在 0.5% 以下，且部分近年有所下降（见图 3、图 4）。

3. **地域结构特征**

信用风险由东部发达地区向中西部地区逐步扩散。在经济下行时期，以外向型经济为主的区域最先受到冲击。在我国民营经济较为活跃、外贸企业较多的江浙地区，违约风险最先显现，不良贷款开始反弹。随着经济下行压力不断增大，不良贷款反弹的现象开始呈现从长三角地区逐步向珠三角、环渤海、中西部地区多方扩散的态势。从四大行年报披露

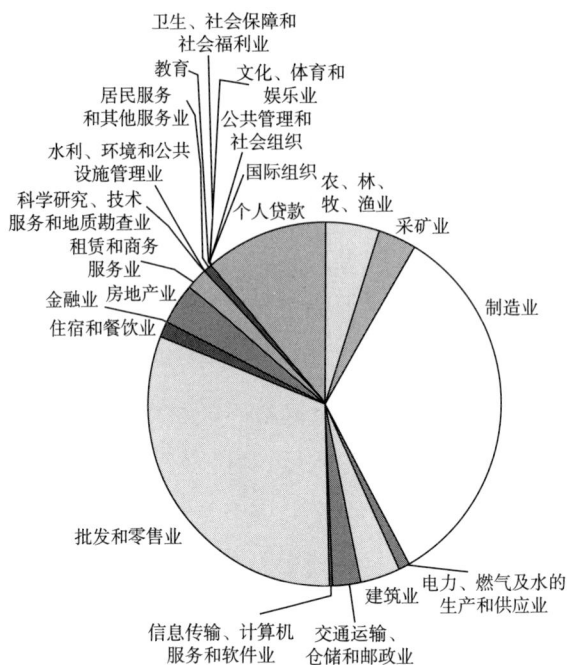

图 3　不良贷款余额占比示意图（分行业）

数据来源：WIND。

信息来看，大型商业银行不良贷款的区域结构特征十分明显。以农业银行为例，不良贷款的反弹最先发生在长三角地区，2012 年末，长三角地区不良贷款余额较 2011 年末增加了 32.6%，不良贷款率也从 2011 年末的 0.98% 上升至 2012 年末的 1.19%。随后，珠三角、环渤海等东部经济发达地区、中西部地区不良贷款余额开始上升。2014 年开始，西部地区、东北地区不良贷款余额也开始反弹，不良贷款余额快速增长，信用风险全面扩散。

4. 风险程度特征

风险程度加深，风险形态劣变。从工、农、中、建四大国有银行公开数据得知，自 2011 年底起，四大行逾期/不良贷款比率已由接近或低于 1，反转为超过 1，并呈持续上升趋势。截至 2016 年 6 月末，四大行的

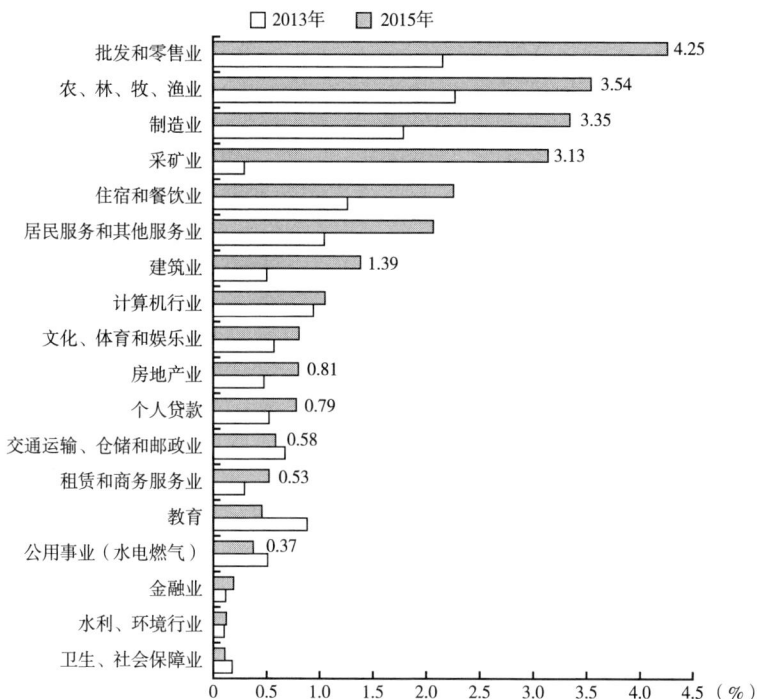

图 4　不同行业不良贷款率比较

数据来源：WIND。

逾期贷款总额 9054 亿元，逾期贷款比不良贷款高出 52.8%，达到 2009
年以来的最高水平。逾期贷款作为资产质量恶化的领先指标，表明借款
人受到的流动性约束不断增强，在经济下行期会大概率地反映在未来不
良资产中。上述数据显示，一方面随着国有银行资产净化的股改红利逐
步释放，前瞻性风险分类政策已调整为按银监会规定将逾期 90 天作为不
良分类底线的方式；另一方面也说明尚有较大比例的逾期贷款并没有
"显性"反映为不良贷款，进入移交处置环节的不良贷款的整体质量从逾
期时间、风险特征上已较过去显著下降，后期清收处置难度必将进一步
加大。

5. 风险传染性特征

一是隐性集团、担保圈等风险凸显。福建、浙江、山东等地多家企

业相互担保或连环担保形成的隐蔽性极强、风险关联度极高的利益链条或利益集团逐渐浮出水面，一旦利益链上某一环节的资金链断裂，风险快速传染，引发多米诺骨牌效应，导致隐性集团、担保圈内企业信用风险集中大量爆发，成为商业银行区域性、系统性风险的高危点。二是上、下游产业链风险传染性增强。当前商业银行信用风险已开始从钢铁、光伏、船舶等困难行业向其上游、下游行业和相关产业继续蔓延，信用风险沿着产业链呈不断扩散趋势，商业银行风险防控的难度越来越大。三是金融机构间风险传染性增强。随着大型商业银行股改红利逐渐释放以及经济下行影响叠加，不良贷款余额自 2013 年后出现快速上升，股份制银行、城商行以及外资银行的不良贷款余额虽然上升幅度相对较小，但不良贷款率却保持了快速上涨，资产质量同样不容乐观。在金融机构普遍面临不良贷款管控压力的情况下，企业难以获得新增贷款或者"借新还旧"贷款，在多家金融机构均有授信的企业一旦出现风险信号，共担风险的金融机构间由于信息不充分、激励不相容，容易陷入"囚徒困境"，基于自身利益考虑，触发单方抽贷、停贷、压贷行为，导致企业风险状况进一步恶化，资金链断裂，进而导致多家金融机构贷款全部彻底形成不良贷款。

二 不良贷款的发展趋势与风险评估

对不良贷款未来的发展趋势，我们有如下几点判断。

一是不良资产风险在短期内还将进一步上升。由于不良贷款风险的暴露具有一定的滞后性，在经济继续下行的背景下，未来一段时期内我国商业银行资产质量会进一步恶化，不良贷款风险进一步上升。但仍在可控范围，且有逐步放缓的迹象。

2016 年 9 月末，上市银行平均不良贷款率水平为 1.55%，较 2015 年底上升约 6 个基点。2016 年 9 月末，上市银行不良贷款余额为 1.14 万亿元，较年初增加约 500 亿元。2016 年以来，尽管不良贷款率和不良贷款规模仍持续小幅上升，但不良贷款余额增速有明显放缓趋势，前三季度增速为 18%，远低于 2015 年 48%的水平，也低于 2016 年前两季度（29%）。上市银行中，国有大行不良贷款率最高，为 1.72%，股份银行次之，为 1.63%，城商行最低，为 1.38%，三类银行分别较 2015 年底提高 12 个基点、9 个基点和 8 个基点。我们预计，不良贷款余额和不良贷款率的上升趋势在未来会进一步减缓，部分地区可能会在 2017 年内出现拐点。

二是不同区域和不同行业未来信用风险走势存在差异。从传导路径来看，此轮风险从产业链自下而上蔓延的特征较为明显，下游行业集中的长三角、珠三角地区也因此成为风险暴露的起点。考虑到长三角、珠三角地区风险暴露时间较早（从 2011 年第四季度算起，到 2016 年底已经有 5 年时间），加之这些地区的企业多以民营中小企业为主，行业市场化程度较高，过剩产能的调整较为充分，预计其已接近风险拐点，不良贷款率可能在短期内（2017 年中）逐步见顶企稳。但以重化工和资源型行业为主的中游、上游行业，一方面因为其调整开始的时间相对较晚，另一方面因为这些行业多半为国有企业主导，行业市场化程度相对较低，仅仅依靠市场自发地调整，难以在短期内有效出清过剩产能，而必须由国家层面的供给侧结构性改革加以推动。预计在有效去除过剩产能之前，这些行业以及这些行业所集中的地区将继续面临不良贷款上升的挑战，预计时间为 3~5 年。

三是房地产行业的风险值得关注。总体上看，目前房地产相关贷款（尤其是个人按揭贷款）的不良贷款率相对较低，但在过去几年中，由于企业有效信贷需求不足，商业银行将大量的信贷资源投向了房地产相关领域，占全部新增贷款的比重迅速上升，2016 年以来甚至超过了 50%以上。截至 2016 年 9 月末，我国商业银行按揭贷款余额估计在 18 万亿元左右（6 月末为 16.55 万亿元），加上 4 万亿元上下的公积金贷款（2015 年末，公积金贷款余额为 3.3 万亿元），居民部门的按揭贷款存量在 22 万亿元左右，占全社会未清偿债务（社会融资存量扣除股权类融资）的比重约为 15%。从居民部门整体负债的角度，计入消费信贷之后，整个居民部门负债（含经营性贷款）占全社会债务的比重约为25%，剔除经营性贷款之后的占比在19%左右。居民部门整体的债务负担水平不算太高。

再看实际的风险暴露情况，截至2015年底，我国住房按揭违约率仅为0.39%，房地产业贷款违约率为0.81%，均远低于银行整体的不良贷款水平。我们认为，短期内住房按揭以及房地产业贷款的风险暴露都不大，预计银行未来仍然有一定的信贷投放动力。不过，需要强调的是，尽管短期风险不显著，对按揭贷款的过快增长（2016年全年增速高达86.4%，上半年更是达到了110%）以及房地产价格的快速上涨仍需高度警惕。毕竟从全球范围的经验来看，房地产价格波动对金融体系稳定有着至关重要的影响。居民部门杠杆率在短时间内迅速上升，偿付负担持续超过收入增长，都可能成为潜在风险的诱因。从防控风险考虑，商业银行的确需要适度提高房地产相关贷款的准入条件、加强对借款人资质的审核，从之前单纯追求业务规模扩张，逐步转向质、量并重。

四是信用风险仍在可承受范围。截至2016年末，商业银行加权平均核心一级资本充足率为10.83%，加权平均一级资本充足率为11.3%，加权平均资本充足率为13.31%；同期，商业银行贷款损失准备为26676亿元，拨备覆盖率为176.40%，贷款拨备率为3.08%，均处于国际同业较高的水平。此外，再考虑银行业目前的盈利状况，2016年商业银行实现净利润16490亿元，平均资产利润率为0.98%，平均资本利润率为13.38%，在一定程度上也保证了银行消化不良贷款的能力。

三 不良贷款处置与化解

随着不良贷款的持续上升，如何加快不良资产的处置速度、提高处置效率，成为决策部门和商业银行亟须解决的一个问题。尽管从发展历程看，中国银行业对大规模不良贷款的处置并不陌生，但考虑到目前的市场环境和20世纪末已有很大的不同，因此，在推动相关工作时，有必要厘清一些基本原则，以便为不良资产处置创造更为良好的外部条件。

首先，要坚持市场化和法治化原则。在经济新常态下处理不良资产，不仅关乎银行发展，也关乎企业健康，更关乎社会主义市场经济体制的建设与完善。要坚持市场化改革方向，明确贷款市场是金融市场的一个组成部分，引导商业银行用投资银行的眼光对不良贷款进行价值重估，结合债务人上下游企业、供应链金融融资状况，通过引入战略投资者、并购基金、产业基金等，利用重组、并购等方式对不良贷款进行市场化处置，实现不良贷款价值的最大化。对于没有回收价值的不良贷款，要采取相应法律程序进行核销，确保"于法有据"。要把握好"早暴露、早处置、早见顶"的原则，避免采用行政干预方式，尽量不采取延后风险暴露的债务置换方式。

其次，应审慎推进债转股。债转股可以作为不良资产处置的一种手段，但要把握好以下原则：一是债转股要有利于推进国有企业改革，理顺国有企业与银行之间的关系，硬化国有企业预算约束，从源头上铲除不良贷款产生的土壤；二是债转股要对国有企业和民营企业同等对待，不能采取差别化的歧视性政策；三是债转股不能依靠行政命令推进，要出台相应的法律法规，依照市场化原则、采取法制化手段进行。

最后，尽快增设衡量不良贷款的前瞻性指标。我国现行的不良贷款衡量指标是一种从事后反映银行资产质量的指标，具有一定的滞后性。国际经验显示，通过分析违约概率的行业、地区、客户、产品分布，可以对商业银行的信用风险做出前瞻性判断，以利于风险处置。面对不良资产不断增加且还会持续较长时间，迫切需要制定能够前瞻性反映贷款质量的指标，如违约概率（PD）等，作为现有不良贷款指标的补充。

四　债转股的影响分析

2016 年 10 月，国务院印发了《关于积极稳妥降低企业杠杆率的意见》（以下简称《意见》），对积极稳妥降低企业杠杆率工作进行了系统的部署，提出了积极稳妥降低企业杠杆率的主要途径：一是积极推进企业兼并重组，提高资源整合与使用效率；二是完善现代企业制度，强化自我约束，形成降低企业杠杆率的长效机制；三是多措并举，盘活企业存量资产；四是多方式优化企业债务结构，降低企业财务负担；五是有序开展市场化银行债权转股权，帮助发展前景良好但遇到暂时困难的优质企业渡过难关；六是依法依规实施企业破产，因企制宜地实施企业破产清算、重整与和解；七是积极发展股权融资，形成合理的融资结构；等等。

在这一系列的政策组合中，市场化债转股是各方尤为关注的话题。早在 20 世纪末，债转股就曾经作为化解金融风险的重要手段，对推进我国银行业改革发挥过重要的作用。时隔 17 年，在全新的内外部环境下重启债转股试点，会产生怎样的影响？这是值得仔细分析和探讨的问题。对银行来说，债转股的正面影响有以下几个方面。

（1）如果转股的债权已经形成或即将形成不良贷款（关注类贷款），债转股可以直接降低不良贷款率，缓解不良贷款核销压力，提高拨备覆盖率，释放新增贷款额度，有利于银行利润的增长。

（2）经营陷入困境濒临破产的企业如果直接进行破产清算，银行作为债权人所能获得的清偿比可能极低。若该企业仍具有一定的市场前景，只是受困于暂时的资金窘境，债转股可使企业进行重组，从而使债权人在未来获得的回收比高于清算带来的回收比，债转股让银行的利益得到尽可能的保全。

（3）从资本市场角度，债转股也有助于银行估值的修复，提振资本市场对商业银行的信心。

（4）由银行自身或银行利益关联主体来承接债转股，和将债权或股权转让给第三方机构相比，不良资产折价率降低，银行参与意愿会更强。

从负面影响看。银行直接进行债转股受限于过高的股权风险权重比，会增加银行资本金占用。债转股后，不良资产回收周期拉长，降低银行的资本周转率，未来退出机制仍不明朗等都会使银行慎重对待债转股。

综合表 1 的比较，在目前的政策环境下，银行将正常债权转股权的动力应该很小。转股的重点应放在不良贷款或即将形成的不良贷款上。由于不良贷款转股的财务粉饰意味过浓，且此类贷款获取回报的长期空间极其有限，为降低道德风险，在具体实施中，债转股应集中在可能形成不良的贷款（即五级分类中的关注类贷款）上。

表1　正常贷款或不良资产债转股对银行财务影响

贷款性质	当期利润	对资本和拨备的影响	会计分录
正常贷款	转股股权公允价值等于贷款账面净资产。债转股后不确定的股利分派代替固定利息收入，银行档期利息收入减少。	拨备覆盖率不受影响，拨贷比提高；由于股权的风险权重高于一般贷款，转股之后，商业银行风险资产规模上升，资本充足率将有所下降。	借：长期股权投资（持有两年后进入可供出售金融资产科目下）贷：贷款
不良贷款	转股股权的公允价值需要高于贷款账面价值，否则，股权公允价值与贷款账面价值之差将形成贷款损失，需冲抵减值准备。减值准备不能覆盖的部分，计入当期损益。如果转股公允价值高于贷款账面价值，银行当期利润、资产规模上升。	如果转股公允价值高于不良贷款账面价值，转股的短期账面影响是带来净利润大幅改善（公允价值溢价和拨备冲回）。商业银行风险资产规模上升，资本充足率将有所下降。	借：长期股权投资（持有两年后进入可供出售金融资产科目下）贷：贷款贷款减值准备营业外收入

数据来源：作者整理。

总体上看，有序的市场化债转股可以加快去产能、去库存、去杠杆的进程，有助于供给侧结构性改革和国有企业改革的推进，也有助于缓解银行的不良资产和利润压力。此外，债转股的实施可以打破杠杆率过高情况下实体企业与金融部门之间的恶性循环，这将有助于降低系统性金融风险，维护金融体系稳定，为宏观经济的长期稳健发展提供更加有利的环境。当然，由于债转股的过程涉及众多的参与者，而且也涉及性质不同的各种金融和管理活动，在实践当中要确保债转股产生更好的效果，未来可能还需要一些制度上的安排和完善。

一是股东权利行使的问题。从风险隔离的角度，商业银行显然不是理想的股权行使主体。为提高股权管理的有效性，提高债转股的长期回报，建议给予一定的配套政策，为银行行使股权提供便利，如允许银行设立资产管理的专业型子公司，优化银行与专业性资产管理机构的合作模式，以及参与转股对象企业的治理，等等。此外，还需要企业原有股东（央企则主要涉及国资委，地方国企则涉及地方政府）的积极支持和配合，通过与金融机构的协作，共同促进国有企业治理结构的完善和经营效率的提高。

二是在监管层面。对债转股过程中可能涉及的转股定价、坏账核销以及并表监管等问题，需要做出更为细致的制度安排，尽可能降低债转股的实施成本。此外，还应加强对投资人的保护。本轮市场化债转股的资金筹集方式将更为多元，除了银行自有资金外，还允许通过发债、私募投资基金以及资产管理产品等资金来源筹集。为避免实施机构利用信息不对称而进行风险转嫁行为，应强化对债转股业务过程的监管，提高信息披露要求，同时坚持合格投资人要求，避免债转股过程中出现风险错配。

第二节　非信贷业务及风险防范

随着金融市场的深化、金融"脱媒"的发展以及企业去杠杆的不断推进，传统信贷资产业务在商业银行总资产中的比重迅速下降，非信贷资产业务的占比不断提升，不仅为银行贡献了重要的短期利润来源，也成为银行中长期转型的重要方向。

一　非信贷业务发展背景

从发展背景来看，银行非信贷业务的迅速发展与金融市场化加速推进以及监管强化的外部环境有关。近年来，面对日益复杂的经营环境，我国商业银行纷纷加快业务转型和产品创新。一是金融"脱媒"的挑战。债券市场、股票市场以及非银行金融机构快速发展，使银行间接融资在社会融资结构中的占比从 2002 年的 95.5% 一路下降到目前的 60% 以下，商业银行传统信贷业务受到严重的挤压。二是净利差收窄，降低了贷款资产收益率水平。随着利率市场化改革不断推进，银行净利差水平持续收窄，即使不考虑信用风险和监管成本因素，传统存贷款业务的盈利空间在过去几年中也在迅速下降。三是信用风险上升和有效信贷需求不足并存，既降低了银行信贷投放的主动性，也限制了信贷投放增长的空间。四是监管强化。信贷规模控制、存贷比限制以及特定客户类型的贷款禁入政策等，对银行直接的信贷投放形成约束，需要转换资产形式来规避监管限制。此外，通过转换资产形式（或调整会计科目），来降低资产的风险加权系数或实现出表，可以降低监管资本要求，等等。在上述这些背景下，银行为提升资金回报，纷纷将债券投资、同业投资、资管理财以及投资银行等非信贷业务作为重点发展方向和利润增长点。

二　非信贷资产业务概况

实践中，对非信贷资产业务，有狭义和广义两种界定。狭义的非信贷资产主要关注资产负债表，即银行资产负债表中除信贷资产以外的其他资产，目前主要包括买入返售金融资产、拆出资金、存放同业及其他金融机构款项、交易性金融资产、可供出售金融资产、持有至到期投资、应收款项类投资、衍生金融资产和贵金属等非信贷资产业务。更广义的非信贷资产，则将表外业务（目前主要是资产管理类业务）也包括在内。从本质上讲，驱动表内非信贷资产和表外业务的基本动因是一致的，二者的风险特征和所产生的影响也有交叠之处，为了分析的全面起见，我们在此主要以广义口径的非信贷资产业务作为讨论的对象。

1. 表内非信贷资产业务

近几年来，随着内外部环境的变化，商业银行非信贷资产占比迅速上升。一是在实体经济有效信贷需求低迷的情况下，银行不得不将更多的资产配置到金融市场，大量投资于债券等金融工具；二是通过与证券公司、信托公司、保险公司和基金公司等非银行金融机构的合作，来突破经营地域和业务准入方面的限制，在扩大收益来源的同时降低监管成本；三是利用市场资金充沛的环境，通过金融同业业务进行期限错配，获得套利收入。

上述趋势，在银行的资产负债表中体现为资产结构的变化，投资类资产占比迅速上升，贷款占比显著下降。投资类资产可以分为三类。一是标准化债券的投资。传统上，此类投资风险较低。但实践中，金融机构为提高收益水平，在债券投资上使用了一定的杠杆操作，埋下了潜在的流动性风险隐患。二是买入返售，这是商业银行调剂资金余缺的传统交易方式。但近年来，此类投资远远超出了流动性管理的需要，成为部分比较激进的银行机构放杠杆、扩规模的重要手段。三是同业投资，根据银监会 127 号文的界定，同业投资是指除标准化债券投资以外的，涉及商业银行理财产品、信托投资计划、证券投资基金、证券公司资产管理计划、基金管理公司及子公司资产管理计划、保险业资产管理机构资产管理产品等 7 个特定目的载体的投资行为，最近几年发展速度非常快。截至 2016 年第三季度末，商业银行的总资产（不含对中央银行债权）中，对非金融企业的债权占比为 49%，对居民部门债权占比为 19%，对银行同业和其他金融机构（非银行金融机构）债权占比为 32%。对其他金融机构的债权增长尤其值得关注，从 2012 年的 3 万亿元，急速飙升到了 2016 年第三季度末的 25 万亿元（见图 5）。

从具体的金融机构来看，截至 2016 年 6 月末，16 家上市银行非信贷资产在其总资产中的占比已达到 34.96%，个别银行的非信贷资产占比甚至已经超过其信贷资产规模。分机构来看，股份制商业银行和城市商业银行增速明显快于大型商业银行。在各类型上市银行中，大型商业银行的非信贷资产占比最小，平均不到 32%；股份制商业银行次之，占比约在 43%；城市商业银行则显著高于前两类银行，占比接近 50%。这说明规模越小的上市银行，越有动力和活力发展非信贷资产业务，以扩大总资产规模和赢利能力。背后的逻辑不难理解，对于小银行而言，由于受到经济地域以及客户群数量的局限，在经济结构调整过程中，有效信贷需求下降的挑战会更为突出，这意味着小银行会面临更为急迫的资金运用压力。在信贷投放难以增长以及中间收入业务难以快速提升的情况下，

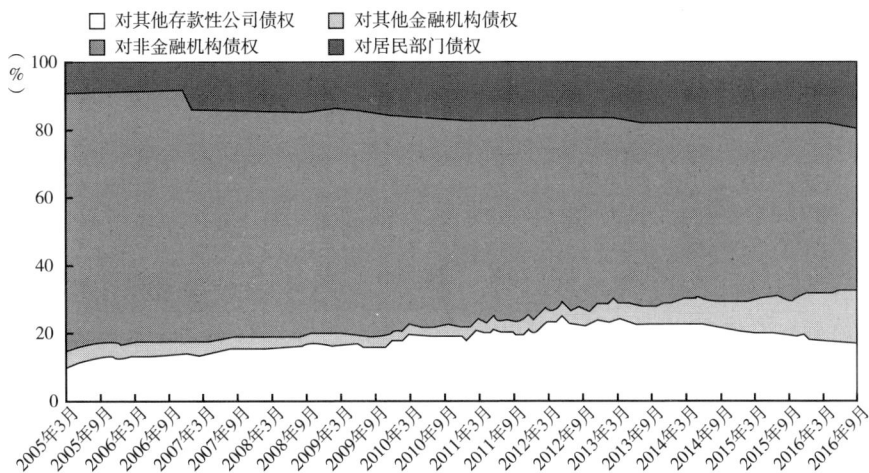

图5 商业银行整体资产结构变化

数据来源：WIND。

增加非信贷资产的持有成为小银行短期内获取利润来源的唯一可行路径。因此，不可以仅从非信贷资产占比更高，就简单地认为小银行创新意识更强，事实上这是一种不得已的选择。在风险控制能力偏低的情况下，非信贷业务的过度发展，其实会给中小银行带来更大的风险，必须对此加以关注。

2. 表外理财、资管

我国人民币银行理财业务始于2004年9月光大银行首推的"阳光理财计划"。根据中债登发布的数据，截至2016年6月底，全国共有454家银行业金融机构有存续的理财产品，存续的理财产品总数为68961只；理财资金账面余额26.28万亿元，较2016年初增加2.78万亿元，增幅为11.83%。2016年上半年，理财资金日均余额25.14万亿元。

按收益类型划分，截至2016年6月底，非保本浮动收益类产品的余额约20.18万亿元，占整个理财市场的比重为76.79%，较2016年初上升2.62个百分点；保本浮动收益类产品的余额约3.86万亿元，占整个理财市场的比例为14.69%，较2016年初下降0.8个百分点；保证收益类产品的余额约2.24万亿元，占整个理财市场的比例为8.52%，较2016

年初下降 1.82 个百分点。在目前的实践中，我们将非保本类型的产品视为银行的表外业务，从趋势上看，理财产品中，表外业务占据绝对比重且在持续提高。

从理财产品的资产配置情况看，截至 2016 年 6 月底，债券、现金及银行存款、非标准化债权类资产是理财产品主要配置的前三大类资产，共占理财产品投资余额的 74.70%，其中，债券资产配置比例为 40.42%。从债券投资情况来看，债券作为一种标准化的固定收益资产，是理财产品重点配置的资产之一，在理财资金投资的 13 大类资产中占比最高。其中，利率债（包括国债、地方政府债、央票、政府支持机构债券和政策性金融债）占理财投资资产余额的 6.92%，信用债占理财投资资产余额的 28.96%。从非标资产配置来看，截至 2016 年 6 月底，投资于非标准化债权类资产的资金占理财投资余额的 16.54%。其中，收/受益权所占比重最大，占全部非标准化债权类资产的 33.18%（见图 6）。

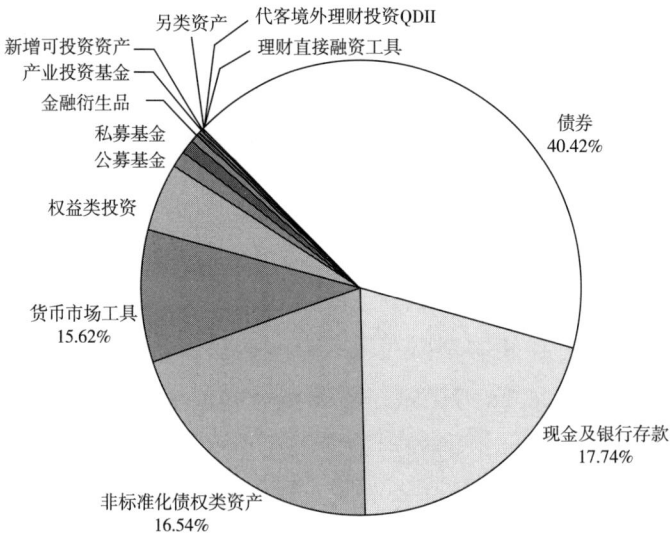

图 6　理财资金的资产配置结构（2016 年 6 月底）

数据来源：中债登。

原则上，表外理财的风险并不由银行承担，但实践中，由于刚性兑付普遍存在，理财产品同样会给银行带来一定的风险。此外，由于基于对理财表外业务的定位，监管上对理财资金运用的限制明显弱于银行自有资金，使其成为一种比银行信贷更为灵活、成本也更低的新型融资手段。也正因为如此，将理财视为"影子银行"的观点一直不绝于耳。

三　非信贷业务风险特征与防范

随着非信贷业务的快速发展，商业银行的业务模式和风险开始趋于复杂化，而且，其风险影响不仅局限于金融机构层面，还会带来宏观层面的风险。

一是容易导致局部市场的泡沫和剧烈波动。

非信贷业务中，债券投资、买入返售与金融市场相关，而同业投资中，各类资产产品最终的资金，绝大部分也配置在了债券等金融市场工具上。这一方面意味着银行资产的价值与金融市场变动休戚相关；另一方面也意味着，通过非信贷业务，尤其是同业投资业务，商业银行的资金（或通过商业银行筹集的资金，如理财资金）可以进入更广泛的投资领域，甚至包括公开或非公开的权益市场。在流动性充裕的情况下，这类业务的过度发展，可能使巨额资金在局部市场上快速集聚，加剧其泡沫化程度，并形成巨大的危害。

二是削弱宏观审慎监管的效力。

一方面，随着非信贷业务的发展，不同行业、不同机构之间的关联度大大上升，很容易将某个机构或某个市场的风险传导到其他机构或整个市场。与传统的信用风险不同，对非信贷业务风险的关注，更多地在于市场风险和流动性风险，以及这些风险经由同业交易而产生的外溢程度。总体上看，非信贷业务的快速发展，扩大了单个机构金融风险外溢的范围，明显加大了潜在的系统性风险。

另一方面，非信贷业务过快发展也削弱了中央银行对货币、信贷的控制力度。传统上，中央银行的数量控制是基于信贷创造货币的逻辑。

因此，以控制货币供给数量为中介目标的传统货币政策操作，往往会将规模控制的重点放在银行的信贷规模上。但在实践中，银行表内外的非信贷资产扩张，同样会有货币创造功能。随着非信贷资产占比越来越大，接近甚至超过信贷规模，中央银行基于宏观审慎目的而进行的规模控制效力就会越来越低。

三是削弱了微观审慎监管的效力。

非信贷业务中，有一部分与金融机构的监管套利有关。比如，早期为了规避存贷比和合意贷款规模限制，银行先后与信托、证券以及基金子公司进行通道合作，形成了一轮非信贷业务发展的浪潮。最近几年来，随着内外部环境变化，利用非信贷业务绕开贷款规模限制的现象明显减少，但利用与其他金融机构的交叉产品（主要是各类资管类产品）来提高资本充足率（信贷资产出表），降低不良资产率（不良贷款出表）以及拓展银行资金运用范围等，成为新的发展方向。

这些业务的发展严重削弱了微观审慎监管的有效性。相当数量的风险未被合理计算并纳入监管，尤其是信用风险和流动性风险有可能被严重低估。鉴于非信贷业务的快速发展以及风险积累，应从以下几个方面及时加以应对。

货币政策方面，调整货币政策态势。低利率环境是非信贷业务过度发展的根源，货币政策转向稳健中性是"去杠杆"、"防风险"最为重要的环节，可以为抑制非信贷业务风险创造有利的货币环境。但在货币政策转向过程中，一方面要考虑金融市场的承受能力，有序释放风险，不能一蹴而就；另一方面也要关注对实体经济可能产生的负面影响。从目前情况看，随金融市场利率上升，实体企业融资成本上升应该是大概率事件。需要将其控制在实体经济可承受的范围内。

银行监管角度，完善监管制度体系。应抓紧研究制定针对非信贷资产风险管理的监管指引，明确商业银行非信贷资产的监管范围，细化风险五级分类的具体标准，规范非信贷资产拨备计提和清收处置的流程等，尽快改变目前监管指引缺失、监管要求零散模糊的现状，使银行业的非信贷资产风险管理能够统一标准、有章可循。此外，应强化跨部门的监管协调机制，在信息共享、定期沟通的基础上，协调各监管部门的主要监管政策，以保持监管要求的一致性，降低监管套利空间，并加强对资金跨市场流动的监控和管理，降低金融市场的波动性。

商业银行角度，完善内部风险管理框架，一是要在转型发展过程中加强对非信贷资产的风险管理。在利率市场化环境下，商业银行依赖传统存贷利差的发展模式已不可持续，以资产管理、债券和衍生品交易、同业拆借、投行业务为代表的"交易型业务"，正在迅速改变商业银行的资产结构。非信贷资产种类不断丰富、规模持续增长。商业银行不仅要继续夯实对传统信贷资产质量的把控，还要主动适应业务创新发展的进程，注重对各类新型非信贷资产类型的风险管理，以保障业务创新不偏离方向、发展转型健康可持续。二是要整合全行资源，建立集中的协调管理机制。由于各类非信贷资产分散在不同业务部门，需要建立涵盖多个相关业务和管理部门，分工明确、集中有效的协调管理机制，集中汇总各相关部门风险管理信息，统一对内风险管理和对外信息披露的数据口径，并将非信贷资产纳入全面风险管理范畴。三是强化非信贷业务管理。通过制定专门的制度办法来统一标准，据此在全行各部门、各层级推行非信贷资产风险管理工作，完善非信贷业务的风险管理标准、流程、分工等。

第七章　汇率与国际收支

郑联盛[*]

---

* 郑联盛，国家金融与发展实验室高级研究员，中国社会科学院金融研究所副研究员。

- 2014 年前，人民币在受控状态下缓慢升值，国际收支保持"双顺差"，外汇储备不断增加。

- 2014 年后，人民币汇率掉头向下，国际收支出现结构性和趋势性变化，资本开始较大规模流出，外汇储备急剧减少。

- 在人民币汇率贬值中，人民币国际化进展受到阻滞，在岸市场不断受到离岸市场的定价冲击。

- 以外汇占款为基础的货币供给机制被逆转，货币政策开始寻找新的"锚"，货币当局的核心任务从冲销转变为流动性创造。

- 2017 年人民币仍受制于美元走势。人民币兑美元或将继续保持相对弱势，经常项目呈现衰退性顺差，资本项目呈现趋势性逆差，外汇储备消耗和名义汇率稳定仍是货币政策当局的两难选择。特朗普政府上台，带来了较多的政策不确定性，美元指数波动将加强，人民币兑美元贬值压力可能弱于 2016 年。

追溯两年前，人民币汇率以及国际收支的状况与目前的情景大相径庭。当时，人民币与国际收支基本保持在自 20 世纪 90 年代中期便已开始的状态。人民币始终存在升值压力，且在受控状态下缓慢升值；国际收支则始终保持"双顺差"局面，进而引致官方外汇储备不断增加。同时，人民币国际化进程也进展顺利。就其对国内影响而论，就是外汇占款日益膨胀以及外汇储备持续积累，货币当局以其"洪荒之力"强力左右货币政策（甚至使货币政策在一定程度上出现"迷失"），并影响了国内金融市场的发展。

自 2014 年上半年开始，这种状况有了急剧的转折性变化。先前持续缓慢升值的人民币汇率掉头向下，国际收支出现结构性和趋势性变化，资本开始较大规模流出，外汇储备急剧减少，人民币国际化进展受到阻滞，货币政策开始寻找新的"锚"。

很多情况下，我们将汇率与国际收支联系在一起讨论，事实上，两者固然存在关联且相互影响，但就机制而论，两者基本上却是相对独立的。本章的主旨就是要分析上述人民币汇率与国际收支的转折及其深层次原因，并结合变化中的全球经济金融形势和国内经济金融形势，对人民币汇率和国际收支相对独立的决定机制及其内在关联做出分析，基于此，讨论未来较短时间内人民币汇率以及国际收支的趋势及其对货币政策的影响。

第一节　大转折

一　全球经济：从周期繁荣到长期停滞

金融危机之前，全球经济经历了周期性大繁荣，同时中国与世界经济互动日益强化。21世纪初，由于东亚金融危机冲击后的市场相对出清以及中国加入世界贸易组织深度参与全球分工，资源配置在更加有效的机制中和更加深入的全球化中提升了效率。加上美国的弱势美元政策，全球经济进入了自20世纪80年代以来的长波繁荣阶段，特别是在信用支撑下的房地产市场进入了一个历史性的繁荣阶段。中国在全球化中获得了资源配置的新机制，外商直接投资持续流入，贸易项目持续顺差，外汇储备持续增加，形成了出口驱动、投资拉动的发展模式。

但是，由于以信用本位为支撑的国际货币体系存在固有的"特里芬难题"，且造成了信用过度扩张，全球流动性泛滥，最终演化为一个历史性的金融危机，即次贷危机，这也预示了长波周期繁荣的结束。2008年以来至2016年底全球经济仍在全球长波周期的萧条束缚之中，难以形成快速的增长。对于全球经济来说，次贷危机的爆发意味着全球经济周期性繁荣的终结，同时这也是全球康德拉季耶夫长波周期繁荣的大拐点。之后，以中心国家美国为代表的发达经济体进入一个金融结构调整和实体经济去杠杆的紧缩过程，实际上也是一个总需求疲弱的过程。

2013年以来，由于美国经济持续复苏，欧债危机逐步缓解，全球经济消除了系统性风险，经济开始企稳，但仍然处在"后危机时代"，长波周期的萧条束缚持续了较长一段时间，全球经济仍无法恢复至金融危机之前的增长水平。距全球金融危机已有七八年时间，即使在史无前例的经济刺激之下，很多国家的通胀水平仍远低于目标区间，经济复苏亦十分艰难，此前货币政策拇指法则面临实质性的纠正，非常规货币政策大行其道，甚至开始出现名义负利率，全球经济呈现长期增长停滞（Secular Stagnation）的态势（Summer，2014）。

更加值得注意的是，在长期增长停滞状态中全球经济及其宏观政策出现了实质性的分化。美国经济呈现了较好的独立性，在2014年底市场基本出清，经济复苏环境相对有利的条件下，美元进入20世纪70年代以来的第三轮升值周期。与此对应的是，瑞士、欧元区、瑞典、丹麦和日本等五个经济体都实施了不同程度的负利率政策。2016年7月14日，德国首次以负收益率发售10年期国债。一方面是美国政策相对独立且逐步走向正常化，另一方面是外围经济体日益强化量化宽松政策甚至出台负利率政策，国际货币体系进入了一个新的不确定时代。

在美元走强的过程中，外围经济体货币承担了较大的贬值压力。2014年初至2016年底，在美国货币走向正常化过程中，外围经济体大多呈现大小不一的贬值态势，货币贬值前十位的国家分别是埃及、阿根廷、尼日利亚、哈萨克斯坦、俄罗斯、土耳其、塔吉克斯坦、墨西哥、格鲁吉亚、蒙古国，其贬值幅度均超过50%。挪威、缅甸、匈牙利、马来西亚、罗马尼亚、伊朗等国货币同期贬值亦超过30%。尼克松时期美国财政部部长约翰·康纳利提出的名言——"我们的货币，你们的问题"，在2014年以来的全球汇率市场中又充分显示出来。

在不合理的国际货币体系之中，在长期停滞和实质分化的全球经济背景之下，外部冲击对我国的经济发展模式、金融体系稳定以及内外经济互动提出了日益严峻的挑战。循着外围经济体货币走势，人民币开始走出了2005年汇率形成机制改革以来的不同路径。2014年3月17日，人民币兑美元波动幅度扩大至2%之后，人民币双边波动特征开始显现。2015年以来，人民币甚至出现了单边贬值的预期，资本流出加剧，外汇储备开始减少，人民币贬值预期则自我强化。至2016年底，人民币兑美元汇率突破6.9，一年期NDF在2017年初达到了7.2的水平（见图1）。与此同时，国际收支的资本与金融项目开始出现数季度的逆差，外汇储备快速下降，至2017年1月底，外汇储备已经跌破3万亿美元大关。2017年第一季度以来，由于美元指数下滑，人民币贬值态势有所遏制，外汇储备重新回到3万美元以上。2017年5月，由于特朗普政府国内政策受到较大阻力，同时由于与俄罗斯关系涉及国家安全问题，美元指数在5月底出现较大幅度下跌，5月31日下行击穿97。

图1　离岸人民币市场即期汇率和1年期NDF

数据来源：WIND。

二　人民币：单向升值到贬值预期

1. 2005～2014年3月人民币走势：缓慢升值

在1994年1月1日外汇体制改革之中，人民币汇率实现并轨，实施以市场供求为基础的、有管理的浮动汇率制，人民币兑美元双边汇率以及多边汇率基本保持升值态势，即使在东亚金融危机期间，人民币亦保持不贬值。但是，此时的人民币汇率开始逐步形成了"软盯住"美元的特征。21世纪最初几年，伴随着全球周期性繁荣，美国作为信用本位币核心国保持着对许多外围经济体特别是中国等制造业大国的贸易逆差，美元呈现相对走弱的态势。高速的经济增长、持续的双顺差和不断累积的外汇储备，使人民币成为一种具有强势基本面支撑，但又软盯住美元的货币。特别是2001年底中国加入世界贸易组织（WTO）之后，国际收支双顺差继续扩大，外汇储备规模加速累积，人民币升值的压力加速累积并成为一个重大的政治议题。

2005年7月21日，我国人民币汇率形成机制进行了一次历史性的改革。人民币汇率形成机制由原来盯住美元汇率制转变为有管理的浮动汇率制，具体来说是实行以市场供求为基础、参考一篮子货币进行调节、有管理的浮动汇率制度，银行间市场人民币兑美元汇率日间有管理的浮动幅度为中间价的正负 0.3%。同时，人民币兑美元汇率升值 2% 至 1 美元兑 8.11 元人民币。这是自 1994 年 1 月 1 日以来首次在制度层面的重大改革。

2005 年 7 月份汇率改革之后，人民币兑美元汇率的走势大致可以分为三个小的阶段：第一阶段是汇改后至 2008 年 7 月中旬，人民币兑美元双边汇率基本呈现单边升值；第二阶段是 2008 年 7 月后至 2010 年 6 月人民币汇率基本重新盯住美元并保持在 6.82 左右，人民币重新软盯住美元实际上是应对金融危机的临时性举措，主要是防范人民币及其相关资产价格的过度波动；第三阶段是 2010 年 6 月 19 日人民币汇率形成机制改革重启至 2014 年 3 月 17 日之前，这个阶段人民币兑美元的汇率亦呈现缓慢升值的态势，其间，2011 年 11 月底至 12 月初，人民币兑美元汇率出现了触及日均汇率波幅上限的短期贬值态势，但 2012 年第三、四季度人民币又恢复单边升值态势。在这个过程中，2007 年 5 月 21 日人民币兑美元汇率日间波动幅度扩大至 ±0.5%，2012 年 4 月 16 日，这一幅度进一步扩大至 ±1%。值得注意的是，虽然人民币兑美元的双边汇率存在阶段性持平的状态，但是，人民币实际有效汇率基本保持稳健并小幅升值的态势（见图 2）。

2. 2014 年 3 月 17 日～2015 年 8 月 10 日：区间波动

从 2005 年 7 月汇率改革以后至 2014 年 3 月，人民币兑美元整体保持一个缓慢升值的态势，2014 年 1 月人民币兑美元升值至汇改后的高位，即 6.0406 元/美元，其间，10 年人民币兑美元大约升值 27%。

2014 年 3 月 17 日，人民币兑美元日间波动幅度进一步扩大至 ±2%，这个改革开启了人民币双向波动以及缓慢贬值的进程。由于 2011 年底以来，我国经济进入了"新常态"，经济增长速度下滑，外部需求放缓，产能过剩严重，国际收支开始出现结构性变化，人民币兑美元波动幅度的改革使双边汇率开始出现双向波动，对人民币贬值的预期开始成为一种

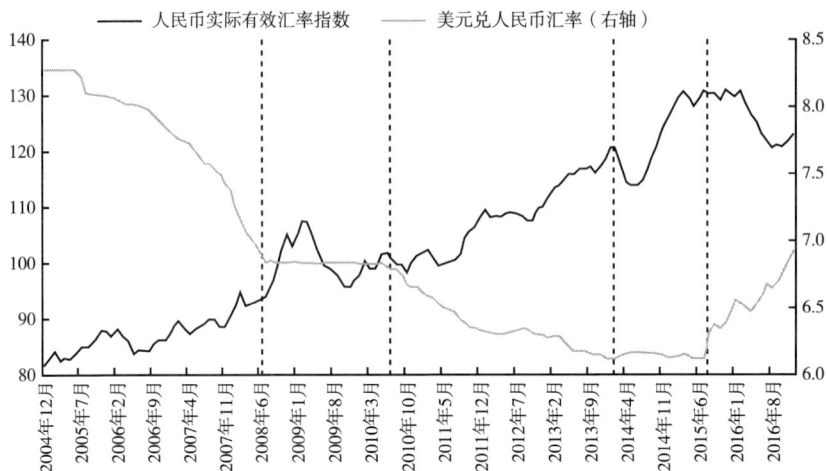

图2　人民币双边汇率和有效汇率走势

数据来源：WIND。

重要的博弈力量。2014 年 3 月至 2015 年 7 月底，人民币兑美元的双边汇率基本维持在 6.1～6.25 的区间波动，并呈现小幅贬值的特征。虽然这个阶段人民币兑美元汇率呈现区间波动、小幅贬值的特征，但是，人民币的实际有效汇率在 2014 年 2～5 月份短暂贬值后整体仍然是持续升值的态势（见图3）。

　　3. "811" 汇改：区间波动到持续贬值

　　"811" 汇改开启了人民币持续贬值的进程。2015 年 8 月 11 日，中国人民银行宣布调整人民币兑美元汇率中间价报价机制，做市商参考上日银行间外汇市场收盘汇率，向中国外汇交易中心提供中间价报价。这一调整的目标是使人民币兑美元汇率中间价定价机制进一步市场化，更加真实地反映当期外汇市场的供求关系，是一项市场化改革的举措。"811" 汇改的另一个重要的背景是 2015 年 11 月 30 日国际货币基金组织执董会将决定是否将人民币纳入特别提款权（SDR）的货币篮子之中，多种预期基本形成的一个共识是人民币纳入特别提款权货币篮子的概率非常之大。

　　但是，"811" 汇改之前，我国经济状况较差，金融风险日益显现，

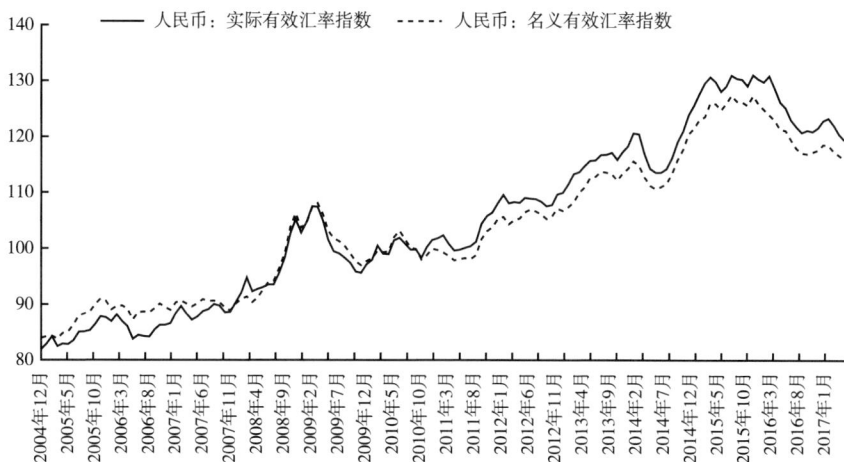

图3 人民币有效汇率指数

数据来源：WIND。

特别是 2015 年 6 ~ 7 月我国股票市场刚刚经历了历史性的暴跌或股灾，国际社会对中国经济以及金融市场出现一种较为显著的看空力量，人民币离岸市场和远期市场做空人民币的力量在持续累积。"811"汇改触发了内外风险共振机制，汇改后 3 个交易日人民币汇率贬值 3%，随后股市再次暴跌，一定程度上形成了人民币资产的重估效应。

"811"汇改之后，人民币兑美元双边汇率呈现在波动中贬值的态势。2015 年底，人民币兑美元艰难守住了 6.5 的关口。但是，2016 年 1 月 4 日，熔断机制触发股票市场暴跌，人民币兑美元突破了 6.5 的关口，并在 2016 年全年继续保持贬值的态势，特别是 2016 年 12 月美联储加息前后人民币兑美元呈现加速贬值的态势，2016 年 12 月 28 日盘中达到了 6.9666，为 8 年来的新低位。值得特别注意的是，人民币实际有效汇率在 2015 年 8 月以来开始出现贬值态势，同时三个货币篮子指数都出现了一致性的贬值态势，2016 年下半年整体保持相对稳定。但是 2017 年第一季度以来，三个人民币汇率指数由于美元指数下跌而篮子其他货币相对美元升值而出现了小幅贬值的态势。（见图4）。

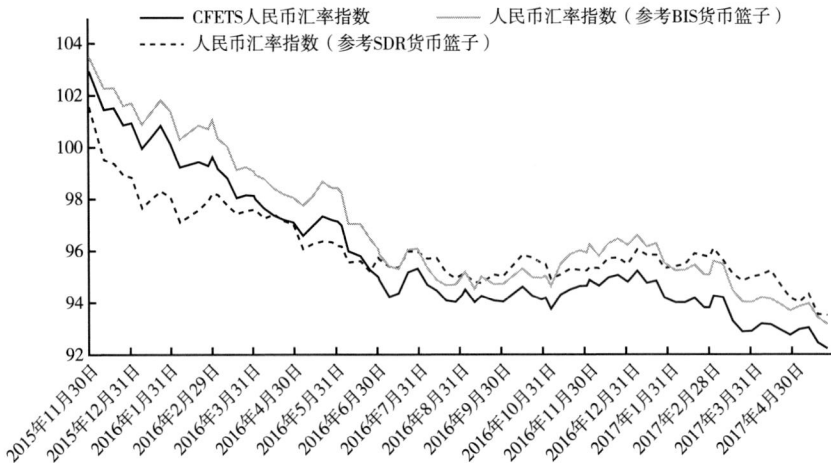

图 4　人民币三个汇率指数走势

数据来源：WIND。

三　国际收支：双顺差到资本流出

（一）2005～2014年：国际收支双顺差[①]

从1991～2001年加入世界贸易组织之前10年左右的时期（除1993年），从中国国际收支结构来看，以流量而言，中国存在着持续的经常账户与资本账户双顺差的现象（见图5）；以存量而言，中国是一个海外净资产规模不断上升的国际债权人，同时外汇储备持续小幅增加。在2001年中国加入世界贸易组织以及2005年汇率形成机制改革以来，我国国际收支顺差的格局日益强化，即使在2007～2008年全球金融危机的短期冲

[①] 2014年1月1日起，我国开始按照国际货币基金组织《国际收支与投资头寸手册》第六版的要求申报国际收支平衡表和国际投资头寸表。第六版与第五版的区别在于三个方面：一是储备资产并入金融账户项下；二是项目归属及分类变化，货物和服务贸易差额此消彼长；三是金融账户按差额列示，不分别列借方和贷方。在此基础上，储备资产并入金融账户之后，经常账户与资本账户（含净误差与遗漏项）就成为一种对应的镜像关系，即经常项目逆差，资本项目就必然顺差，反之亦然。这样，此前我们所熟悉的国际收支经常项目和资本项目"双顺差"便不再存在。但是，为了我们讨论的方便，我们仍然以IMF第五版国际收支关于经常项目和资本项目的范畴来讨论我国的国际收支及其相关的双顺差问题。

击之下出现过金融项目的逆差，但是，2011 年之前我国国际收支累计值基本仍然保持双顺差的格局，外汇储备随之快速增加，2006 年突破 1 万亿美元大关，到 2009 年突破 2 万亿美元，2011 年更是突破 3 万亿美元。

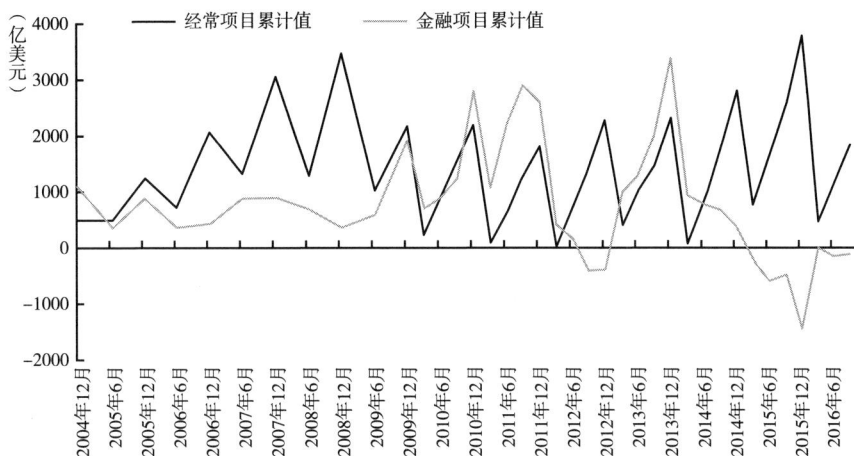

图 5　经常项目和金融项目累计值

数据来源：WIND。

双顺差造成了日益严重的国际收支失衡，并使得人民币面临较为显著的升值压力。一般认为，如果一国经常账户余额占 GDP 的比重高于 3% ~4%，该国就将面临经常账户失衡。2010 年美国政府在 G20 峰会上的一项提议也建议把 4% 作为判断一国经常账户是否具有可持续性或是否失衡的标准。中国经常账户顺差占 GDP 的比重从 2002 年起不断上升，到 2007 年达到 10.1% 的顶峰，之后逐渐回落，2010 年回落至 3.92%。2005 ~2009 年这 5 年间，中国经常账户余额占 GDP 的比重明显超过了 4% 的标准，可以说出现了经常账户的失衡。与此同时，这个阶段也是人民币升值压力最为显著的阶段。2009 年我国出台了人民币跨境贸易结算试点，一方面为了缓释国际收支双顺差特别是经常项目顺差及其引致的人民币升值压力；另一方面也借人民币持续升值的机遇来推进人民币国际化进程。

2011 年以来，我国经常项目差额与 GDP 的比重维持在较低的水平，经常项目顺差基本处在合理的范围之内。但是，值得注意的是，2011 年第一季度和2014年第一季度经常项目顺差占GDP的比重大幅下降，这除了季节性因素之外，与全球经济总需求不足（长期增长停滞）、出口部门竞争力下降、人民币升值导致成本上升及贸易条件变化以及国内经济整体较为低迷导致的进口需求放缓等因素紧密相关（见图6）。

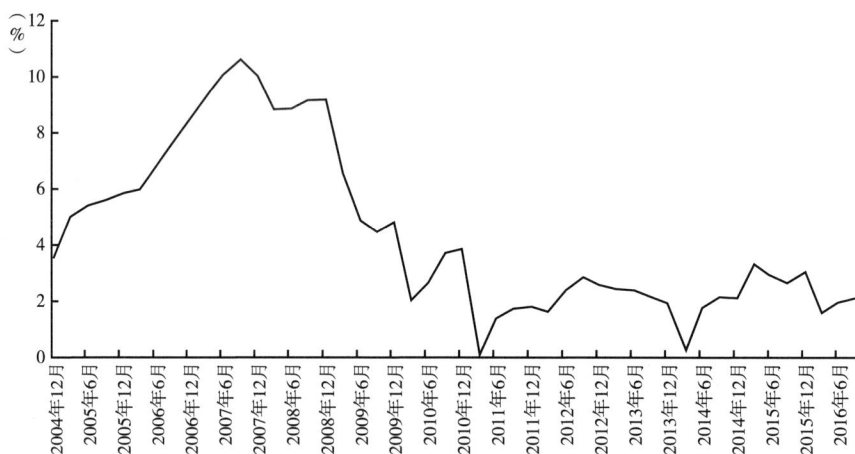

图6　我国经常项目差额占GDP的比重走势

数据来源：WIND。

（二）2014年以来：资本项目的变化

2014年以来，中国国际收支最大的变化是资本与金融项目逆差的持续，并成为国际收支主要的影响力量。过去十余年来，我国国际收支资本与金融项目出现过三轮逆差：2007~2008年、2011~2012年以及2014年以来至2016年底。第一轮金融项目逆差主要是受全球金融危机的影响，2007年第四季度和2008年第四季度分别出现了274亿美元和474亿美元的逆差。第二轮金融项目逆差主要是因为中国国内经济出现了较为显著的下滑压力，2012年第三季度出现了587亿美元的逆差。但是，上述两轮的金融项目逆差基本是季度性的。2014年第二季度以来，除了2015年第三季度和2016年第三季度是小规模的顺差之外，我国出现了较为长期的金融项目逆差，金融项目累计值已经出现了连续7个季度的逆差。更值得注意的是，我国经常项目顺差与资本和金融项目逆差趋势的

"喇叭口"在放大。对于发展中国家，国际收支较为理想的组合是资本项目顺差（**FDI**等资本流入）、经常项目逆差（生产要素及资源流入），而我国目前则正好相反。至此，我国国际收支传统意义上的双顺差已经消失，取而代之的是对我国经济长期发展相对不利的经常项目顺差（生产要素及资源输出以及污染等问题的产生）与资本和金融项目逆差（各种资本流出或资本流入相对较少）（见图7）。

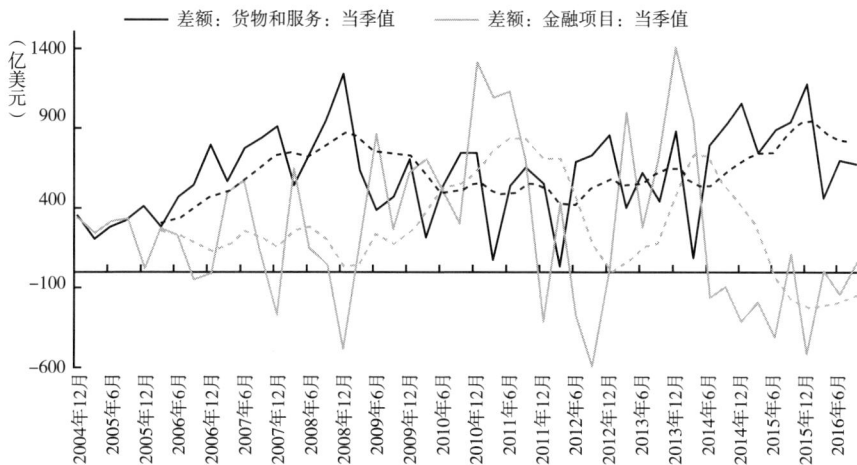

图7　经常项目和金融项目季度走势

注：虚线为经常项目和金融项目季度走势的移动平均线。
数据来源：WIND。

（三）资本流动的逆转

从国际收支的资本和金融项目分析可知，我国在 2014 年以来出现了较为显著的金融项目逆差，其中重要的原因就是资本流入和资本流出的相对情况发生了重大的变化。但是，在资本和金融项目与资本流动的关系分析中，非储备性质金融账户余额可以更好地反映资本流动的状况。尽管自 2015 年 "811" 汇改以来，中国央行已经显著收紧了资本外流，但有关数据显示，近期中国面临的资本外流仍在加剧。自 2014 年第二季度至 2016 年第三季度，中国经济已经连续 10 个季度面临资本净外流，非储备性质的金融账户逆差在 2015 年高达 4856 亿美元，在 2016 年可能再次超过 4000 亿美元。可见，金融项目已经从先前的顺差逆转为持续多个季度的逆差。这或可视为金融项目的一个趋势性变化（见图 8）。

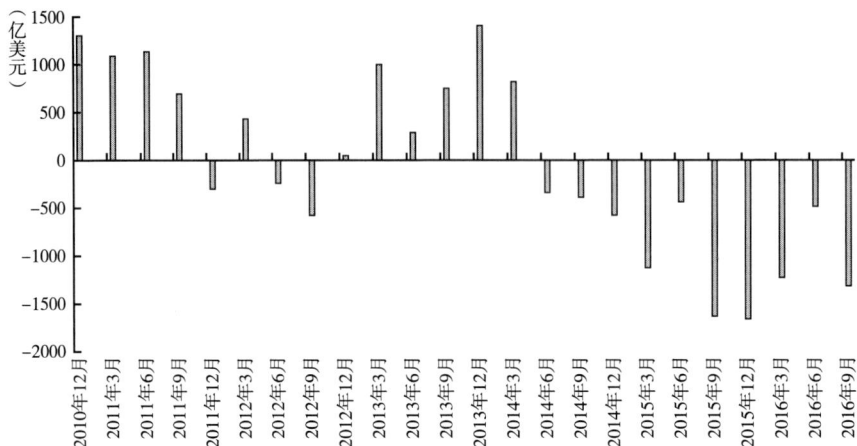

图 8　非储备性质金融账户余额

数据来源：WIND。

　　与资本流动相关的另一个统计项目是误差与遗漏项。虽然，误差与遗漏项是一个平衡项，其负值扩大的根源可能高估了经常项目的顺差，也可能低估了资本项目的逆差，或者二者兼具。2014 年第一季度以来，误差与遗漏项与非储备性质金融账户余额的走势关联性较为显著。虽然，不能说误差与遗漏项负值扩大等同于资本流出加剧，但是，这种内在关联性如何获得统计上的合理分析（比如经常项目顺差如何被高估）确实是一个值得关注的问题，否则我们不能排除资本流出加剧的可能性。2015 年以来，数个季度出现了超过 1000 亿美元的误差与遗漏，可能很难简单地用统计的技术性瑕疵来解释（见图 9）。

四　货币政策：外汇占款冲销到流动性创造

　　在过去十余年的汇率形成机制改革之中，与之相关的另一个重大问题就是货币政策的独立性，或者说汇率形成机制对货币政策的影响问题。从开放条件下的宏观经济政策选择来看，经典的理论认为在货币政策独

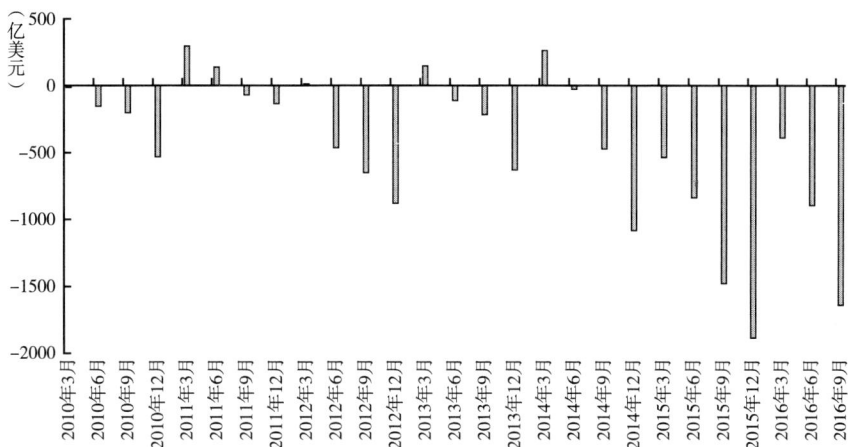

图9 误差与遗漏项

数据来源：WIND。

立性、汇率稳定和资本自由流动这三个目标之间，一个经济体的货币政策当局最多只能选择两个目标，而必须放弃第三个目标，即"三难选择"。虽然，在金融全球化的背景下，"三难选择"的满足需要更为严苛的条件。但是，我国的货币政策框架在过去10余年的实践中确实面临着一定程度的"三难选择"。

2005年汇率改革实行了以市场供求为基础、参考一篮子货币进行调节、有管理的浮动汇率制度。但是，从实际运行上看，人民币在较长的时间之内是软盯住美元并在2008年7月后至2010年6月又重新盯住美元，即使2010年6月后重启人民币汇率形成机制改革，人民币仍然软盯住美元。在这个过程中，一个重大的问题就是货币政策独立性问题。

外汇占款是基础货币投放的一种机制，亦是汇改后较长时间内我国基础货币投放的主要途径。如果一种货币是非自由兑换货币，外资流入后需兑换成本币才能进入流通使用，央行为了外资换汇要投入大量的资金，从而增加了货币的供应量，形成了外汇占款。在我国，商业银行向央行结汇，央行以外汇占款作为资产，被动地向市场投放人民币从而形成基础货币。由于在国际收支双顺差、外汇储备持续增加的过程中，人民币升值压力累积不断，资本流入持续时间较长，外汇占款持续增加。2014 年 4 月，我国外汇占款累积达到 27.3 万亿元的历史高位，在没有冲销的情况下，这相当于将给货币体系带来相应规模的基础货币。

冲销成为货币当局应对外汇占款剧增的主要举措。如果放任大规模外汇占款的持续增加，就相当于放任相应规模的基础货币发行，那么最终的结果就是严重的通货膨胀。为了维持物价的稳定，中央银行在进行外汇买卖（形成外汇占款、释放基础货币）的同时，又通过公开市场操作对国内市场进行反向操作，达到本币供应量不变或合意上涨的目标，即冲销。由图 10 可见，外汇占款余额增速持续快于基础货币增速，冲销压力持续增加，二者的差值增速在 2011 年开始放缓，二者的差值在 2014 年 6 月份达到 25.2 万亿元的历史高位。在大规模冲销的情况下，外汇占款仍然是基础货币投放的主要途径，中国人民银行基础货币供给结构从以原始的现金发行、债券逆回购为主，以贴现贷款为辅的模式迅速转变为以外汇占款为主、以其他投放方式为辅的模式。这种被动式的货币投放机制，使我国货币政策丧失了独立性，特别是 2008 年金融危机期间，货币政策在一定程度上出现了两难甚至"迷失"的困局（见图 10）。

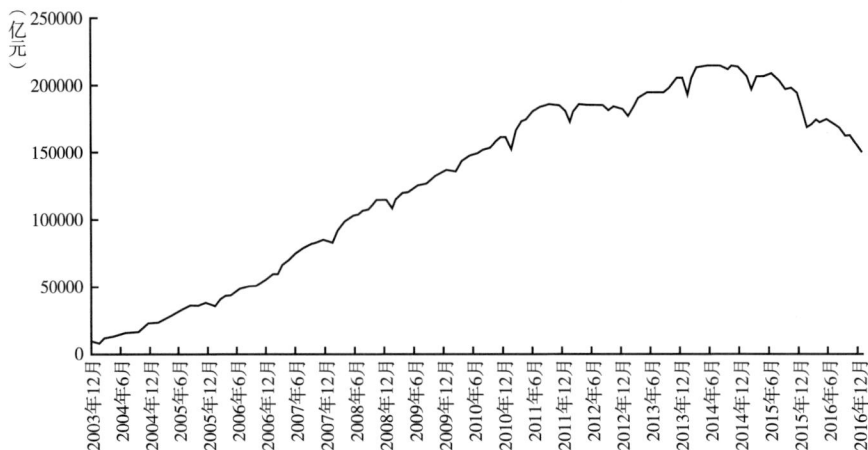

图 10　央行外汇占款与基础货币的差额走势

数据来源：WIND。

在 2014 年 4 月份之后，外汇占款的走势发生了重大的变化，其余额开始出现下降的态势，2015 年开始逐步呈现加速下跌的状况。外汇占款对基础货币的倍数已经从 2009 年第二季度的 1018 倍下跌至 2015 年第一季度的 736 倍（徐仲昆，2015）。这说明外汇流入的压力在放缓，更重要的影响是这个变化可能对此前近 10 年外汇占款创造基础货币的货币供给机制带来实质性的冲击。如果外汇占款余额持续下降，那么基础货币及其相关的流动性就可能面临萎缩的压力，货币供给和流动性供给需要新的机制支持。

再贷款成为央行货币供给新的主导方式。基于外汇占款余额下降及其对货币供给的影响，央行利用债券正回购、增发现金、扩大贴现规模等来增加基础货币供给，同时通过 SLO（短期流动性调节工具）、PSL（抵押补充贷款）、SLF（常备借贷便利）和 MLF（中期借贷便利）等创新型流动性管理工具，并配合降准降息等传统工具，来维持市场流动性的相对稳定。实际上，在国际收支发生趋势性和结构性变化的过程中，我国货币政策框架中货币供给结构已发生了实质性的改变。

简而言之，在美国金融危机的冲击下，全球经济从周期性繁荣演变为长期增长停滞且结构出现分化，美国经济重返复苏道路，而外围经济体陷入困境，与此同时，美元正在经历 1971 年以来的第三轮升值周期。2002 年加入世界贸易组织之后，中国与世界经济互动日益强化，并迅速成为全球制造业中心，经常项目持续顺差，资本项目亦保持长期顺差，外汇储备持续累积并成为全球第一大外汇储备国。2005 年人民币在面临较长时间升值压力后开启了市场化的改革，至 2014 年 1 月份人民币兑美元双边汇率升值 27%，实际有效汇率亦大幅升值。随着内部经济增长速度放缓、经济结构调整压力持续累积以及人民币兑美元大幅升值，叠加美国复苏相对独立以及具货币政策正常化等趋势，我国的国际收支开始出现趋势性和结构性变化，国际收支开始从双顺差转变为经常项目顺差、资本和金融账户逆差的格局，资本流出压力逐步累积。更重要的是，国际收支的变化使我国货币政策体系特别是货币供给结构发生了实质性的变化，以外汇占款为主的货币供给机制转变为以再贷款为主的货币供给机制。而这一切基本上是 2014 年以来所发生的大转折。

第二节　汇率决定的机制分析

向前追溯两三年，人民币汇率以及相关的国际收支的动态与大转折后的情景泾渭分明。虽然，2014 年之前受国际和国内因素的影响，我国国际收支出现了一些结构性或短期性的变化，但是，它们基本保持在自 20 世纪 90 年代中期就已经开始的状态，加入世界贸易组织以及 2005 年的汇率形成机制改革都没有打破这个趋势。虽经二十多年的发展，这个趋势几无变化，其基本特征就是：其一，人民币始终存在升值压力，且在受控状态下缓慢升值，人民币兑美元汇率以及人民币实际有效汇率都保持相对强势；其二，国际收支始终保持"双顺差"局面，进而引致官方外汇储备不断增加；其三，借助人民币相对强势的走势，人民币国际化进程也相对顺利，跨境贸易人民币结算和人民币清算行体系基本建立起来；其四，就人民币升值以及国际收支双顺差对国内影响而论，国际收支以其"洪荒之力"通过外汇占款强力地左右了货币政策（甚至使货币政策"迷失"），并影响了国内金融市场的发展。

然而，自 2014 年上半年开始，这种状况出现了急剧的转折性变化，并出现了日益恶化的局面。人民币汇率在短暂的区间波动之后在"811"汇改之际掉头向下并形成了自我强化的贬值预期，资本开始较大规模流出，外汇储备急剧减少，人民币国际化进展受到阻滞，货币政策开始寻找新的"锚"。作为全球第二大经济体、第一大贸易国和第一大外汇储备国，在短短两三年时间内发生如此重大的转折，其内在的逻辑为何？这是学术界和政策界都应该深入思考的问题。

一　名义汇率与均衡汇率

从人民币汇率、国际收支以及货币政策等的实质性转折看，汇率在这个过程中发挥了基础性的作用。虽然，学术上在汇率变化与国际收支变化的因果关系上存在一定程度的争议，谁是因谁是果并没有明确的定论，甚至在汇率和国际收支的决定上倾向于二者拥有相对独立的机制。本小节主要讨论汇率的决定机制。

在汇率决定中，两个非常关键的概念是"名义汇率"（或市场汇率）和"均衡汇率"。名义汇率或市场汇率就是我们日常所看到的汇率报价或交易价格，这是一种非常短期且变化迅速的快变量，而均衡汇率最先是指能够使国际收支实现平衡的汇率，这种内涵的均衡汇率侧重于外部均衡，但并非完全不考虑内部均衡，其前提条件之一就是无过度的失业。随后，纳克斯（Nurkse）发展了均衡汇率理论，并将内部均衡定义为充分就业，将外部均衡定义为国际收支的平衡，所谓的"均衡汇率"就是与宏观经济内外部均衡相一致的汇率，即内外部均衡同时实现时决定的汇率。对于一种货币而言，均衡汇率是一个慢变量且难以知晓其确切水平，为此，经常会出现名义汇率对均衡汇率的偏离，即所谓的"汇率超调"。

二　汇率的决定机制

作为两个经济体货币的相对价格，且每一种货币价值的决定涉及非常多的变量，均衡汇率的决定机制是一个极其复杂的问题。均衡利率存在一个理论值，但是，实际上，我们不可能获得均衡利率的实际值，只能是当国际收支保持在相对平衡的基础上，此时的名义汇率或市场汇率亦保持相对稳定，即可被认为是逼近均衡汇率。

整体而言，汇率的决定与快变量和慢变量都紧密相关，汇率的变动又与汇率制度紧密相关，大概可以归结为购买力平价论、利率平价论、国际收支论、技术水平（劳动生产率）论以及市场预期（市场交易）论等五大类。虽然，这五大支撑汇率决定的理论相对独立且各成体系，但是，不同理论对经济基本面及其变化的关注都是基础性的。在购买力平价论、利率平价论、国际收支论、技术水平（劳动生产率）论以及市场预期（市场交易）论等五大类变量中，市场预期论相关的交易数据等被认为是汇率决定的快变量，而购买力平价中的物价水平、利率平价中的利率指标、国际收支以及技术水平（劳动生产率）被认为是汇率决定的慢变量。

（一）购买力平价

购买力平价（Purchasing Power Parity，PPP）由瑞典经济学家古斯塔夫·卡塞尔提出。在经济学上，是一种根据各国不同的价格水平计算出来的货币之间的等值系数，以对各国的国内生产总值进行合理比较。购买力平价的理论指出，在对外贸易平衡的情况下，两国之间的汇率将会趋向于靠拢购买力平价，即两种货币之间的汇率决定于它们单位货币购买力之间的比例。

由于单位货币的购买力体现在商品的价格上，商品价格越高，单位货币的购买力越低，为此，货币的购买力平价可以用商品价格作为标志，如果对于每种消费商品的价格进行加权平均就能得到一个消费商品价格指数或一个经济体的总体价格水平指数，这就是人们熟知的居民消费价格指数（CPI）。基于此，货币的购买力平价就演变为两个经济体物价指数之间的比较。如果是物价指数的直接比较，就是绝对购买力平价；如果是物价指数的变化率进行比较，就是相对购买力平价。

虽然，购买力平价是最为经典的汇率决定理论，但是，由于 CPI 涉及其内部的商品及其权重等复杂问题，更重要的是，CPI 篮子中的商品需要区分贸易品和非贸易品，为此，以 CPI 及其变化来决定汇率的方式主要用于对两个经济体货币长期比值的判断上。

购买力平价中运用最为广泛的是英国《经济学家》杂志公布的巨无霸汉堡包汇率（Big Mac Index）。巨无霸汉堡包在全球范围内成分大小几乎一样，俨然是一种标准化的商品。根据一价定律，同质商品在世界各地的价格应该是一样的。同时，汉堡包的成分也像一个商品篮子，其组成是相同的，不管什么时候在哪个国家都具有可知性和可比性。学者 Cumby（1997）认为，"巨无霸汇率"具有预测功能，就是说在中长期汇率决定中具有决定作用。他指出，根据"巨无霸汇率"，如果在某一年汇率被低估 10%，第二年便会有大约 3.8% 的升值。20 世纪 90 年代初的德国马克、世纪之交的欧元、还有 2002 年的美元，一定程度上都印证了"巨无霸汇率"的中长期有效性。

2005 年 6 月《经济学家》杂志刊出的价格，一个巨无霸汉堡包在美国价格为 3.06 美元，在中国为 10.5 元人民币，这样按购买力平价计算，一个美元应该等于 3.43 元人民币，即美元兑人民币的汇率是 3.43（1 元人民币等于 0.29 美元），但是，当时的汇率大约为 8.27（1 元人民币等于 0.12 美元），人民币被低估了。按《经济学家》的数据，人民币被低估了 59%。根据上面的理论，巨无霸汇率反映两种货币比价的长期走势，人民币升值是趋势性的。但是，Harrod – Balassa – Samuelson 效应（巴拉萨—萨缪尔森效应，以下简称巴萨效应）指出贸易品生产率提高较快，引致非贸易品生产部门生产效率亦提升的国家的货币趋向于升值，但是，贸易品部门生产率提高并不是汇率等相对价格变动的唯一原因。著名学者 Engel（1999）的研究进一步指出，实际汇率的变动几乎都是由于贸易品价格对一价定律的偏离造成的，非贸易品价格对相对价格和 CPI 汇率几乎是没有影响的。

Divid C. Parsley 和 Shang – Jin Wei（2004）的研究给购买力平价下的人民币升值幅度提供了一个重要的参考。他们在文章中指出，在巨无霸汉堡包的价格中，劳动力、租金和电力三项支出所占比例为 55% ~ 64%，而这三个要素都是非贸易品，其价格无法通过要素流动和套利行为趋于一致。那么按 Engel 的推理和 Divid C. Parsley and Shang – Jin Wei（2004）的数据，对实际汇率造成影响的要素价格只是巨无霸价格的 40% 左右。那么中国的实际汇率升值幅度就是 59% 的 40%（这里简单处理，实际的计算要根据巴萨效应公式），即为 23.6%，或人民币兑美元双边"均衡汇率"为 6.32（郑联盛，2007）。

人民币兑美元的均衡汇率无从知晓，但是，从过去汇率改革十多年的变化来看，以巨无霸汇率及其相关的贸易品与非贸易品关系分析，购买力平价对于一个经济体汇率的中长期偏离及其回归具有一定的指向意义。

（二）利率平价

购买力平价对汇率中长期走势具有一定的指向性，但是，购买力平价存在两个问题：一是贸易品套利的零成本基本是不成立的；二是购买力平价认为货币在商品购买及相关的国际流动中会影响汇率，但是，没有考虑到货币在投资非商品的资产中也会影响汇率。资产投资的驱动力在于两个经济体资产的价格之间存在套利空间，资产价格最为基础的标志就是收益率或利率。如果两个经济体的收益率存在差异，资金就会发生套利行为，在外汇市场上就会使两种货币汇率发生相应变动，只有当投资收益不存在套利空间时，汇率才会稳定下来。这种由两个经济体投资收益率（或利率）差异决定均衡汇率的理论便称为"利率平价论"。

利率平价是可自由兑换货币的预期回报率相等时外汇市场所达到的均衡条件，中远期汇率差价是由两国利率差异决定的，并且高利率国货币（高收益率）在远期汇率市场上必定贴水，低利率国货币（低收益率）在远期汇率市场上必定升水。利率平价是汇率相对中短期变化的理论支撑，也是大型开放经济体的国债收益率在全球金融市场具有系统重要性的根源。

根据利率平价理论，货币的升值与贬值和一国与其他国家利差的高低密切相关，主要原因是跨国资本的套利活动。由于价格型货币政策工具直到20世纪80年代才开始被广泛使用，为比较美国与其他主要国家的利差，我们选用了货币市场利率。[①] 从图11可以看出，美元相对于全球的利差和美元指数（US Dollar Index）之间具有大致类似的变化趋势，且利差变动往往提前于美元指数变动，特别是在加息周期，美元指数一般不会同步上涨。此外，剧烈加息时美元指数并不一定会大幅变动，比如美联储在2004～2006年期间连续17次加息，导致利差上升，但美元指数并没有显著上涨。但是，可以看出20世纪90年代以来，利差与美元指数

---

① 全球利率采用了澳大利亚、加拿大、日本、韩国、南非、西班牙、英国货币市场利率的均值，数据来源为IMF和作者计算。

的相关性较为显著，特别是 2006 年以来，利差变化与美元指数走势的相关性更为显著（见图 11）。

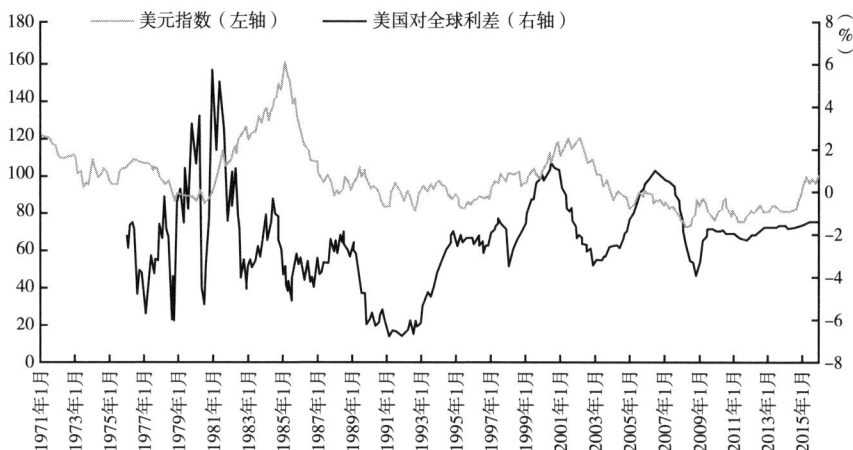

图 11 美元指数和美国相对全球利差

数据来源：IMF、Bloomberg 与 PRIME。

（三）巴萨效应

巴萨效应的本质是劳动生产率或技术进步导致不同经济体汇率的相对变化。如果劳动生产率较高或科技进步效应较好，那么该经济体的经济增长速度就会相对较好，工资的增速也会较高，最后使实际汇率也会上升得较快。这个过程实际上是贸易品部门与非贸易品部门工资趋同化的过程。由于贸易品部门可以更好地借助资本、技术和经验等的输入获得更高的生产效率，劳动报酬随之升高。但是，一个经济体内部不同产业的工资水平都有平均化的趋势，这会使得非贸易品部门特别是服务业工资水平随之升高。关于工资在贸易品部门和非贸易品部门之间的趋同，在我国国内最为典型的表现时期就是 2008 ~ 2011 年。这个过程也是人民币持续升值的过程。

根据巴萨效应，贸易品部门劳动生产率（实体经济增速）的上升会引起实际汇率的升值。从图 12 可以看出，在过去 50 ~ 60 年的时间内，特别是 21 世纪以来，贸易加权广义实际美元指数与美国相对于发达经济体、新兴市场经济体及全球经济增长率①之间都具有相似的趋势，并且美元指数变动趋势滞后于相对经济增速，可见经济增速的高低驱动了美元的升值或贬值（见图12）。

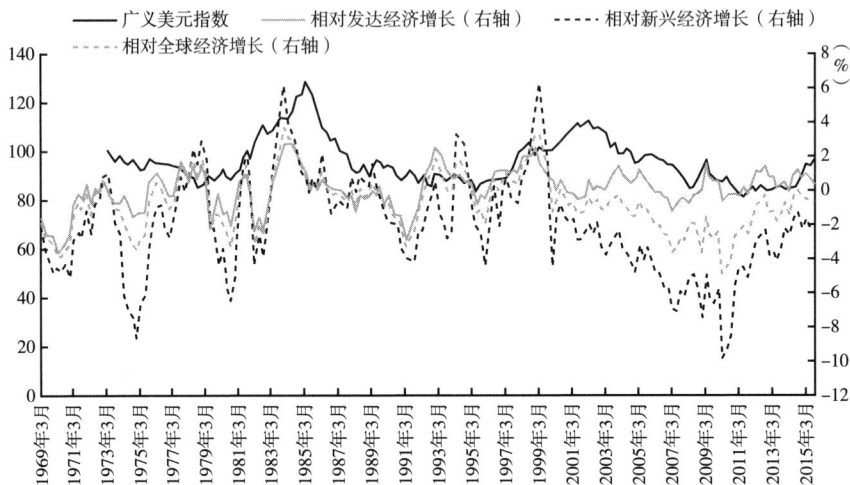

图12 美元指数与美国相对经济增长率

数据来源：IMF、Bloomberg 与 PRIME。

（四）汇率决定的市场行为

汇率是两个货币的相对价格，但是，货币本身又是一种资产，这使得汇率的变化具有一定的资产属性。资产价格的决定及其变化虽在本质上是由其自身价值所决定的，但是，资产价格在较大程度上还由市场的供求决定，而影响市场供给的因素更为多元且更为短期，这使得汇率的变化会受到市场预期的影响。在市场决定中，价格偏离价值亦是十分正常的，对于汇率而言，就是名义的市场价格偏离了均衡汇率而出现了汇率超调等情况。在市场决定中，汇率及其变化就是典型的快变量。虽然市场价格的变化极其迅速，但是，其变化的逻辑与购买力平价、利率平价、劳动生产率以及国际收支等慢变量或基本面是紧密相关的。

---

① 经济增长率为 IMF 公布的 GDP 实际同比增速。

外汇市场是汇率形成的场所，亦是市场预期集中博弈和价格映射的场所。比如，对美元指数而言，从美元指数的期货和期权持仓情况来看，2016 年 9 月底以来，市场突然加大了多头持仓的规模。2016 年 10 月 19 日，美元指数期货和期权报告头寸多头总持仓占比已经达到了 88.5%（见图 13）。这从市场交易的角度印证了市场对美元保持相对强势的态度，美元指数或继续保持小幅上行的态势。而在 2016 年 11 月和 12 月的美元指数走势中，美元指数突破 100 大关并达到 103 的高位，印证了市场行为的方向性。

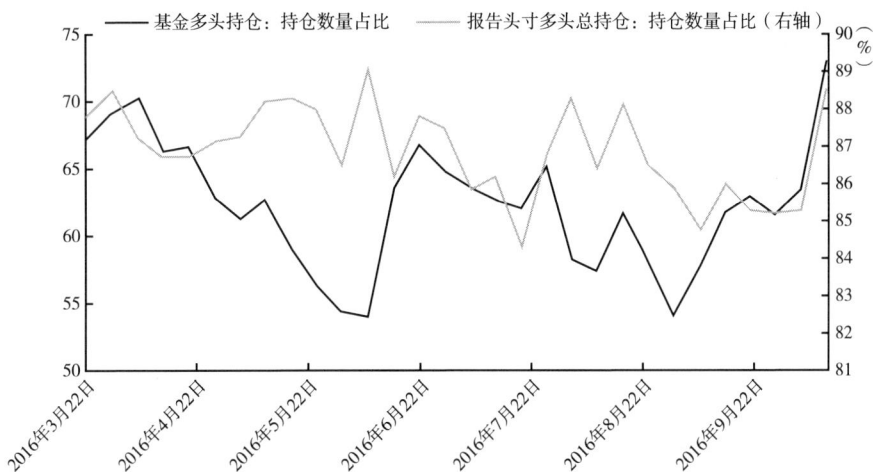

图 13　美元指数期货和期权多头持仓占比走势

数据来源：WIND。

三　汇率决定机制的小结

作为两个经济体货币的相对价格，汇率的决定具有多种相对独立的机制，但是，其内在的逻辑都与经济基本面紧密相连。在购买力平价中，物价是核心要素，而物价稳定在经济基本面中是货币政策、财政政策等宏观政策的核心目标之一，同时，物价稳定合理的一个潜台词是经济增长相对平稳、就业形势良好且相对稳定。在利率平价中，利率是核心要素，而利率需要与经济基本面的投资收益率相关联，一般而言，投资收益率高则利率亦相对较高，如果投资收益率低，那么利率将下行，以至于目前出现了名义利率为负的非常态。收益率高低本身就反映了经济发展的趋势。巴萨效应分析的视角虽是贸易品部门对非贸易品部门的影响机制，但是，工资是核心要素，而工资不仅体现要素报酬（收益率），而且会与物价相互关联，更重要的是工资状况还是经济增长、就业等的微观体现。最后外汇市场的交易行为短期看可能会出现供求的失衡，使得价格偏离价值，但是，在长期的交易之中，如果信息是有效的，那么，价格就会向价值逼近，而价值的决定也是与经济基本面相关的。总而言之，虽然，汇率决定的机制是相对独立且核心要素各有差异，既有快变量，也有慢变量，但是，真正决定汇率变化的仍然是经济发展的基本面及其相对变化。

第三节　国际收支决定及其与汇率的关系

一　国际收支及其结构

国际收支是一个经济体在一定时期内（通常为一年）全部对外经济往来的系统的货币记录，国际收支主要包括三个方面的内容：一是一个经济体和其他经济体之间的商品、劳务和收益交易；二是一个经济体的货币黄金、特别提款权的所有权的变动和其他变动，以及这个经济体和其他经济体的债权债务的变化；三是无偿转移以及在会计上需要对上述不能相互抵消的交易和变化加以平衡的对应记录。

国际货币基金组织针对国际收支与投资头寸进行了项目的区分，在第五版申报要求中，IMF 将国际收支平衡表分为经常项目、资本和金融项目、储备资产和净误差与遗漏等四个部门。2014 年 1 月 1 日起开始实施的国际收支平衡表第六版申报要求则将储备资产纳入资本和金融账户项目下，国际收支平衡表变成了经常项目、资本和金融项目以及净误差与遗漏等三个部分。

在经常项目中，主要分为货物贸易和服务贸易两个大类，分别用货物差额和服务差额作为标志。在资本和金融项目中，主要分为资本账户差额和金融账户差额，其中，金融账户差额分为非储备性质的金融账户和储备资产两类，而非储备性质的金融账户包括长期投资（直接投资差额）、短期投资（证券投资差额）、金融衍生工具和雇员认股权、其他投资等四项。

二　经常项目决定及其失衡

从国际收支平衡表的结构看，经常项目分为货物差额和服务差额，对应的是商品贸易和服务贸易。经常项目是国际收支中最基础的项目，是国际收支平衡最为核心的领域。IMF《国际货币基金组织协定》对成员国经常项目可兑换所需具备的条件做出了明确的规定，但是，并没有对资本项目开放提出明确的要求，可见 IMF 的政策框架中国际收支平衡主要是针对经常项目的。但是，经常项目差额的决定及其变化是一个非常复杂的机制，这其中包括一个经济体在国际分工体系中的地位和作用、一个经济体的资源禀赋及比较优势、一个经济体的要素价格（包括汇率）及其变化趋势，甚至还与诸如关税、非关税等贸易保护政策等紧密相关。

（一）国际分工

国际分工是 20 世纪 90 年代以来全球资源配置最为重大的趋势，深刻影响了全球资源配置以及国际贸易的格局。世界各个国家（和/或地区）之间的劳动及其他要素的组合分工，是国际贸易和各国（地区）经济联系的基础。国际分工是社会生产力发展到一定阶段的产物，是社会分工超越国界的结果，是生产社会化向全球化发展的趋势。国际分工促进国际贸易的发展，国际分工是国际贸易发展的基础。

国际分工对国际贸易及其相关的经常项目产生实质性的影响。生产的国际专业化分工不仅提高劳动生产率，增加世界范围内的商品数量，而且增加了国际交换的必要性，从而促进国际贸易的迅速增长。同时，国际分工对国际贸易的商品结构产生重要影响。国际分工的深度和广度不仅决定国际贸易发展的规模和速度，而且还决定国际贸易的结构和内容。最后，国际分工还对国际贸易政策产生重要影响，关税和非关税政策随着国际分工和贸易失衡蓬勃发展起来。

对中国而言，最为深刻的变化是中国加入 WTO 之后融入全球经济及其国际分工体系之中，成为全球"制造业中心"。在形成"制造业中心"之中和之后，中国国际贸易呈现了加工贸易占据重要位置的情况，与此同时，在国际收支上形成了贸易的顺差。虽然，中国加工贸易及国际分工的深入发展，会导致服务贸易出现逆差，但是，整体而言，由于国内资源要素价格及配置效率的优势，经常项目整体仍然出现了顺差。虽然，随着国内经济结构变化和出口导向型经济的改革发展，加工贸易的重要性有所下降，但是，中国作为"制造业中心"的国际分工决定了中国国际收支可以保持较为长期的顺差。

（二）比较优势

比较优势是一个国家在本国生产一种产品的机会成本（用生产其他产品的成本来衡量）低于在其他国家生产该产品的机会成本，则这个国家在生产该种产品上就拥有比较优势。正是各生产单位对资源的占有、分配和利用等情况的差别，造成了比较优势的产生。而比较优势的差别直接导致了生产物品的专业化（即国际分工）和贸易的产生。

20 世纪 90 年代末至全球金融危机之前，由于中国具有较低的土地价格、资源价格以及更低的劳动成本，而且劳动力资源丰富、学习改造能力较强，劳动密集型制造业成为中国具有比较优势的基础行业。出口拉动的增长模式使得国内要素资源持续投入，特别是资本投入较为明显，这逐步形成了出口拉动、投资驱动的增长模式和资本密集型制造业。为此，全球金融危机之前 10 年，中国经济基本是以国内低廉的要素资源价格、准确的国际分工定位和高效的资源配置方式，逐步形成了出口拉动、投资驱动和以制造业为主的发展格局，与此同时，商品贸易不断增长，经常项目顺差持续累积。但是，这也使得国内要素资源投入过度、价格扭曲以及产能过剩等问题层出不穷。

（三）要素价格

在中国与全球经济互动中，中国的比较优势甚至绝对优势是要素资源价格极其低廉。首先是劳动力成本低。由于 20 世纪 50~60 年代的第一轮人口出生潮和 20 世纪 70 年代末~80 年代初的第二轮人口出生潮使得中国在加入世界贸易组织之时具有全球难以比拟的人口红利及低廉的劳动力成本。

其次是土地价格低。由于 21 世纪初中国才全面地对全球经济开放，而此时中国经济仍然处于现代经济的初步发展水平，全国具有大量的闲置土地，特别是工业用地，土地价格亦十分便宜。

再次是能源资源价格低。由于定价没有市场化，电力、煤炭、矿产等定价偏低，这为出口拉动、投资驱动、政府主导的发展模式提供了能源资源便利。

最后是人民币价格相对便宜。由于在东亚金融危机之后，人民币基本是盯住美元的，在美元升值过程中人民币汇率没有变化，实际上是相对于美元有所贬值。特别是加入 WTO 之后，国际收支顺差快速累积，但是，人民币在 2015 年之前仍然盯住美元。即使 2005 年 7 月份汇率改革之后，人民币兑美元基本保持每年升值 3% 的慢节奏，这使得中国的贸易品部门获得了较长的适应时间，进而保持相关出口产品的国际竞争力，进一步累积经常项目收支的顺差。同时，由于中国经济快速发展，快速融入全球经济，并逐步形成全球制造业中心，其间，中国提供的资本回报率非常之高，全球资本呈现流入的态势，特别是外商直接投资，这同时造成了资本和金融项目的长期顺差，从而形成了中国国际收支较为特别的"双顺差"，且持续时间较长，基本延续至 2014 年底（除了 2008 年和 2011~2012 年个别季度出现资本项目逆差的状况）。

（四）政策因素

中国在全球分工中的地位以及国际收支双顺差格局与政府的行为亦是紧密相关的。自从改革开放以来至上海自贸区正式运行、我国与外资相关的三部法律暂停实施之前，我国各级政府对外商直接投资释放出极大的政策优惠，甚至可以用"超国民待遇"来形容。这种政策引导的结果就是强化了出口拉动、投资驱动的发展模式。虽然，党中央和国务院多年来致力于改变这种发展模式，但是，由于各级政府政策贯彻差异、利益博弈甚至相互竞争，使我国经济从外需转为内需的结构性改革并没有取得实质性的成绩。2014 年底之前，我国经济仍然是出口拉动、投资驱动、政府主导的格局，国际收支双顺差从整体上并没有实质性的改变。

（五）经常项目失衡

鉴于中国在全球经济的地位和国际分工的结果，以及比较优势、要素价格以及政策引导等多重因素，我国逐步形成了商品贸易大幅顺差、服务贸易相对小额逆差、经常项目大额顺差的格局，与此同时，资本项目呈现资本流入的特征，特别是外商直接投资等长期性资本流入较为明显，形成了国际收支的双顺差，外汇储备持续大量累积至近 4 万亿美元，即是中国的国际收支失衡。

从全球的角度出发，全球国际收支失衡主要是指经常项目的收支失衡，其突出矛盾主要表现在美、英等国的经常账户持续逆差与新兴市场国家以及石油输出国持续的经常账户顺差。而且，全球经常项目的逆差和顺差越来越集中于少数几个国家并且数额越来越庞大，最为典型的就是美国的经常项目逆差与中国的经常项目顺差。这个矛盾在 2005 年 7 月人民币汇率形成机制改革之前达到一个阶段性的高潮。2005 年之后，虽然人民币呈现小幅升值的态势，但是，中国的国际收支失衡特别是经常项目失衡并没有缓解，反而经常项目顺差持续扩大，其占 GDP 的比重亦持续上升，2007 年我国经常项目顺差占 GDP 的比重达到了 10.1% 的峰值。

虽然，近期经常项目顺差与 GDP 的比重回落到 IMF 界定的合理范围内，但是，我国经常项目顺差呈现的是一种"衰退式顺差"。近期，由于欧日发达国家及地区需求不振，美国经济相对独立而导致对全球的需求有所放缓，再加上中国出口竞争力减弱，中国出口最近几年持续下滑，但是顺差却是持续扩大的，原因是尽管出口很弱，但是由于国内需求不振和大宗商品断崖式下跌，进口更弱，从而导致顺差扩大。

三　资本项目决定及其失衡

资本和金融项目中最为核心的是非储备性质的金融账户，其中包括长期投资（直接投资差额）、短期投资（证券投资差额）、金融衍生工具和雇员认股权、其他投资等四项。但是，实质性影响资本和金融项目的主要是直接投资差额和证券投资差额。

决定直接投资差额最为关键的是长期资本回报水平以及平稳性。资本回报率是较为简单且基础的投资决定要素，但是，回报率的相对平稳受制于多种因素，特别是政治的稳定性。相对于拉美经济体的对外开放战略，中国走的是吸引外商直接投资而非借入外部债务的道路（余永定，2010）。在这个过程中，一般而言，新兴经济体的资本回报率相对于发达国家要更高，但是，更为关键的是中国经济及政治体系的平稳性，即外商直接投资及其收益兑现的保障。

中国直接投资差额与经常项目的发展是紧密相关的。基于中国的要素禀赋、比较优势以及政策导向，中国在国际分工体系中成为全球制造业中心，这决定了中国的经常项目顺差。同时，为了维系制造业部门的资本投入，外商直接投资成为主导的方式之一，特别是在全球金融危机之前，外商直接投资—资本形成—制造业发展—贸易顺差是中国经济发展的典型流程，且随着制造业中心的确立以及经常项目的发展，外商直接投资呈现持续累积扩张的态势。在全球金融危机前夕的 2007 年第四季度，中国直接投资顺差当季达到了 469.8 亿美元。金融危机之后，直接投资出现了短期的下滑，但是，由于中国经常项目的相关要素及其优势并未发生实质性逆转，直接投资在金融危机后又较快复苏并维持在相对较高水平，2011 年第三季度直接投资顺差达到了 676.7 亿美元。2013 年第四季度，直接投资顺差高达 848.8 亿美元，为历史最高水平。但是，2013 年底以来，直接投资差额整体呈现下滑趋势，2015 年第三季度开始出现直接投资逆差，2016 年前三个季度均保持逆差。造成直接投资逆差主要有两个方面的原因：一方面是外商直接投资（FDI）流入速度放缓直至出现规模减小；另一方面是海外直接投资（ODI）呈现加速的态势（见图14）。

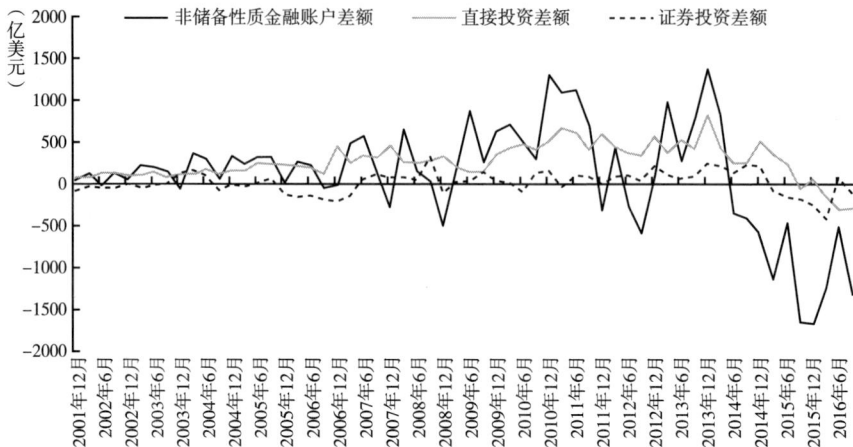

图14　资本项目走势

数据来源：WIND。

全球金融危机之后，资本项目的结构及其趋势发生了较大的变化。一方面，在长期资本流入方面发生了重大的变化，发达经济体的外商直接投资开始呈现放缓的态势，甚至出现了部分经济体长期资本回流的格局，比如美国的资本回流便十分明显。另一方面，由于金融市场开放的深化，资本项目下的证券投资开始显示其重要性。2011年下半年以后，由于中国的金融市场以及资本项目开放呈现加速的状态，证券投资差额基本保持顺差，2013年第四季度出现了259.3亿美元的当季顺差，为历史第二高水平（历史最高水平为金融危机期间2008年第三季度的329.8亿美元）。整个2014年季度顺差亦保持在较高水平。但是，2015年以来，证券投资差额开始发生逆转，2015年4个季度均为逆差，2016年第一季度出现了409亿美元的证券投资逆差。可见，我国资本与金融项目的失衡先是表现为较高额度的顺差，而目前的失衡则表现为较大幅度的逆差。

证券投资逆差的根源可能有四个：一是2014年后人民币开始呈现双向波动态势，2015年人民币出现贬值的态势，对人民币及其资产的投资需求有所弱化；二是国内资本市场出现了较大幅度的波动，2015 年 6 ~ 8 月份股票市场大幅波动之际也是证券投资逆差扩大的阶段，2016 年 1 月份熔断机制导致的市场短期剧烈波动更使证券投资逆差达到了历史性的高位；三是国内经济金融体系的风险呈现加速的态势，且经济社会问题较为复杂，国外投资者对中国市场及其稳定性的预期有所恶化；四是美国等资本市场的投资回报保持较高水平且较为平稳，美国股票市场持续上升、屡创新高，上市公司的现金流及分红水平在 2014 年基本回升到金融危机之前的最好水平。在人民币贬值、内部金融市场波动及其市场预期变化的推动下以及国外资本市场向好的拉动下，证券投资出现了较大规模的逆差。

四 国际收支变化与汇率的关联

在国际收支与汇率的关系上，不管在学术上还是在政策上都是一个长期争论的问题。在汇率决定中，短期的市场行为、利率平价等主要涉及资本流动，可以在较短的时间内改变资本流动的趋势，从而对资本和金融项目特别是证券投资差额造成明显的影响，这些短期行为与利率、汇率的短期变化紧密相关。但是，从中长期的视角看，购买力平价、更长期的利率平价以及巴萨效应等实际上是由经济基本面及其在国际分工体系中的地位和作用决定的，即基本面决定了一个经济体的国际收支及其结构，并对汇率等要素价格造成持续性的影响，国际收支更像是一个汇率决定的基础。

从中国国际收支及其结构变化的趋势看，汇率变化成为资本项目特别是证券投资差额的重要影响因素。全球金融危机以来，在人民币兑美元升值的过程中，证券投资差额基本保持在顺差状态，且顺差累积额度随人民币升值而逐步扩大，但是，2014 年底之后，人民币离岸市场和远期市场开始出现贬值预期，人民币在岸即期汇率在 2014 年 3 月份之后开始出现贬值并在 2015 年 8 月 11 日汇率中间价改革之后加速贬值，在这个过程中，证券投资项目亦出现逆差以及逆差扩大的态势，并成为影响整个资本项目以及国际收支的重要因素（见图 15）。

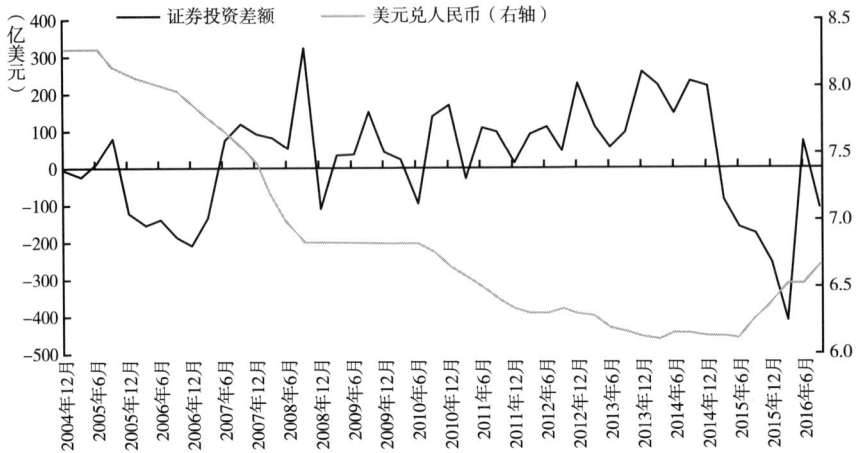

图15　人民币汇率与证券投资差额走势

注：汇率数据根据月份值平均而得。

数据来源：WIND及作者计算。

汇率影响国际收支在国外亦曾得到较好的验证，但是，其解释力在下降。贺力平等（2006）的研究发现，在1980～2004年，美元实际有效汇率指数总体上是美国国际收支平衡的一个重要因素，但是，汇率因素的影响作用在程度上和统计显著性上要明显地弱于时间趋势变量，而时间趋势变量大致可以被认为是所有非汇率因素的一个替代。更重要的是，时间趋势变量对美国国际收支失衡的影响越来越显著，汇率的作用则在弱化，即美元汇率本身受到了一系列国内外金融市场因素的影响而日益弱化了其与美国国际收支相互影响的传统机制。

从回顾国内经常项目变化及其相关的直接投资差额以及相对独立且短期的证券投资差额的变化看，实质性的变化基本发生在2014年及以后，而在这个时间段内人民币汇率贬值幅度是相对有限的，更多的变化实际上产生在基本面：一是中国经济增长速度在下滑，经济结构调整压力加大，经济发展模式致力于从外需主导模式向内需主导模式转型，加上全球经济低迷使总需求增速下降，中国出口部门面临较大的压力，经常项目顺差缩小；二是中国经济进入了增长速度换挡期、结构调整阵痛期、前期刺激政策消化期"三期叠加"的阶段，经济增速下滑潜在的特征就是投资回报率的下降，外商直接投资增速放缓，海外直接投资规模扩大，这使直接投资差额缩小甚至出现逆差；三是经济金融风险开始呈现日益显性化的特征，虽然经济增速仍然相对较高，资本收益率也相对较高，但是，相对于风险提升，风险收益的匹配就不具有大的吸引力，特别是国内市场的大幅波动（股票市场大幅波动、"811"汇改导致资本市场与外汇市场相互冲击以及熔断机制导致的股市第三轮非理性下跌）以及信用风险的持续暴露（银行不良贷款上升以及债券市场信用违约加速呈现），使外国投资者变得更加审慎甚至转投风险相对较小的发达金融市场。

虽然，人民币兑美元贬值与证券投资、直接投资差额具有较好的相关性，但是，从数据变化的态势看，证券投资变化比人民币兑美元贬值要来得更早，即汇率是影响国际收支的一个方面，特别是对证券投资的短期影响较为显著，但是，近期我国国际收支的变化更多是基本面因素所导致的。

第四节　人民币汇率和国际收支的未来趋势

过去2～3年以来，由于外部冲击、要素结构、发展模式和风险暴露等多重因素的影响，中国经济增长面临较大的下滑压力，经济平均增长速度从10%以上下移至6.5%左右，同时，面对在不合理的国际货币体系下日益独立的美国经济，中国的外向型经济面临日益严重的挑战。向内需、向消费转型成为我国经济转型的重大任务，这个压力在"十三五"时期表现得更为迫切。

在这个过程中，人民币从长期缓慢升值转变为较为明显的贬值趋势，经常项目顺差增速开始放缓甚至出现顺差的萎缩，资本和金融项目发生从长期大额顺差到大额逆差的转变，其中，资本流出成为国际收支的重要影响因素。与此同时，我国的货币政策框架发生了实质性转变，从一个外汇占款高企、冲销压力巨大的体系转变为外汇占款式微、亟待流动性创造的新框架，货币政策框架转向需要寻找新的"锚"，多种流动性管理工具被创造且广泛用于金融市场之中。

从汇率决定和国际收支决定的基本面以及市场面等出发，研判未来人民币汇率的走势和国际收支的走势，对我国应对内外风险共振问题，保障汇率市场稳定，完善汇率形成机制，促进国际收支相对平衡，确保货币政策及其传导有效以及促进经济发展模式深入转型等都具有重要的意义。

一 人民币的未来走势

汇率的走势基本由利率、物价、贸易品与非贸易品的相对竞争力及其收敛等的相对长期变化决定（即慢变量），外汇市场的交易行为决定短期走势(即快变量)，物价变化将由购买力平价来体现，竞争力则由生产效率的变化或者巴萨效应下贸易品与非贸易品两个部门劳动生产率的相对变化体现出来。

（一）利率平价：人民币小幅贬值

从短期看，利率的相对变化有利于美元走强。一方面，美国经济整体相对向好，2016 年 9 月份以来美国非农就业保持在相对较好的水平。美联储在 2016 年 12 月份的加息进一步确立了美联储货币正常化走势，这将直接导致美元与欧元、英镑等的利差变化，形成对美元保持强势的利率平价支撑。另一方面，英国"脱欧"以及欧洲银行业问题可能会助推美元指数的进一步走强，特别是市场对欧洲银行业的风险可能存在一定程度的低估。不过，美国在特朗普上台后政策的不确定性增加，造成美国国内市场利率以及相关的汇率出现了新的不确定性。2014 年以来，欧元和英镑兑美元一直处于贬值的态势，即使在 2017 年第二季度由于美元贬值，欧元和英镑兑美元有所反弹，但整体力度仍然有限（见图 16）。

再看人民币兑美元的汇率，人民币明显受制于美元的走势，且仍有贬值预期。2016 年 8 月份开始，中国人民银行先后重启 14 天和 28 天逆回购，加大 MLF 操作力度，致力于锁住短期利率，放开长端利率，并拉长期限。2017 年 2 月初，央行再次对逆回购和 SLF 上调利率，短端和长端利率全面上升，再贷款利率被实质性改变。10 年期国债收益率从 2016

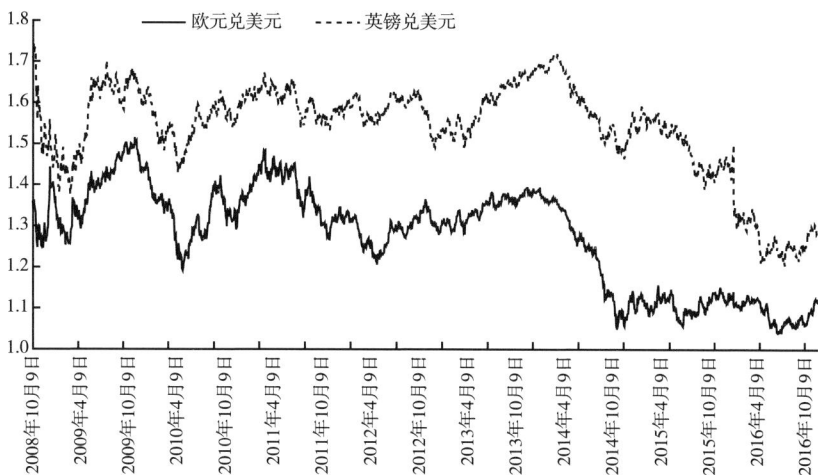

图 16 欧元和英镑兑美元的汇率走势

数据来源：WIND。

年 8 月 15 日的 2.64% 快速上升至 2017 年 2 月 6 日的 3.49%。市场变化以及央行政策实施的一个外部因素就是美元持续保持强势水平，人民币短端和长端利率上升相当于变相"加息"，改变了利率平价及其对人民币汇率的短期以至中期预期，央行的操作成为稳定人民币币值、抑制资本外流的工具。2016 年底至 2017 年初，人民币兑美元汇率的变化可见人民币汇率仍然受制于美元的走势及中美利差水平，当然，国内基本面、金融监管强化以及市场面的情况也发挥了重要的作用，中美利差有所缩窄。在内部变相"加息"和美元走强预期略微走软的过程中，人民币兑美元的贬值压力有所缓释，NDF 市场一年期价格从 7.3 的高点回落至 7.1。2017 年 5 月美元指数加速下跌，NDF 市场一年期价格在 2017 年 5 月 31日击穿 7 元/美元大关至 6.9703。

（二）购买力平价与巴萨效应：人民币不具优势

从中长期看，由于美国通货膨胀率的锚定水平较为稳定，加上未来2～3 个季度原材料特别是原油价格可能保持相对稳定，美国和其他国家相比，物价并不会面临通胀的风险。从长期看，由于美国技术创新及其

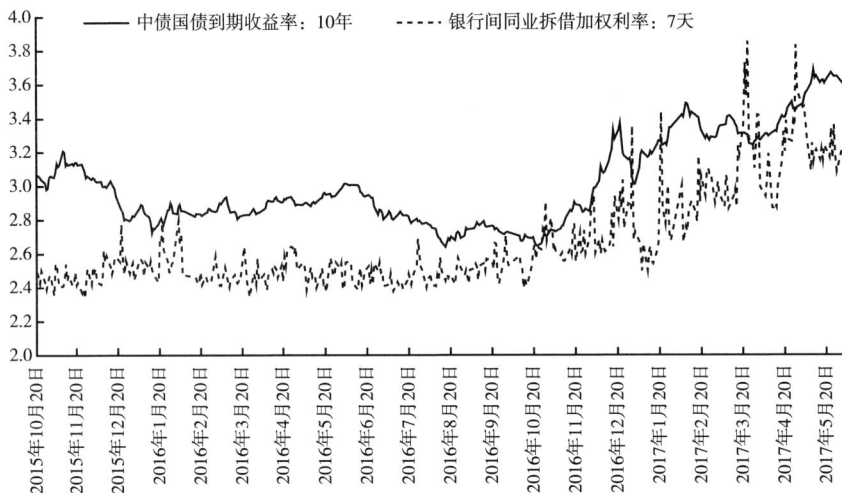

图17　银行间市场长端利率与短端利率走势

数据来源：WIND。

与产业的结合更为紧密，不管是贸易品部门还是非贸易品部门，其生产效率相对于欧元区、英国以至中国等都具有一定的优势。为此，从购买力平价和巴萨效应出发，人民币兑美元未来没有较为扎实的升值基础。甚至过去 10 年间，中国投资回报率持续高于美国，这是推动中长期资金流入中国，进而推动人民币兑美元升值的重要动力；然而，近年来随着劳动力成本的上升、制造业过剩产能的凸显、真实融资成本的上升以及金融风险的显性化，中国的投资回报率显著下滑。如果用上市公司的 ROE 来衡量，目前中国上市公司的投资回报率已经低于美国上市公司。投资回报率的下滑是造成人民币兑美元汇率贬值的深层次原因（张明，2017）。[①]

二　国际收支的走势及其与汇率的反馈

（一）经常项目：衰退式顺差

从经济基本面的角度出发，中国经济增长持续下滑的趋势基本得到

[①]　张明：《人民币汇率：2016 年回顾和 2017 年展望》，《中国外汇》2017 年 2 月。

遏制，但是，可以看到 2016 年经济相对平稳增长主要依靠政府财政政策提振以及房地产部门对经济增长的拉动，而出口对经济增长的贡献预计仍然为负，内生的经济增长机制特别是私人部门的增长预期并未建立起来。这决定了 2017 年经济增长的前景仍然不明朗，也决定了经济的基本面缺乏扎实的内生增长基础，这将使得经常项目不会出现实质性转好，衰退式顺差或将持续。

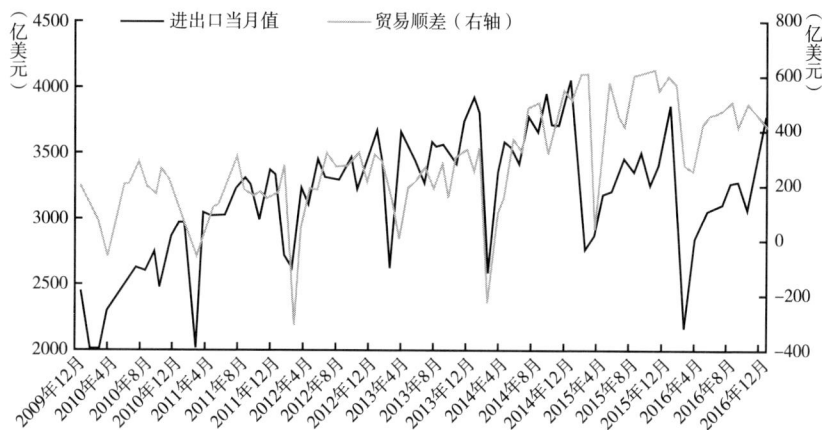

图 18　我国进出口值与贸易顺差走势

数据来源：WIND。

（二）金融项目：趋势性逆差

资本和金融项目的走势已经成为未来决定国际收支的一个重大因素，但是，在美元保持相对强势和人民币保持相对弱势且国内经济基本面没有根本性转变、深化经济体制改革没有实质性推进的情况下，资本流出或将是趋势性的，这将使得我国国际收支中的资本和金融项目出现趋势性的逆差。有关数据显示，中国经济面临的资本净外流在 2016 年第三季度与第四季度进一步加剧。2016 年第三季度国际收支表口径的外汇储备缩水规模要比央行口径的外汇储备缩水规模超过约 1000 亿美元。而且，跨境人民币资金发生了持续大规模的净外流，这可能是国内主体规避央行监管的一种新模式。

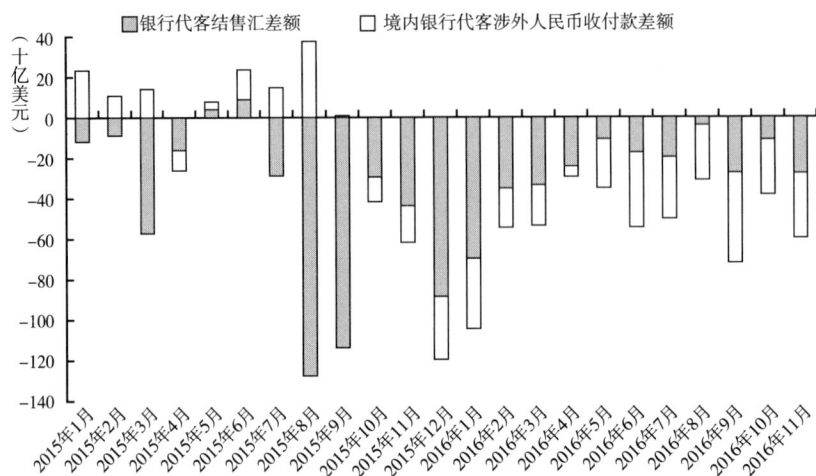

图例：■ 银行代客结售汇差额　□ 境内银行代客涉外人民币收付款差额

（纵轴单位：十亿美元）

图 19　跨境人民币资金外流

数据来源：CEIC 与 PRIME。

（三）储备项目：保储备与稳汇率的两难选择

伴随货币走弱的是资本呈现流出的态势，外汇储备亦呈现明显的下滑特征。中国和印度是新兴经济体中货币贬值幅度较小的经济体，分别贬值约 14% 和 10%。即便如此，国际资本流动出现了流出中国等新兴经济体的态势，加上国内经济下滑的因素，国内出现资本流出趋势被强化的态势。2014 年第二季度以来至 2016 年第三季度，我国国际收支已经出现了连续 10 个季度的资本净流出，非储备性质的金融账户逆差在 2016 年第三季度达到了 2073 亿美元，为历史最高水平。从宏观层面来看，虽然 2016 年较上年同期下降 1928.亿美元，但是，我国外汇储备仍呈现明显下滑的趋势，2016 年外储规模下降 3198 亿美元，从 2014 年第二季度末时最高的 3.99 万亿美元萎缩至 2016 年底的 3.01 万亿美元。2017 年 1 月底，外汇储备跌破 3 万亿美元关口，降至 2.9882 万亿美元。

外汇储备的下滑是多重因素引致的，需要理性地认识。一是基本面因素。由于我国国内经济下滑，而美国经济相对向好，二者之间的竞争力差异以及投资收益率预期在发生变化，汇率走弱和资本流出成为基本面的阶段性反映。二是价格面因素。在汇率及其相关的资本流动中，利率和物价的变化及其相关的利率平价和购买力平价是重要的中短期变量，而这两个要素的变化暂时是不利于我国的。三是市场面因素。由于市场预期从人民币升值逐步转向人民币贬值，市场是人民币贬值的预期被内部经济不景气和美国政策转向所强化。不管是外汇市场内生的投资行为，还是企业居民能动地结售汇及资产配置，抑或是货币当局具有针对性的外汇市场操作，最终都可能导致官方外汇储备的下降。四是计价的因素，即外汇储备的估值效应。由于外汇储备最终以美元计价，在美元升值的条件下，估值效应为负造成外汇储备规模下降。五是结构性因素。外汇储备具有国民财富的属性，居民或企业增持外汇的过程就是外汇资产从中央银行资产负债表的资产端转移到了居民或企业的资产端的过程，部分外汇储备的减少实际上对应的是居民或企业外汇资产的增加。

外汇储备下降并不可怕，但是，外汇储备与汇率稳定之间的两难选择有可能会造成严重的后果。中国以消耗外汇储备的方式来维持汇率的稳定是不可持续的行为，因为它取决于两个核心要件：一是美元的走势；二是市场的预期。从理论上说，我国经济增速仍然较高，国际收支仍然为正，外汇储备仍高达近 3 万亿美元，人民币没有长期贬值的基础；但是，从市场博弈的角度，外汇储备消耗可能造成对人民币汇率稳定的负面冲击且二者会相互反馈造成汇率贬值与储备消耗的循环。如果美元继续保持强势，人民币贬值预期就难以消除，这个循环就难以打破，甚至基本面相对强势的多头货币会由于市场面相对悲观的预期而成为一种空头货币。

三　人民币、国际收支与货币政策

国际收支的变化是一个相对缓慢的过程，更多地受制于经济基本面。在中国经常项目、金融项目和储备项目中，经常项目的趋势较难在短期内发生重大的变化，预计将保持一定程度上的衰退式顺差。对金融项目而言，跨境资本流动已经成为影响我国国际收支状况的主要因素（管涛，2016），[①] 资本

---

① 管涛：《汇率的本质》，中信出版社，2016 年 8 月第 1 版。

项目对国际收支顺差的贡献超过经常项目，但是，这意味着人民币汇率具有日益明显的资产价格属性，汇率容易出现快速调整甚至超调。对货币政策当局而言，最大的问题就是资本的持续流出，从而给市场流动性的维系以及整个货币供给机制的稳定带来挑战。对于储备项目，货币政策当局最需要关注的是居民或企业大规模"挤兑"购买外汇造成外汇储备过快下降，更重要的是，外汇储备下降并不能用"藏汇于民"来简单解释，企业套利平仓才是外汇储备下降更为负面的冲击。

汇率弹性增加可有效地将我国从"保卫"外汇储备和维系汇率稳定之间的权衡中解脱出来。目前国内的金融风险在日益显性化，如果美联储持续加息，政策逐步转向正常化，那么，中美之间货币政策方向的分化可能日益明显，而美国的货币政策具有极其明显的外溢效应，人民币贬值的预期可能因此被强化。但一味维系人民币兑美元的稳定性，可能进一步消耗外汇储备，同时造成国内货币政策独立性的相对弱化，比如，2016 年第三、四季度以及 2017 年初，基于利率平价以维系利差的相对稳定，央行通过流动性管理工具"隐性"加息，但是，经济基本面缺乏内生复苏的基础，货币政策整体仍应该保持稳健。

汇率贬值、资本流出和外储下降成为一个相互强化且紧密关联的闭环，这个自我强化、相互反馈的机制如果不打破将会使我国整个国际收支、汇率机制以及货币政策体系面临重大的不确定性。扩大人民币汇率弹性，发挥市场的价格决定作用，同时密切注视、有效应对短期资本流动，做好风险防范预案，将有助于货币当局从"保卫"外汇储备战中解放出来。

2017 年 5 月，美元下跌，人民币贬值、资本流出和外汇储备下降压力均有所下降，但是，中长期中如何应对外汇储备与汇率稳定之间的两难选择仍然是重大的政策问题。如果未来美元能够转而再次走向强势，人民币走势又较大地受制于美元，导致资本流出和外储消耗出现连锁反应，为了避免这种被动局面的出现，增加汇率制度弹性的改革越早越好。

第八章　降杠杆中的货币政策

彭兴韵[*]

---

[*] 彭兴韵，国家金融与发展实验室"中国债券论坛"秘书长，中国社会科学院金融研究所货币理论与货币政策研究室主任。

- 在中国外汇储备持续下降中，央行再贷款回归成为货币政策最主要的政策工具，并创造了多种新的央行贷款工具，央行贷款承担着多重任务。

- 存款准备金率的正常化是建立其他有效货币政策工具体系的前提，鉴于现在各项存款已达157万亿余元，为了避免法定存款准备金率的变化对经济和金融市场带来较大冲击，可考虑每次以0.2个百分点或0.25个百分点，而不是0.5个百分点的力度降低存款准备金率。

- 央行似乎正在尝试通过公开市场操作来引导货币与债券市场的利率走势，并以此为契机来探求中国基于利率市场化的货币调控新机制。但利率与汇率的进一步市场化至关重要。

在中国经济结构性减速中，防范系统性金融风险需要控制宏观杠杆率，也要关注杠杆率结构。中国在全球过高的杠杆率，是多方面的因素造成的，货币政策在其中发挥了极大的作用。简言之，中国过高的杠杆率是过去中国激进货币政策的结果，因此，要通过降杠杆来防范和化解系统性金融风险，需要切实把握稳健中性的货币政策的要义，为此，需要进一步完善中国的货币政策体系，协调宏观审慎管理与货币政策之间的关系。

一　央行资产负债表的变化

货币政策的目标是保持币值稳定并以此促进经济增长，为实现这一目标，它当顺应宏观经济形势的变化而调整。央行资产负债表的变化既是货币政策实施结果的体现，又是促成货币政策调整的一个重要因素。因此，有必要先考察中国人民银行资产负债表的变化。自新千年以来，中国人民银行资产负债表的变化主要体现在以下几个方面：国外资产、对存款性金融机构的债权、存款性金融机构在央行的存款。

国外资产在经历一段高速增长后，转而出现了持续性的下降。2014年5月，中国的官方储备资产达到历史最高值 39838.9 亿美元，但到 2016 年末已经减少至 30105 亿美元。在 2003～2014 年的十余年间，央行持有的储备资产几乎是中国基础货币形成的唯一渠道，储备资产的增长一度造成了中国的流动性过剩和银行信贷扩张，为此央行不得不持续不断地提高法定存款准备金率。但央行持有的储备资产持续下降反过来对基础货币起到了收缩之效。为了避免造成流动性不必要的过快收缩，央行不得不调整资产负债表的结构（见表1）。

表 1 中国人民银行资产负债表

单位：亿元

项目 \ 年份	2002	2006	2008	2010	2012	2014	2015	2016
国外资产	23242.85	85772.64	162543.52	215419.60	241416.90	278622.85	253830.67	229795.77
对政府债权	2863.79	2856.41	16195.99	15421.11	15313.69	15312.73	15312.73	15274.09
对存款性公司债权	12287.64	6516.71	8432.50	9485.70	16701.08	24985.27	26626.36	84739.02
对其他金融公司债权	7240.27	21949.75	11852.66	11325.81	10038.62	7848.81	6656.59	6324.41
对非金融部门债权	206.74	66.34	44.12	24.99	24.99	11.62	71.74	81.03
其他资产	5266.29	11412.84	8027.20	7597.67	11041.91	11467.50	15338.87	7497.26
总资产	51107.58	128574.69	207095.99	259274.89	294537.19	338248.79	317836.97	343711.59
储备货币	45138.18	77757.83	129222.33	185311.08	252345.17	294093.02	276377.49	308979.61
货币发行	18589.10	29138.70	37115.76	48646.02	60645.97	67151.28	69885.95	74884.44
存款性公司存款	19138.35	48223.90	91894.72	136480.86	191699.20	226941.74	206491.55	234095.17
不计入储备货币的金融性公司存款	—	—	591.20	657.19	1348.85	1558.35	2826.42	6485.03
发行债券	1487.50	29740.58	45779.83	40497.23	13880.00	6522.00	6572.00	500.00
国外负债	423.06	926.33	732.59	720.08	1464.24	1833.83	1807.28	3195.07
政府存款	3085.43	10210.65	16963.84	24277.32	20753.27	31275.33	27179.03	25062.70
自有资金	219.75	219.75	219.75	219.75	219.75	219.75	219.75	219.75
其他负债	753.66	9719.55	13586.45	7592.23	4525.91	2746.51	2855.00	-730.58
总负债	51107.58	128574.69	207095.99	259274.89	294537.19	338248.79	317836.97	343711.59

注：表中数据均为期末值。

数据来源：中国人民银行。

从理论上说，央行既可以调整资产结构也可以调整负债结构。当国外资产下降时，央行可以增加对政府、金融机构的债权来平衡储备资产造成的资产收缩；也可以通过在负债方减少对存款性公司的负债来使资产负债表保持平衡。事实上，中国人民银行在资产端和负债端均采取了行动。在负债端，央行自2016年以来通过差别性法定存款准备金比率或普降法定存款准备金比率，减少对存款性金融机构的负债。负债端的另一个重大变化就是央行债券余额持续下降。发行央行债券一度作为央行冲销外汇占款的重要手段，在中国债券市场不发达的情况下，它还为一

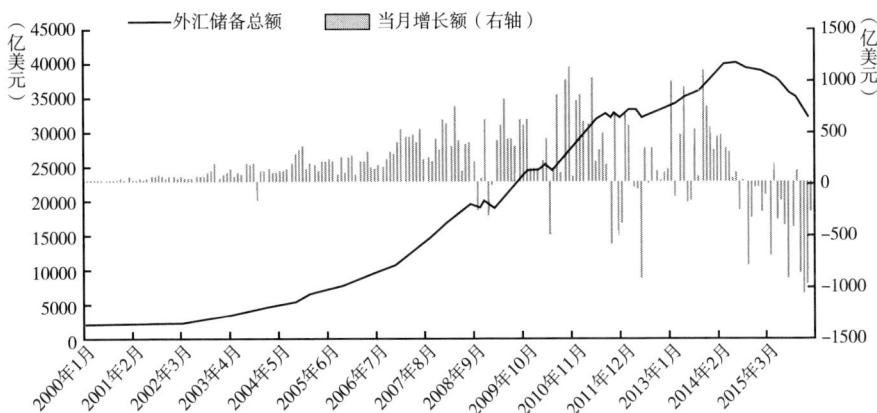

图 1　中国外汇储备变化及月度增减额

数据来源：根据 WIND 整理。

些机构创造了流动性管理的工具。随着央行后来越来越青睐于以法定存款准备金深度冻结流动性，央行发行债券量便逐渐减少，到 2016 年末，相对中国已达到 60 余万亿元的债券规模而言，央行债券余额的下降可以忽略不计。在资产端，央行通过创设总的再贷款工具而大幅增加了对金融机构的债权。2016 年末，央行对存款性金融机构的债权余额达到 84739 亿元，较 2013 年末的 13148 亿元增长了 7 万亿余元。尤其在 2016 年以来，央行并没有像此前公众预计的那样频繁地下调存款准备金比率，但再贷款工具的使用却格外频繁，仅在 2016 年央行对存款性金融机构的债权就增加了 58113 亿元。

央行大规模地扩张再贷款，抵消了外汇占款的下降对央行资产的缩减效应，央行的总资产不仅没有随外汇占款的减少而下降，在不需要央行提供大规模救助的情况下，反而因再贷款的大幅增加而扩张了。这与其他国家央行纷纷讨论"缩表"以逐渐退出危机管理的货币政策相比，似乎表明中国央行反而走向不断强化杠杆的政策之路。

二　货币政策工具：回归中央银行贷款

从央行资产负债表中可以看出，央行在货币政策工具的运用中回归了再贷款。中央银行贷款是最早的货币政策工具，这是央行最早的使命，即通过最后贷款人职能避免金融恐慌。随着金融结构的变化，央行最后贷款人职能也在不断地延伸。例如，在美国次贷危机中，美联储最后贷款人职能就从传统的银行业机构扩展到了非银行金融机构和金融市场。改革开放以来，再贷款在我国央行货币政策操作中经历了三个阶段的变化。

第一阶段即在 2001 年之前，再贷款是央行调控基础货币的主要渠道，因而对金融机构债权构成了资产方的主要部分。对金融机构债权主要包括公开市场操作中回购交易形成的"买入返售"、再贷款和再贴现。2001 年以前，由于公开市场操作并没有成为央行调节基础货币的重要政策工具，再贴现很少，因此，体现在央行资产中的对存款性金融机构债权基本由央行对金融机构无担保的贷款构成。由于那时再贷款是我国央行投放基础货币的主渠道，因此，央行对存款性金融机构债权增减，反映了央行根据宏观经济形势变化而调节银根松紧变化的货币政策。例如，为应对亚洲金融危机期间国内经济增长率的下降和通货紧缩，央行就通过增加再贷款来投放基础货币从而实施稳健的货币政策。

第二阶段即 2002～2013 年，再贷款在央行货币政策操作中日趋闲置。主要原因在于，中国在 2001 年加入 WTO 后，由于贸易顺差的持续增长和人民币升值预期下资本流入的大量增长，央行持有的国外资产大幅增加，外汇占款成了央行投放基础货币的主要渠道。在这种背景下，央行货币政策操作主要是为了冲销外汇占款，其基本手段先是大量发行央行票据，继而通过大幅提高法定存款准备金比率以深度冻结流动性。由于之前央行的再贷款余额较少，难以通过缩减再贷款的方式来冲销外汇占款导致的流动性扩张。因此，接下来的十年左右时间里，央行贷款在货币政策操作中基本没有发挥什么作用。应当指出的是，其间，央行再贷款在维护金融稳定中仍然发挥了一定的作用。2005 年前后，央行为发挥金融稳定的功能而向包括一些证券公司在内的金融机构发放了再贷款，但这并非常规货币政策操作的范畴。

第三阶段是 2014 年以来，再贷款在货币政策操作中的地位得到极大提升，央行创设了林林总总的再贷款工具。2008 年后，发端于美国的全球金融危机让人们清楚地认识到，全球经济再平衡对全球宏观经济金融体系的稳定至关重要，因此需要重建新的贸易与金融秩序。在这种背景下，尽管仍有大量贸易顺差和资本流入，但由于中国实施了"走出去"的战略，对外直接投资大幅增加。另外，在大规模经济刺激下，美国经济企稳、美元升值，吸引了一些短期资本流入美国。结果，中国人民银行持有的国外资产不仅没有随贸易顺差而增长，反而还略有下降。这为中国人民银行资产结构的调整创造了非常有利的条件，2001 年后一直被"闲置"的央行贷款开始有了发挥作用的空间。尤其是 2014 年以来，再贷款在央行货币政策操作中的作用更加凸显，反映在央行资产负债表中，就是央行对金融机构债权大幅增加。这表明，央行再贷款在中国货币政策操作中的地位再次上升（见图 2）。

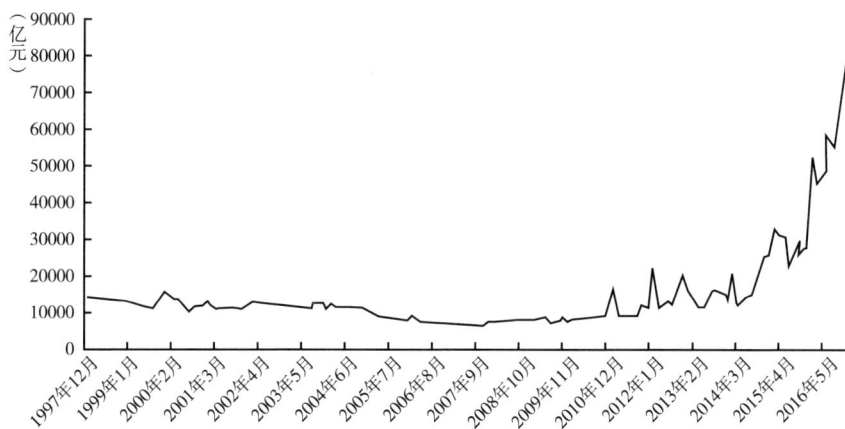

图 2　央行对存款性公司债权

数据来源：根据 WIND 整理。

中国经济进入新常态，货币政策操作环境也随之发生巨大变化。新的货币政策环境需要货币政策操作的手段、方式、方法随之发生相应的变化。近年来，央行主动适应经济新常态，引领货币政策新常态，通过不断完善和丰富再贷款调控工具，使再贷款在货币调控体系中的功能得到不断扩充。

央行在再贷款的应用中，不断创设新的再贷款工具，形成了央行贷款操作体系。到目前为止，新创设的央行贷款工具主要包括以下几种。

（1）支小与支农再贷款，即是向金融机构发放的专门用于小微信贷的再贷款。这是为缓解小微企业融资难和融资贵而采取的定向再贷款。支农再贷款，即央行向一些符合条件的中小金融机构发放、并由后者用于"三农"信贷的中央银行贷款。支农再贷款机制包括以下两方面的内容：首先，农村金融机构在支农再贷款借用期间，涉农贷款增量应不低于借用的支农再贷款总量；其次，在利率方面，农村金融机构借用支农再贷款发放的涉农贷款利率应低于该金融机构其他同期限同档次涉农贷款加权平均利率。

由于小微企业和"三农"信贷面临更严重的信息不对称，又不具有规模经济效应，以利润最大化为目标的金融机构往往不愿意向小微企业和"三农"信贷提供金融支持，小微企业和"三农"信贷面临更严重的信贷配给失衡，获得的贷款也要支付更高的外部融资溢价。央行创设支小再贷款与支农再贷款，可以在一定程度上弥补市场缺陷，提高它们的融资可得性。同时，央行还通过支小与支农再贷款利率的调整，来引导金融机构降低对小微企业和"三农"信贷的利率定价。

（2）扶贫再贷款。2016年，央行设立扶贫再贷款，旨在专项用于支持贫困地区地方法人金融机构扩大涉农信贷投放。它的支持范围是连片特困地区、国家扶贫开发工作重点县以及省级扶贫开发工作重点县。扶贫再贷款的适用对象是贫困地区的农村商业银行、农村合作银行、农村信用社和村镇银行等4类地方法人金融机构。它的利率比支农再贷款更优惠，为地方法人金融机构支持脱贫攻坚提供成本较低、期限较长的资金来源。

（3）常备借贷便利（SLF）。该贷款工具创设于2014年1月，当时旨在向符合审慎监管要求的地方法人机构提供短期流动性支持。后来，常备借贷便利的主要功能是满足金融机构期限较长的大额流动性需求。常备借贷便利有三个主要特点：①由金融机构主动发起，金融机构可根据自身流动性需求申请常备借贷便利；②是中央银行与金融机构"一对一"交易，针对性强；③交易对手覆盖面广，通常覆盖存款金融机构。创设该工具的重要背景就是 2013 年 6 月发生"钱荒"。当时的事件极大地扰乱了市场利率体系，使货币市场和债券市场利率大幅上升，并提高了企业的借贷成本。为了吸取"钱荒"的教训，央行便创设了常备借贷便利，以随时应对个别金融机构暂时性的流动性困境对整个金融市场的冲击。常备借贷便利的利率可以作为市场利率的上限。这表明，央行在 2014 年的货币政策操作中，具有了利率走廊的雏形。

（4）中期借贷便利（MLF）。它向符合宏观审慎管理要求的商业银行、政策性银行，通过招标方式提供中期基础货币。在中期借贷便利中，金融机构提供国债、央行票据、政策性金融债、高等级信用债等优质债券作为合格质押品。央行在《2014 年货币政策执行报告》指出，中期借贷便利可以发挥中期利率政策的作用，引导金融机构加大对小微企业和"三农"信贷的信贷支持力度，促进降低贷款利率和社会融资成本。

（5）抵押补充贷款（PSL）。它是央行以抵押方式向金融机构发放的贷款，是央行对金融机构提供的期限较长的大额融资。合格抵押品范围主要是高信用级别的债券和优质信贷资产。抵押补充贷款的主要功能是：支持国民经济重点领域、薄弱环节和社会事业发展。相比而言，抵押补充贷款的期限更长一些，金融机构获取抵押补充贷款后，可以开展更长期限的资产活动。

（6）信贷资产质押再贷款。对中国而言，这是一个全新的货币工具，它以金融机构非标准化的信贷资产作为从央行获得再贷款的合格抵押品。这一政策工具的应用，极大地扩展了中小金融机构从央行获得再贷款的合格抵押品的资产范围，提高了这些金融机构信贷资产的流动性。

在创新再贷款工具的同时，央行还大量扩充了再贷款的抵（质）押资产的种类和范围。中央银行在向管辖权范围内的金融机构发放贷款时，

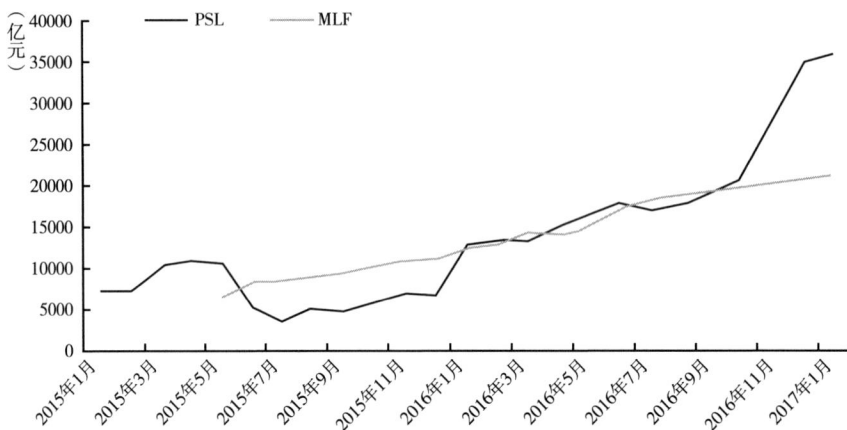

图 3　中国人民银行抵押补充贷款（PSL）和中期借贷便利（MLF）余额
数据来源：根据 WIND 整理。

通常会有合格抵押品的要求。金融机构向中央银行申请贷款时所提交的抵押品，通常是其持有的某种金融资产。至于哪些金融资产可以充当合格抵押品，各国（地区）中央银行则有不同的规定和要求；同时，同一个国家的央行在不同时期、不同宏观经济条件下，要求的合格抵押品资产范围也会有较大不同。例如，在 2008 年次贷危机后，美联储不仅拓宽了贷款对象，也拓宽了合格抵押品资产范围。而过去较长一段时间里，我国央行对金融机构的再贷款并无合格抵押品的要求。

　　2014 年以来，中国人民银行在央行贷款的政策实践中，不断地拓宽合格抵押品资产的范围，如今可充当央行贷款抵押品的金融资产包括：①高信用级别的债券，如国债、中央银行债券和政策性金融债券；②商业银行持有的信贷资产，抵押补充贷款便是以高信用级别的债券和优质信贷资产作为合格抵押品的，但央行在 2014 年开展试点并在 2015 年推广的信贷资产质押贷款中，所要求的合格信贷资产的品质远低于抵押补充贷款的要求；③将地方债纳入央行 SLF、MLF 和 PSL 的抵押品范围内。此外，地方债还被纳入中国国库和地方国库现金管理抵押品范围。这是 2015 年为配合化解地方政府债务风险、积极推动地方政府债务置换而采取的一项举措。

随着再贷款工具的丰富和完善、再贷款合格抵（质）押品范围的扩大，再贷款的功能也随之丰富。随着央行不断创新再贷款工具，再贷款在中国货币政策操作中发挥着五项重要的新职能。

（1）调节信用总量。中国央行贷款最早的职能就是调节全社会的信用总量，这并没有因为央行贷款工具的创新和其引导信贷结构调整功能的增强而弱化。央行对再贷款的运用总量，仍需要符合"保持币值稳定"的法定目标。只有在调节好全社会信用总量的基础上，央行贷款才能更好地发挥信贷结构调整功能。

（2）引导信贷结构调整。再贷款发挥着引导金融机构信贷投向三农、扶贫、小微和棚户区改造等国民经济薄弱环节的功能。随着经济新常态下政府更加注重定向调控，央行也试图利用再贷款促进信贷结构调整、引导贷款利率的结构变化。支小再贷款、支农再贷款和抵押补充贷款，都发挥着引导金融机构信贷投向的功能。因此，再贷款不仅仅是总量政策工具，更是结构调整的工具。

（3）管理市场流动性。常备借贷便利是向地方法人机构提供流动性支持，它与正（逆）回购操作、短期流动性调节工具（SLO）一起，构成了中国央行对市场流动性管理和调节的工具体系。2013 年 6 月，中国货币市场一度出现"钱荒"，紧张的流动性使短期货币市场利率高到难以承受的水平，给债券市场带来了极大的冲击，乃至随后一年左右的时间里，中国债券市场利率始终处于较高的水平。在那次"钱荒"之后，央行便创设了常备借贷便利，以应对市场流动性的意外波动。

（4）化解金融风险，维护金融稳定。央行的重要职能之一就是发挥"最后贷款人"的作用，为陷入流动性困境的金融机构提供援助，阻止少数金融机构的流动性困境恶化为系统性的金融危机。1999 年中国成立四大资产管理公司后，央行为了帮助它们从国有银行收购不良贷款，向它们发放了数亿元的再贷款；2005 年为了化解证券公司风险，央行曾向数家券商提供了大量再贷款；2015 年 6 月下旬和 7 月上旬，股票市场大幅下挫，为了稳定资本市场，守住不发生系统性金融风险的底线，央行又向中国证券金融股份公司发放了数千亿元的再贷款，并承诺对资本市场的流动性救助不受限额的局限。所有这些，都是央行再贷款维护金融稳定职能的重要体现。

（5）引导和管理市场利率。央行在《2014年货币政策执行报告》中谈到常备借贷便利时指出，其主要目的是发挥常备借贷便利的利率作为市场利率上限的作用；在谈到中期借贷便利时指出："发挥中期利率政策的作用，促进降低贷款利率和社会融资成本。"这表明，央行在货币政策操作中，不仅关注合意贷款规模，事实上也在逐渐关注利率期限结构，期望通过再贷款操作来引导短中期市场利率走向。

还需要强调的是，尽管央行贷款功能的扩展和抵押品范围的调整，使货币政策的传导更直接，也可以影响市场利率总水平与结构，但是，无论是流动性管理、结构调整还是引导市场利率结构变化，单单有央行贷款是不够的。要想更有效地发挥流动性管理功能、引导利率总水平和利率结构调整，就需要协调央行贷款与公开市场操作工具的使用。尤其是，货币政策要更好地引导利率走势和利率期限结构，当下最重要的是进一步完善中国的公开市场操作，尤其是搭配不同期限的国债甚至金融债券的现券操作，通过改变债券市场需求结构来引导市场利率期限结构。另外，在全球主要央行日益强调前瞻性指引的时候，应进一步提高我国央行贷款操作的透明度，提升央行贷款操作在公众预期管理中的作用；央行贷款作为流动性管理，更多地应当为陷入困境的金融机构提供紧急流动性援助，以防止市场流动性因个别金融机构的困境而枯竭。

三　存款准备金正常化仍然十分必要

尽管央行创造了形形色色的再贷款工具，试图让再贷款在货币政策中发挥更大的作用，但中国过高的法定存款准备金比率仍然是对货币政策的极大扭曲。

2014年以来，央行将法定存款准备金纳入宏观审慎政策之中，通过

"定向降准"和"全面降准"相结合，在一定程度上降低了商业银行的法定存款准备金比率。显然，央行的准备金政策既想达到总量流动性调控的目标，也试图达到结构调整的目的。实际上，"定向降准"是央行早在 2004 年就已采取的差别存款准备金动态调整政策的一部分，它是在宏观和市场流动性总体平稳有序的情况下采取的一种结构调整政策。《2014年第二季度货币政策执行报告》明确地指出，货币政策总体上是总量调控，其结构调整的作用是有限的。

存款准备金率的正常化程序对稳健中性的货币政策至关重要。中国现行的高法定存款准备金比率是人民币大幅升值预期下，央行票据冲销流动性捉襟见肘之时的权宜之计，央行希望通过法定存款准备金"深度"冻结过剩流动性。但是，中国畸高的法定存款准备金比率带来了一些扭曲性的影响。由于央行对法定存款准备金只支付极低的利率，高法定存款准备金比率政策提高了商业银行的机会成本，这在过去又至少直接造成了两方面的后果；要么人为地制造存贷款利差给予商业银行相应的利益补偿（即利差管理），要么商业银行为了追求利润目标而更大幅度提高贷款利率，加重了实体经济融资难与融资贵的问题（见图4、图5）。

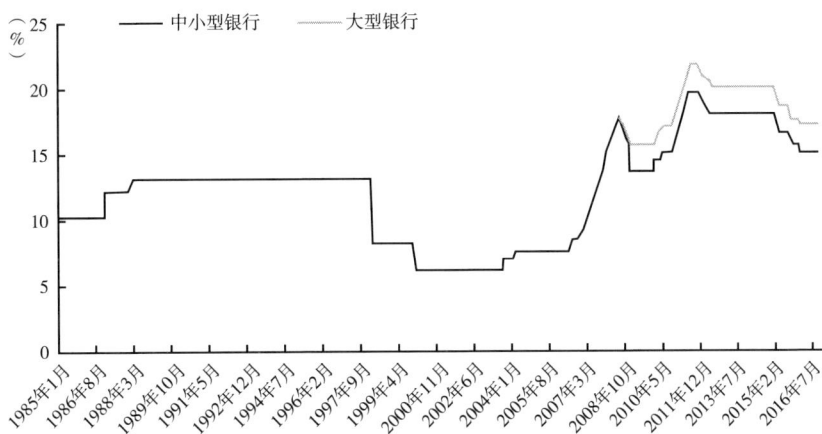

图 4　中国法定存款准备金比率

数据来源：根据 WIND 整理。

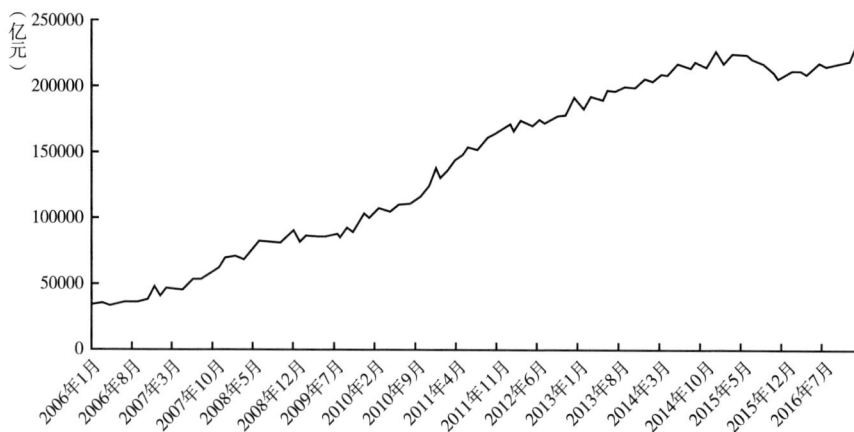

图5　中国人民银行对存款性金融机构的负债总额

数据来源：根据 WIND 整理。

2014 年起，央行先开始实施"定向降准"，继而实施了若干次的"全面降准"。但是，降准后国内经济增长并没有出现反转，以房地产为代表的资产市场行情却大幅度上涨，同时人民币面临着巨大的贬值压力。经济增长速度相对较低、资产泡沫化倾向与人民币贬值压力三者并存，给中国的货币政策带来了巨大的挑战。一方面，进一步放松货币政策是稳增长的需要，但另一方面抑制资产泡沫和稳定人民币汇率预期又需要相对紧的货币政策。在这样的环境下，央行在 2016 年对降低法定存款准备金比率的政策选择似乎格外小心翼翼，央行的降准在 2016 年暂时告停，取而代之的是大量的央行贷款。

然而，大量的中央银行贷款与高法定存款准备金比率并存进一步造成了货币政策扭曲，因为它从资产和负债两个方面实施了对商业银行的双重征税。我们认为，只有在将法定存款准备金比率降至较正常的水平后，央行贷款才能够发挥更积极的作用。更何况，中国将法定存款准备金比率降至正常水平的条件已逐步成熟。首先是国内宏观经济已出现了根本性转变，中国经济已经迈入结构性减速的新常态，供给侧结构性改革已成为宏观经济政策的基本思路，并确立了"宏观政策要稳、微观政策要活、产业政策要准、改革政策要实、社会政策托底"的五大政策组合，这其中就要求货币政策"稳健中性"；其次在全球经济再平衡过程中，随着贸易和资本流动的变化，使中国央行持有的国外资产大幅下降，这对宏观流动性具有紧缩性的影响。因此，逐步降低法定存款准备金比率将是中国未来货币政策调整的中长期趋势。我们认为，鉴于现在各项存款余额已达 157 万亿余元，为了避免法定存款准备金比率变化对经济和金融市场带来较大的冲击，可以考虑每次以 0.2 个百分点或 0.25 个百分点，而不是 0.5 个百分点的力度降低存准率。有序而缓慢地使法定存款准备金比率正常化，可以进一步降低商业银行的准备金（机会）成本或其负债成本，这不仅可能使市场利率、贷款利率中枢下行，而且为下一步的利率市场化改革创造了有利条件。

四 利率与汇率应更加市场化

利率不仅在货币政策传导中具有重要作用，也是央行货币政策重要的操作工具。中国央行传统的利率政策是调整存贷款基准利率及其浮动区间。随着中国利率市场化的深入发展和中国金融结构的变化，中国货币政策传导机制正在发生重大变化，存贷款市场在货币政策传导中的地位略有下降，公开债务市场在货币政策传导中的作用大幅提升，货币政策传导机制更加多元化，因此，调整存贷款利率在货币政策操作中的作用日渐式微，央行必须寻求新的更加市场化的利率调控机制。

这其中，对货币政策来说最重要的是，央行需要寻找一种货币政策的操作目标利率。早在 2005 年前后，央行就试图将银行间回购定盘利率和 SHIBOR 打造成为中国的基准利率；2013 年中国建立贷款基础利率，试图以此引导金融机构贷款利率的变化。2015 年 3 月份，央行曾表示要将 7 天银行间回购利率打造成为中国的基准利率，似乎表明央行有意以它作为货币政策的中介目标利率。由此可见，央行一直在寻找中国的基准利率（见图 6）。

虽然探索中国基准利率的努力无疑是值得赞赏的，但取得的成绩并

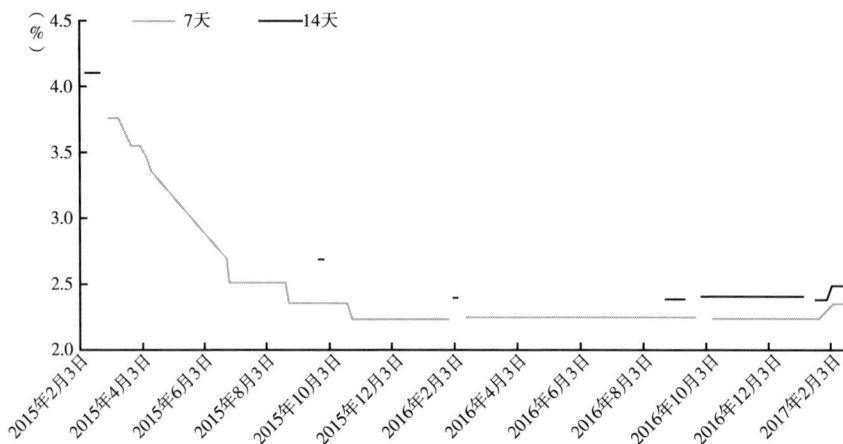

图6 中国人民银行公开市场逆回购操作利率

数据来源：根据 WIND 整理。

不令人满意。无论是同业回购定盘利率还是 SHIBOR，抑或是 7 天银行间回购利率，波动性都非常大。以它们为基准来对债券进行定价，会极大地扰乱债券价格信号，更不利于各类投资者有效地管理债券的价格风险。至于贷款基础利率，其对外部环境的变化很不敏感，它的变化仍然取决于央行贷款基准利率的调整，因此不过是央行贷款基准利率政策的一个镜像（见图7）。因此，公开债券市场或货币市场利率的变化，至少在现阶段尚没有被有效地传导到银行贷款市场之中，这意味着，央行通过货币政策工具的调整，即便影响到了金融市场的流动性和市场利率的变化，在一定的时期内也不会影响到商业银行的贷款利率。

中国市场对不同利率的不同反应，为央行的货币政策提供了新的选择。如上所述，贷款基础利率对市场利率的变化极不敏感，而市场利率却对央行存贷款基准利率之外的工具调整反应较敏感，例如，无论是债券市场还是货币市场，似乎都会对中央银行公开市场操作做出较及时的反应。若央行为了稳增长而不希望银行贷款利率上升，但为了抑制债券市场的杠杆率，避免过度的利率投机导致市场利率不能真实地反映风险溢价或者债券二级市场过度繁荣，央行便可以通过公开市场操作来影响

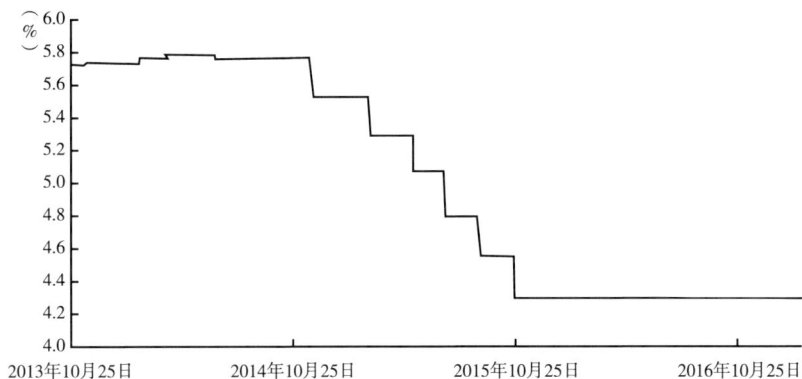

图7　中国的贷款基础利率

数据来源：根据 WIND 整理。

市场利率预期。从最近的货币政策操作中可以看出，央行似乎正在尝试通过公开市场操作来引导货币与债券市场利率走势，并以此为契机来探求中国基于利率市场化的货币调控新机制（见图8）。

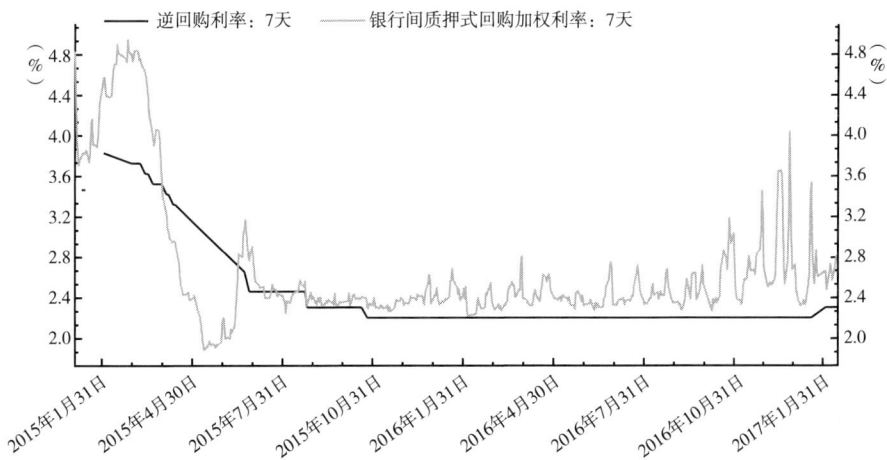

图8　银行间质押式回购加权利率与央行公开市场逆回购利率

数据来源：根据 WIND 整理。

然而，这仍然只是一个尝试。要完善它还需要做很多的工作。择其要者，在以下数端的努力至关重要。第一，要筛选出央行能够通过市场手段施以足够影响且对所有市场利率具有牵一发而动全身之效的某一市场利率指标。第二，根据对宏观经济的预测，确定该利率的合理目标值，该目标利率足以保证逐渐地实现其他诸如通胀和增长等方面的货币政策最终目标。第三，为了实现对该目标利率的有效调控，需要建立起相应的货币调控工具体系，就此而论，我们认为存款准备金率的正常化是建立其他有效货币政策工具体系的前提。第四，为了实现该目标利率，央行需要对市场流动性需求及其缺口变化做出必要的且较为恰当的预测，并通过政策工具的操作恰到好处地管理市场流动性，以实现对目标利率的平滑化操作。第五，为了实现该目标利率的调控目标，需要确保它与其他一些市场指标，比如汇率之间不会产生冲击，以确保央行政策工具的独立性。

因此，这就需要央行进一步推进汇率机制的市场化。毫无疑问，自2005年以来，中国的汇率机制市场化改革取得了非常大的进展，市场供求关系在人民币汇率的形成中发挥着越来越重要的作用。尤其是2015年8月份改革人民币汇率中间价形成机制、12月份确定以一篮子货币汇率基本稳定为汇率目标后，人民币汇率的灵活性已大大增强，不仅国内宏观经济形势的变化对人民币汇率有重要影响，国际宏观经济形势和宏观经济政策变化的预期也会影响人民币汇率。比如，2016年美国大选后，美元确定性的加息预期、特朗普财政货币政策取向都直接导致了人民币兑美元汇率较大幅度的贬值，体现了市场对人民币汇率的预期略显悲观。

人民币汇率从过去的单边升值转为较为持续性的贬值，虽然是国内外宏观经济环境变化使然，但同时也是人民币汇率机制变化使然，因为只有人民币汇率机制的变化才使得汇率水平反映宏观经济的变动成为可能。在僵化的汇率机制下，汇率不会对其赖以生存的宏观环境变动做出反应。然而，人民币汇率预期的改变导致了大量的资本外流，为了干预外汇市场，中国已经消耗了大量的外汇储备。在中国连续出现巨额贸易顺差的情况下，央行持有的外汇储备仍出现了大幅下降，说明过去两年多的时间里中国资本外流数量十分庞大。汇率机制灵活性不断增强的背景下，因贬值预期导致资本外流会带来相应的汇率风险，但风险的释放是渐进的过程，相对以往央行过度地干预外汇市场以实施相对固定的汇率而言，汇率水平的渐进调整所带来的宏观风险较前者会小得多，更何况，汇率贬值本身会削弱对外债务的加杠杆动机，是经济寻求外部均衡的重要机制。

五　宏观审慎政策

2008 年的美国次贷危机后，全球宏观经济政策的一个重要变化就是宏观审慎管理的兴起。宏观审慎管理以防范系统性金融风险为基本目标，将金融体系视作一个整体，研究金融体系与宏观经济的联系、金融体系内部的相互关联性，通过多种手段监测评估金融体系的脆弱性，识别金融风险在金融体系跨行业、跨市场分布以及金融体系顺周期性对金融风险的放大效应，有针对性地调整监管准则、标准或指标，以期达到金融稳定并促进经济平稳发展。宏观审慎管理主要通过逆周期调控工具达到上述目标，建立健全与新增贷款超常变化相联系的动态拨备要求和额外资本要求，通过逆周期的资本缓冲，平滑信贷投放、引导货币信贷适度增长，实现总量调节和防范金融风险的有机结合，提高金融监管的弹性和有效性。

危机之后，我国也提出了要"构建逆周期的金融宏观审慎管理制度框架"。近年来，我国积极推动宏观审慎政策的实施，并取得了一定进展。

首先，建立了宏观审慎管理的政策框架。这里包括三个层次。①中国宏观审慎监管的组织模式在保留分业监管体制下，逐步建立起中央银行、监管部门、职能部门之间的协调制度。央行与银监会、证监会、保监会（俗称"一行三会"）居于金融稳定框架体系中的核心位置。2013年 8 月，建立了由中国人民银行牵头，银监会、证监会、保监会和外汇管理局参加的金融监管协调部际联席会议制度，承担金融监管日常协调工作。这标志着中国宏观审慎协调正式制度的初步形成。②建立了国际双边、多边协调机制。在 G20 框架下，央行、金融监管部门和财政部门深度参与 BIS、IMF、FSB 等多边组织，加强与国际组织和主要国家的多边协调，解决政策冲突、风险外溢和监管重叠问题。③建立了部门间的沟通协调及信息共享机制。央行搭建了货币政策委员会、公司信用类债券部际协调机制等平台机制，加强了不同金融行业的信息交流沟通。

其次，发展了宏观审慎管理的政策工具。国际上通用的宏观审慎监管工具主要划分为跨行业维度和跨时间维度两大类。跨行业维度的工具主要用于控制系统重要性金融机构风险，包括系统性风险税、资本充足率、杠杆率等。跨时间维度的工具用于调节金融体系的顺周期性，包括资本缓冲、动态拨备等。目前，宏观审慎监管的实施主要依靠宏观性指标、危机预警机制与微观监管手段的结合，尚缺乏宏观层面的有效工具。

为构建适合中国的宏观审慎政策工具，除通过微观的审慎监管实现宏观审慎管理目标外，我国还不断探索开发和设计能够直接实现宏观审慎监管目标的工具和指标体系，有益尝试包括社会融资规模、差别准备金动态调整/合意贷款管理机制、宏观审慎评估体系（MPA）等。2016 年起，中国将原来的差别准备金动态调整和合意贷款管理机制"升级"为"宏观审慎评估体系"。从过去"差别准备金＋合意贷款"的局部管理机制升级为涵盖资本和杠杆、资产负债、流动性、定价行为、资产质量、外债风险、信贷政策执行等七大方面，通过综合评估加强逆周期调节和防范系统性金融风险，引导银行业金融机构加强自我约束和自律管理。其核心内容主要有以下几个方面。

首先，宏观审慎管理评估体系的核心是资本充足率，资本是金融机构应对损失的最终缓冲垫，资产扩张应受资本的严格约束。这是对原有合意贷款规模管理模式的继承。在 MPA 中，以资本约束为核心，促使金融机构加强资本管理，确保金融机构有足够的风险损失吸收能力。为此，中国建立了宏观审慎资本充足率指标，并实施逆周期调节。某家金融机构的广义信贷超过趋势值越多，或者在宏观经济趋于过热时，就要提高其逆周期资本水平。同时，根据金融机构系统性重要性的不同而施加不同的附加资本要求。

其次，从以往关注狭义贷款转向广义信贷。广义信贷包括传统的贷款、债券投资、股权及其他投资、买入返售资产以及存放于非存款类金融机构款项等资金运用类别，基本上全面地囊括了银行体系的资金运用渠道。宏观审慎管理从传统的银行贷款扩展到了广义信贷，根本的原因在于，随着中国金融结构的变化、对银行业机构经营活动范围限制的弱化，商业银行的资金运用范围得到了极大的扩展，非传统信贷资产在银行业机构的资产配置中所占的比重不断地上升。以社会融资占比为例，2014 年初人民币贷款占社会融资的比重下降至 50% 左右，随后在监管当局规范各类理财产品的监管措施下，迫使一些影子银行活动从"表外转表内"，一度导致人民币贷款占比有所上升，但 2016 年下半年以来，该占比再度出现下降趋势。在这种情况下，货币政策若继续盯住传统的银行贷款，显然会有失偏颇。

最后，利率定价行为是重要的考察方面。央行通过考察金融机构的利率定价行为，以促进金融机构提高自主定价能力和风险管理水平，约束非理性定价，避免金融机构之间通过非理性定价而导致恶性竞争，这既有利于维护市场竞争环境和金融机构在竞争中获得必要的合理利润，实现金融机构的财务稳健性，也有利于降低企业的融资成本。

总体而言，中国的 MPA 兼具货币政策工具和宏观审慎政策的属性。但是，宏观审慎管理并不能取代货币政策，货币政策的实施也并不一定能够达到宏观审慎的目的。在宏观审慎管理中，单纯以央行一己之力是难以取得理想的效果的，更何况，就系统性金融风险而言，只关注银行业机构的广义信贷并对它实施宏观审慎管理要求，也远远不够。美国的次贷危机很大一部分就发生在影子银行体系之中。因此，宏观审慎管理需要更好地加强中央银行与银行、证券、保险业监管机构之间的协调行动。另外，货币政策所需要考虑的也不应当只是银行业机构的杠杆率和资本充足率等，还应当更充分地评估货币政策的实施对银行体系之外的信贷市场乃至金融体系的影响。就此而论，中国仍然需要进一步探索宏观审慎管理框架，协调宏观审慎管理与货币政策之间的关系。

图书在版编目(CIP)数据

管理结构性减速过程中的金融风险/李扬等著. --
2 版. -- 北京：社会科学文献出版社，2017.7（2018.5 重印）
　ISBN 978 - 7 - 5201 - 1106 - 5

　Ⅰ. ①管⋯　Ⅱ. ①李⋯　Ⅲ. ①金融风险 - 风险管理 -
研究 - 中国　Ⅳ. ①F832.1

　中国版本图书馆 CIP 数据核字（2017）第 162789 号

管理结构性减速过程中的金融风险（修订版）

著　　者／李　扬　等

出　版　人／谢寿光
项目统筹／恽　薇　陈　欣
责任编辑／陈　欣　刘宇轩

出　　版／社会科学文献出版社·经济与管理分社（010）59367226
　　　　　　地址：北京市北三环中路甲 29 号院华龙大厦　邮编：100029
　　　　　　网址：www. ssap. com. cn
发　　行／市场营销中心（010）59367081　59367018
印　　装／三河市龙林印务有限公司

规　　格／开　本：787mm × 1092mm　1/16
　　　　　　印　张：17.75　字　数：251 千字
版　　次／2017 年 7 月第 2 版　2018 年 5 月第 2 次印刷
书　　号／ISBN 978 - 7 - 5201 - 1106 - 5
定　　价／89.00 元

本书如有印装质量问题，请与读者服务中心（010 - 59367028）联系